Christina Brudereck
Zwischenzeilen

Gesammelte Gedichte

SCM Collection

SCM

Stiftung Christliche Medien

Für meine Lehrerinnen Christa,
Dorothee (†2003), Ulrike

© 2010
SCM Collection im SCM-Verlag GmbH & Co. KG, Witten
Umschlag: JoussenKarliczek, Schorndorf
Umschlagfoto: krockenmitte/Photocase
Satz: virginia design, Wuppertal
Druck: Leo Paper Products
ISBN 978-3-7893-9454-6
Best.-Nr. 629.454

INHALT

Neue Gedichte

ein Vorwort

Liebe Leserinnen, liebe Leser,

ich bin jetzt vierzig!
Ob das meine persönliche Lebensmitte sein wird,
ob ich früher sterbe oder 99 Jahre alt werde
wie meine Großmutter,
weiß ich nicht, aber ich merke, das 40. Lebensjahr
ist eine Zeit der Zwischenbilanz.
Was war, was habe ich erlebt, erreicht, erträumt?
Und was kommt wohl noch?
Was ist bedeutend für die kommenden Jahre?
Und was wird bleiben, wenn ich einmal gehe?
Wie lebe ich meine Lebensmitte so, dass Gott, Güte und
Liebe die Mitte meines Lebens sind?

In den „Zwischenzeilen" hier finden Sie eine Sammlung
von lieb gewordenen alten und hoffnungsvollen wie
zornigen neuen Texten

Die Vertrauten,
Pippi, Amelia und Coretta machen mir immer noch Mut,
die Schönheit der Schöpfung und die Süße von
Schokolade besänftigen mich weiterhin.
Es freut mich, dass gerade diese Texte auch Lieblingstexte
vieler Leserinnen sind.

Die Neuen
wissen von Abschied, brauchen Engel,
hüten ein Wunschkind, lernen von Zugvögeln

und: Laden Sie ein! Zum Lesen, und darüber hinaus zum
Träumen, Reisen, Beten, Suchen,
zum Tun und zum Lassen. Zu einem weiteren Mutanfall!
Zum Dazwischenfunken!
Und dazu, zur Mitte zu finden, um eine eigene Zwischenbilanz zu ziehen.

Christina Brudereck
Essen, Januar 2010

*Ich widme dieses Buch meinen Lehrerinnen Christa, Dorothee und
Ulrike, wortstarken Frauen, die mir das Wort und meine Muttersprache
lieb machten, Freundinnen der Theologie und der Theoposie, die mir
als ihrer Schülerin und Studentin übersetzen halfen, aus Erstem in
Neues. Danke! Mögen wir alle den Nächsten, den Jüngeren zeigen,
Worte zu hüten.*

Mutanfall

Einen Anfang wagen

Der erste Schritt war:
die Ahnung zu bemerken
die Beunruhigung wahrzunehmen
und sie nicht immer wieder wegzuschicken
wie eine lästige Vertreterin von Dingen
die keiner haben will
dies Mal
behandelte ich die Unruhe fast wie einen Gast
das war der Anfang
sie stand im Eingang

Wir gingen auf mein Zimmer
Earl-Grey-Tee, Audreys Musik
Kerzen in bunten Gläsern, Lilien
der Geruch von Pfefferminz
und wir kamen langsam
immer tiefer aufeinander zu

Bis sie mich hatte
tief berührte
in mich einzog, die Unruhe
anfangen
umfangen
und ich wusste:
die bleibt jetzt eine Weile
länger als ich will
das war der Anfang
ein Übergang
oder Untergang

Sie blieb
wie ein Gast, der viel erzählt
nistete sich ein
in jedes Gespräch

noch in jeden Traum
zuletzt sogar in jedes Gebet –
wollte sie mir Gott beunruhigen?

Jetzt war es zu spät
einfach weggehen würde sie nicht mehr

Anfang
Bumerang
lebenslang
alter Zwang
keine Antwort
bislang

Sie ist dreist und fordernd
räumt um in meinem Zimmer
nimmt meine Bücher in die Hand
liest mir meine Lieblingsgedichte vor
und deutet sie neu
die Unruhe geht nicht
sie ist frech
und voller Erwartungen
dass ich mich auf sie einlasse
wie kann ich?
sie lockt mich, bewegt alles
berührt meine nackte Haut
die schutzlos daliegt
mein offenes Herz, die Seele, mein Glück
alle Entscheidungen
der letzten Jahre

Anfang, nächtelang
wer hat dich reingelassen, Unruhe?
wohin gehen wir?

Mutanfall

Wer bin ich am Ende dieser Verwandlung?
werde ich leben können?
werde ich mögen, was ich dann bin?
Fragen
an die Unruhe
gewöhnt man sich kaum

Heute Morgen wachte ich auf
sie war auch da
nie weggegangen
aber sie sah jetzt etwas friedlicher aus
zum ersten Mal
und wir lebten den Tag miteinander
sie nicht mehr ganz so wild
ich nicht mehr so ängstlich
so verzagt
Anfang gewagt
geplagt aufgeragt
weggejagt überfragt
doch gewagt

Anfang
Zusammenhang
Empfang
gegen Abend
versuchte ich ein Gebet
es gelang Übergang
die Unruhe kam mir plötzlich
überraschend
ein bisschen vor wie ein Engel

Anfang
fast Gesang
neuer Klang

Mutanfall

Ganz oft beginnt der Mut mit der Wut
ich ereifere mich endlich über die Willkür
ich füttere den Hunger nicht mehr mit Weggucken
ich lüge mir nichts mehr in die Tasche
Ganz oft beginnt der Mut mit der Wut

Ich rede endlich über Erniedrigung
ich packe die Kälte in eine Decke
und stricke ihr Socken
ich rege mich endlich auf und schreie
oder knalle die Tür zu
dann geht es mir besser

Ganz oft beginnt der Mut mit der Wut
und ich lasse sie zu
und blicke sie an
behandle sie nicht mehr wie eine Fremde
die ständig über Themen spricht
die mich nicht interessieren
ich lerne sie kennen
und finde, sie hat recht – in dieser Welt
ist sie einfach angemessen
die Wut ist fast schön, weil sie lebt
und so wird sie mir heilig

Ganz oft beginnt der Mut mit der Wut
und sie wird Kraft von tief innen
eine Quelle, die sprudelt
die mit Hoffnung zündelt und
ich seh schon das Feuer
in mir wächst etwas Neues
und ich muss es teilen
die zugeknallte Tür wird wieder geöffnet

Ich versuche ein Wort und dann werden es mehr
und es bleibt nicht Gerede
und nicht Tuerei, sondern Taten
ich bringe den Mut zur Welt wie ein Kind
die Wut waren die Wehen
und mein mutiges Kind sieht das Licht
und es schreit und es wird gestillt
und es lebt und es wächst und es gibt
und es hofft und es glaubt und es liebt

Es regnet schon seit heute Morgen
ein grauer Tag im Sommer
an dem sich alle nach Sonne sehnen

Ich höre den ganzen Nachmittag lang Schritte
immer wieder die Kaffeemaschine
weil sich alle wünschen, sie wären wacher

Du wohnst bei uns seit ein paar Tagen
unser offenes Haus ein Ort
an dem die Wünsche nach Wärme gehütet werden
auch immer wieder von Gästen
wie dir

An diesem verregneten, kalten, müden Tag
backst du Kuchen für uns
der Duft zieht durchs Haus
Schokolade, ofenwarm und süß
du lockst uns alle zusammen

Ich merke, wie gut es dir tut
die Erlaubnis, die Freiheit, das Gelingen
weil Backen zu Hause verboten ist
merkst du auch, wie du uns beschenkst
und mich ganz besonders, wel ich mütterlich sein darf zu dir

Wo ist Gott
in einer verregneten, kalten, müden Welt
in deinem verhärteten Leben
hinter den vielen Verboten
wir haben uns das oft gefragt
erst gestern Abend noch danach gesucht
und heute in verzagten Momenten zwischendurch

Mutanfall

Ein Freund macht mich darauf aufmerksam
wie Gott ist, er tut das immer wieder
und welche Rolle Gott heute in unserem Zuhause hat:
„ein glühender Backofen voller Liebe"
er verschenkt solche Zitate, von Luther diesmal
für Lisa als Gruß, meint er

Nimm das mit, Lisa, wenn du weitergehst
bei Gott ist Backen nicht verboten
Leben zutiefst erlaubt
Wärme sein Wesen und Liebe sein Name
die Küche genauso sein Bild
wie die Schule, dein altes und neues Zimmer, die Kirche
du entdeckst ihn in deiner Nähe
an einem verregneten, kalten, müden Tag
erkennst du ihn daran
dass er glüht vor Liebe

Buddha-Ruhe

Du erzählst mir von einer bronzenen Buddha-Statue
viele Hundert Jahre war sie eingegraben
in Sicherheit gebracht worden
hatte so Kriege überlebt
und die Gier der Schatzjäger
du hast davon gelesen, ein Bild in der Zeitung gesehen
ich habe Respekt
freue mich, dass Kunst im Land bleiben konnte
nicht verkauft wurde, nicht zerstört
aber da sagst du, was dich wirklich fasziniert
an dieser Ausgrabung in Thailand
„Stell dir vor", du bist jetzt atemlos
und erzählst weiter mit Beben in der Stimme:
„Sie wurde wieder aufgestellt
ihre Hände sofort in derselben Haltung der Meditation"
ich warte, was kommt
„Das", so meinst du überzeugt, „strahlte große Ruhe aus"

Ich kann dir nicht folgen
Kunststück, sage ich, und muss unwillkürlich lächeln
wenn ich aus Bronze wäre
würde ich auch Ruhe ausstrahlen

Und weiter muss ich dir erzählen
warum mich mein Meister so gewinnt
nachdem er gefoltert worden, gestorben ist
die Gier und der Krieg der Welt sich an ihm ausgetobt haben
ist er vergraben
drei Tage, oder ewig und drei, wie wir auch sagen
und als er auferweckt wird
als er ans Licht kommt
sieht man ihm den Tod noch an
dass er sich tief eingegraben hatte in diese Erde

Mutanfall

hat Spuren hinterlassen
seine Hände, nicht aus Stein oder Edelmetall
haben Wunden
er hat gelitten
war nicht einfach versteckt
deshalb überzeugt er mich
mit Gefühl
strahlt er durchlebtes Leben aus
und ewig durchliebte Liebe

Gebete zum Himmel

Wir gingen am Fluss entlang
ich nenne dich liebevoll Sucherin
du sagst Gläubige zu mir
die warme Sonne schien uns in den Rücken
vor uns sahen wir graue schwere Wolken aufziehen
und dann, weiter weg, dort hinten
einen Regenbogen
du bliebst abrupt stehen und sagtest nachdenklich
komisch, dieses Zeichen am Himmel
kommt das nicht auch aus der Bibel
und was war noch mal damit gemeint
was bedeutet die Mischung aus Wasser und Licht
Chemieunterricht, achte Klasse

Warum dieses Zeichen?
Gott war zornig, sagt das alte heilige Buch
du fragst
zu Recht?
über die Kälte, die Lieblosigkeit
und hat sich vergessen
ein Mal alles getan, was in seiner Macht stand
zerstörerisch, strafend, die Sintflut
wir haben schreckliche Bilder vor Augen
du fragst
aber dann?
er wollte sich nie wieder vergessen
sondern erinnern lassen
der Bogen ein Zeichen, nicht mehr zu zerstören
warum ein Bogen?
wie ein Krieger Pfeil und Bogen ablegt
und an die Garderobe hängt friedfertig
so hängt Gott seinen Bogen in die Wolken
Gott des Friedens

Mutanfall

Du fragst
und warum die Farben?
ach, es passt doch zu ihm
er verbündet sich mit dem Leben
stiftet einen Bund
und holt dazu seine Buntstifte ...
malt ewiges Bunt in den Himmel

Wir haben die Sonne im Rücken
und hoffen, dem Regen zu entkommen
und müssen einfach stehen bleiben
zum Staunen über das Zeichen
mir war plötzlich so nach Beten
und ich sagte, diese Mischung aus Wasser und Licht
ich glaube, dass Jesus immer da ist
und wenn du weinst
dann deine Tränen und sein Licht
ja vielleicht, Chemieunterricht, achte Klasse
einen Regenbogen in deine Seele legen
das wünsche ich dir

Nachtrag
Ein paar Wochen später rufst du an
ich habe gebetet, erzählst du mir aufgeregt
und der Himmel war da
wieder ein Regenbogen?
nein, ich versuchte ein Gebet an dem Abend
ein Flüstern erst, dann mehr ein Seufzen
ein paar kleine Worte schließlich
mit viel „bitte"
mein Kopf war gesenkt, alles in mir gebeugt
dann wusste ich doch noch ein paar Sätze zu sagen
und endlich hob ich einmal den Kopf

Das steht in den Sternen

Die Sterne, sagst du, sind Zeichen
verbunden mit Schicksal
himmlischer Weisung
wann ich geboren bin, willst du wissen
und machst mich zu einem Schützen,
was nicht zu mir passt
du selber seist Jungfrau
was ich für noch unwahrscheinlicher halte
aber du meinst
Schütze und Jungfrau
keine Sorge, wir passen zusammen
ich wohne doch nicht in der Milchstraße

Sterne sind Zeichen, sagst du
verbunden mit Schicksal
ja, ganz sicher
du hast es nicht in der Hand
unter einem schlechten Stern
da kannst du nichts machen
es steht in den Sternen, vorgezeichnet, alles
aber Schütze und Jungfrau, hey, das sieht gut aus

Ich denke, ich sollte vom Himmel reden
von Gott und dass er Lampen an den Himmel hängt
wie eine Lichterkette
wieso über die Lampe nachdenken
wenn ich mich an den wenden kann, der sie erfunden hat?

Aber du hast mich müde gemacht
mit deinem Gerede vom Schicksal
und wütend
mit deinem Einwilligen in das Nichts-dagegen-tun-Können
und wenn ich nicht aufpasse, lähmt mich
das Reden vom Leben unter einem schlechten Stern

Mutanfall

Deshalb sage ich: Sterne
o ja, Sterne in Deutschland
ja, die sind Zeichen
alle Jüdinnen und Juden trugen einen
schlechten Stern, ja, da kann man nichts machen
Schicksal, nennst du das
leuchtend gelb der Stern und gut sichtbar
Schicksal, die Sterne
wurden ins Lager gebracht
und dort blieben sie auch
und ihr Leuchten kam um

Ich hätte vom Himmel reden sollen
aber du hast mich müde gemacht
jetzt habe ich dich geschockt
das tut mir leid
aber sag mir nicht: man kann nichts tun
sag mir nicht: die Lampen sind schuld

Manchmal treffen sich zwei Frauen

Manchmal treffen sich zwei Frauen
wie sie unterschiedlicher nicht sein könnten
Lady Diana und Mutter Teresa
die Prinzessin und die Nonne
die eine wohnt in einem Schloss
die andere in einem kleinen Zimmer
die eine ist Frau des zukünftigen Königs
und Mutter
und die andere ist Braut eines ganz besonderen Königs
und Schwester und viele nennen sie Mutter
haben sie etwas gemeinsam?
zwei Frauen
sind den Menschen nah
wollen helfen
halten sich nicht ans Protokoll
und an das, was üblich ist

Die beiden sterben fast zur gleichen Zeit
innerhalb einer Woche
Dianas Tod stellt Teresas in den Schatten
aber das hätte Teresa nicht gestört
die beiden kannten sich
und schätzten einander

Wer war die Glücklichere?
schwer zu sagen
immer sagten die Reichen zu Teresa:
nicht für 500 000 Dollar würde ich hier arbeiten
und Teresa sagte wohl jedes Mal verschmitzt:
für 500 000 Dollar würde ich es auch nicht tun

Diana war die Königin der Herzen
Teresa die Heilige der Armen
Prinzessin Diana war beeindruckend, Teresa war selbstlos

Mutanfall

Prinzessin Diana war reich
und hat mitten im Reichtum gelitten
Teresa hatte Frieden trotz des Elends, das sie umgab
Diana hinterließ ein Vermögen in Millionenhöhe und
versteigerte einen Teil ihrer Designerkleider
Teresa hinterließ nur drei Saris, ein kleines Kreuz
eine viel benutzte Bibel, eine abgetragene Jacke

Manchmal treffen sich zwei Frauen
wie sie unterschiedlicher nicht sein könnten
manchmal treffen sie sich sogar in mir selbst
der Traum, wie die Prinzessin zu leben
und der Wunsch, wie die Mutter alles zu geben

Als Diana beerdigt wurde, sang Elton John:
„You lived your life like a candle in the wind ..."
Diana war die Kerze im Wind
Teresa eine Flamme in der Gosse
woher kommen Heiligenscheine?
frage ich mich manchmal
was hat eine erlebt, dass sie so strahlt
sie sieht aus, als hätte sie Sonne geschluckt
sie weiß wohl vom Licht der Welt

Nie umsonst

Die Schwester, eine Kämpferin
erzählt auch immer wieder von den kleinen Anfängen
den ersten Protesten gegen den Krieg
Vietnam damals
als kaum einer kam, keine Massen
erzählt von dem einen Tag
als sie nur schwer aus dem Bett gekommen war
nachts lange gearbeitet für viel zu wenig Geld
müde sich und ihre beiden kleinen Kinder angezogen hatte
und nach D.C. gefahren war
um bei einer Demo mitzumachen
das Geld für die Fahrkarte eigentlich zu schade, oder nicht
und die Zeit eigentlich verschwendet, oder nicht
und so eine Kundgebung doch eigentlich nichts für Kinder
oder doch
und dann fing es an zu regnen
und sie standen da, zehn Leute etwa
ein Plakat gegen den Krieg, zwei Kinder, drei Schirme
im Regen
und sie froren
und blieben stehen
und unterhielten sich
hielten sich an den Händen
ihre beiden Kleinen ganz eng an sie gedrückt

Ein sinnloser Tag, ohne Wirkung
das war umsonst, dachte sie
aber – Monate später
am selben Ort, zum selben Zweck
Protest gegen einen schrecklichen Krieg
erscheinen Hunderttausende
und die Menge zu sehen ist ermutigend
viele bei sich zu wissen macht neue Hoffnung

gehört zu werden, gesehen, wahrgenommen
endlich
ein Podium ist aufgebaut
und jetzt kommt der erste Sprecher
wer ist das, noch nie hier gesehen
er sagt: ich habe es eingesehen
ich bin umgekehrt
erst vor ein paar Monaten
als ich hier an diesem Platz vorbeikam
und da standen hier
zehn Leute etwa
ein Plakat gegen den Krieg, zwei Kinder, drei Schirme
im Regen
und sie froren
und in der ersten Reihe eine Frau
ihre beiden Kleinen ganz eng an sie gedrückt

Das hat mich berührt
das Bild wurde ich nicht mehr los
warum die hier stehen statt zu Hause zu bleiben
was die wohl bewegt
da habe ich es verstanden
ich danke der Schwester
der Kämpferin
die etwas weiß von dem Geheimnis
von dem Großen, das im Kleinen versteckt ist
es ist nie umsonst

Schüleraufstand

Am 16. Juni 1976 (vor etwa 30 Jahren also)
gingen die Schülerinnen und Schüler in Soweto
dem größten Township und Armenviertel Südafrikas
nicht zur Schule, sie gingen auf die Straße
wo sowieso viel zu viele von ihnen lebten
und begannen zu tanzen
und zu singen und zu rufen
und zu beten und hielten Plakate hoch:
„wir wollen lernen"
und singen und rufen
und beten und schreiben in unserer Muttersprache
und die Geschichte lernen unseres Vaterlandes
nicht aus der Sicht der Unterdrücker, der weißen Besitzer
aus der Sicht der Bewohner, der schwarzen Kinder Afrikas

Am 16. Juni 1976
gingen die Schülerinnen und Schüler in Soweto
dem größten Township und Armenviertel Südafrikas
nicht zur Schule, sie gingen auf die Straße
„Schüleraufstand" nannte man das später
weil sie sich an diesem Tag nicht hinsetzen wollten
auf die viel zu kleinen Stühle
in den viel zu engen Reihen
in den viel zu vollen Klassenräumen
ohne Türen und Fenster
weil sie nicht mehr lesen wollten in Afrikaans
die viel zu kleinen Ausschnitte einer großen Geschichte
„Schüleraufstand" nannte man das später
weil sie an diesem Tag aufstanden am Morgen
und sich nicht wie sonst in die Reihe setzten
sondern vollkommen aus der Reihe tanzten

Am 16. Juni 1976
rückte die Polizei an in Soweto mit Tränengas
aber die Schülerinnen und Schüler
hatten schon so viel geweint aus anderen Gründen
dass sie sich nicht verjagen ließen
da kamen sie mit gewaltigen Waffen
stellt euch vor
Polizei und Militär, Panzer und Munition
fühlten sich bedroht von Kindern
die lesen und schreiben lernen wollten

Am 16. Juni 1976
starben in Soweto 566 Kinder

Das aber war nicht etwa das Ende des Schüleraufstandes
sondern das Beispiel machte Schule
und löste endlich nach langem Sitzenbleiben
den Widerstand aus
es waren die Kinder, die lesen und schreiben wollten
und die heute
erwähnt werden in jedem neuen südafrikanischen
Geschichtsbuch
zu lesen in 26 afrikanischen Sprachen und in Englisch und
Afrikaans

Aids 1

Die neueste Statistik über Aidsinfizierte in Afrika
ein ganzer Kontinent stirbt
das größte Staudammprojekt in Indien
der Süden bleibt trocken ohne Wasser
die letzten Nachrichten aus Deutschlands Schulen
und eine Generation schreit

Vertut euch nicht
Aids ist nicht weit weg
wir sind mit infiziert
Staudämme schnüren auch uns die Kehle zu
unsere Seelen verdursten
die Schule haben wir hinter uns
aber das heißt doch nicht
dass wir nichts mehr lernen könnten

AIDS 1

Mutanfall

Aids 2

Meine Großmutter
eine starke, stolze, sehr großzügige und witzige Person
sie war blind
aber sie bekam viel mit von der Welt, sie war wach

Eines Tages fragte sie mich:
„Christina, wie schreibt man eigentlich Aids?"
ich weiß noch, dass ich lachen musste
und erst nicht ganz verstand und dann kapierte:
sie hörte dieses Wort immer in den Nachrichten,
aber es war ein neues Wort,
das sie nie gelernt hatte zu schreiben,
das sie nie gelesen hatte

Als sie jung war und noch sehen konnte
gab es Aids ja noch gar nicht
„Christina, wie schreibt man eigentlich Aids?"
bedeutete aber noch mehr:
sie wollte es wissen
vielleicht würde sie es nicht verstehen
das Ausmaß dieser Krankheit
wie viel Elend dahintersteckt
und was es bedeutet für einen Kontinent wie Afrika

Aber wenigstens wissen, wie man es schreibt
nicht so tun
als würde es das Wort in meiner Welt nicht geben
und als ich damals sagte: AIDS
so schreibt man das
war das Gespräch eben nicht beendet
sondern sie wollte mehr wissen
sie sagte nicht: Danke, das reicht mir
Was geht mich das an? Ich bin alt und kann nichts tun

Auf einmal war das Wort
nicht mehr fremd und unverständlich
jetzt waren damit Menschen verbunden
jetzt war aus einer Frage eine Ahnung geworden
und eine Frau, die nicht sehen konnte
hatte etwas Neues entdeckt
hatte etwas mehr von dieser Welt gesehen
wahrgenommen
und ich hatte erzählen dürfen
Geschichten, die eigentlich nie jemand hören will
aber erzählen ist doch das Einzige, was ich zu tun weiß

Mutanfall

Warum ich Biografien lese

Als kleines Mädchen las ich
Onkel Toms Hütte
und wunderte mich über den Doppelnamen
der Autorin Harriet Beecher-Stowe
und wollte wissen, wer so heißt
und wer so schreibt
und entdeckte eine Kämpferin für Gerechtigkeit

Damit fing es wohl an
ich wollte jetzt
Frauengeschichten lesen
Storys, die zu mir passen
Vorbilder finden
es gab irgendwie so wenige in meiner Nähe
oder sie waren zu still
Bilder ausschneiden
Zeitungsartikel
Zitate in mein Tagebuch kritzeln
nachdenken, nachahmen, nachfühlen
nachfragen
selber kleine Geschichten schreiben

Kam Teresa als 80-jährige Nonne zur Welt?
oder woher kam sie?
woher kommt das Parfüm No. 5?
wer war Coco Chanel?
dass ich zur Schule gehen durfte und studieren
verdanke ich das Mary Ward?
und mein Zimmer für mich alleine
Virginia Woolf?

Kann jedes Mädchen so sein wie Sophie Scholl?
und wenn man eine Stimme hat wie Maria Callas –
muss man dann noch üben, lernen, arbeiten?

Flogen Agatha Christie die Ideen zu
oder saß sie auch vor leerem Papier?

Wer kennt noch Rigoberta Menchú
Friedensnobelpreisträgerin mit Bibel?
lacht Arundhati Roy in Indien darüber
dass „Der Gott der kleinen Dinge"
ein Bestseller wurde? oder weint sie?
was wäre, wenn Rosa Parks
nicht eines Morgens im Bus
einfach sitzen geblieben wäre?
und warum sitzt Dorothy Day im Gefängnis
für den Frieden und die Gewaltlosigkeit?
und wo ist mein Platz?
und woher kommt der Mut?
und wie fängt es an? wie fang ich es an?

Barbie

Spielen alle mit ihr
alle zwei Sekunden wird sie
irgendwo auf der Welt verkauft
und alle wollen aussehen wie sie
eine Figur haben wie sie
und Desirée fängt an zu hungern
und findet ihr Leben zum Kotzen
und sie will nur noch ausbrechen
die Puppe –
ihr Brustumfang ist doppelt so groß wie die
superschlanke Taille
ihre Beine doppelt so lang wie ihr Oberkörper

Spielen alle mit ihr
sie wurde über eine Milliarde Mal verkauft
ist tonangebende Puppe
Marktführerin in 140 Ländern
und alle wollen aussehen wie sie
blond und weiß mit rosigem Teint
und Daphne bleicht sich die Haare
und bleicht sich die Haut
enthaart sich die Beine
wäscht und kratzt bis sie wund wird
die Puppe –
sie ist nur ganz selten schwarz, orientalisch oder asiatisch
und immer hat sie dieselben Proportionen
die weiße arische Superfrau

Spielen alle mit ihr
und wollen leben wie sie
sie bekommt jedes Jahr 120 neue Kleider
sie hat Pferde, eine Kutsche und ein großes Haus
sie ist Braut, Stewardess, Ärztin, Sängerin
und Kim steht am Fließband

irgendwo in China
setzt sie aus Einzelteilen zusammen
ihr Lohn ein Bruchteil von dem, was sie kostet
und hat keine Zeit, mit Puppen zu spielen

Die Puppe –
auf eigenen Füßen stehen kann sie ganz schlecht
Desirée ist jetzt schlank
ihr Mann schlägt sie immer noch
Daphnes Haut ist jetzt heller
Rassismus gibt es immer noch
und Kim
arbeitet noch immer am Fließband
für einen Hungerlohn
und hat gar keine Zeit für dieses Spiel

Wie war es denn in Berlin

Fragst du mich erwartungsvoll
und ich überlege einen Moment zu lang
da redest du schon weiter
ob ich denn auch den Reichstag gesehen hätte
und das Brandenburger Tor
ob ich im Theater gewesen wäre
oder im Kranzler Kaffee trinken
oder vielleicht sogar eine Stadtrundfahrt
ich sage
da war ein Mädchen
wo, weiß ich jetzt gar nicht mehr
vielleicht zwölf Jahre alt
und sie hielt ihre Großmutter an der Hand
beide guckten mit großen Augen
beide trugen Mützen
ich erinnere mich genau an die Mützen
und die Ältere dankte der Jüngeren
und mein Herz schmolz
als die Großmutter die Hand ihrer Enkelin
hob und an ihre weiche faltige Wange hielt
beide jetzt ganz dicht zusammen
und beide ein wenig gerührt
so wie ich

Ach, lass doch die beiden jetzt mal
waren das Touristen
oben auf dem Fernsehturm gar
oder hast du die Synagoge gesehen, sie soll ja so
oder eine Ausstellung
warst du überhaupt in irgendeiner Ausstellung
was hast du denn nun eigentlich gesehen
fragst du fast unwirsch

und ich sage
in Berlin
da war ein Mädchen
etwa zwölf
das war das Schönste
und die Mützen
und die Hand der Enkelin
an der Wange der Großmutter
das war das Größte
und die Dankbarkeit
und die Rührung
das war Berlin

Wie meine Mutter

„Hilfe, ich werd immer mehr wie meine Mutter"
der Gedanke wollt mir fast den Tag verderben
verstehn Sie mich nicht falsch, die Frau ist wundervoll
es gibt halt aber Dinge, die will keine gerne erben
da wär zuallererst, was jeder sofort sieht, die spitze Nase
es steckt dahinter ja
dass man sie gern in andrer Leute Angelegenheiten steckt
weil jeder Mensch, egal in welcher Lebensphase
ganz einfach so aus sich heraus schon unsre Neugier weckt
auch diese Art zu gibbeln hinter vorgehaltner Hand
und auch schon mal lauthals zu lachen
und Kleinigkeiten, sei es nur, wie wir das Kissen falten
wenn wir Betten machen
was hat mich das genervt, wie hektisch alles wird
wenn Leute dich besuchen
jetzt merke ich
die kriegen ja bei mir nicht nur denselben Apfelkuchen
doch freust du dich wie ich
wenn jemand ganz spontan auf eine Tasse Kaffee bleibt
und du bist die, die allen zum Geburtstag bunte Karten schreibt
das hab ich auch schon übernommen
nur dass sie in meinem Fall nicht ganz so pünktlich kommen
na ja, was ich ansonsten von dir habe
du weinst, wenn Sissy Franz ihr Jawort gibt
und ahnst als Erste, wenn sich jemand neu verliebt

„Hilfe, ich werd immer mehr wie meine Mutter"
der Gedanke wollt mir fast den Tag verderben
dein Herz, das nehm ich gerne
es schlägt tapfer auch für andre mit
und auch dein Kopf und was du alles weißt, da bist du fit
aber muss ich denn auch die äußerlichen Formen erben?
zum Beispiel deine Hüften
die beginnen langsam auf mich abzufärben

ich gehe in die Breite in der Mitte
seh ich Fotos von deiner Mutter, merke ich, das ist bei uns Sitte
Generationen schon mit breitem Becken
das kann Verzweiflung bei mir wecken
denn, ahne ich, verzicht ich auch auf Sahne, Zucker, Butter
ich seh am Ende aus wie meine Mutter ...

Pippi Langstrumpf
oder Weit weg von Villa Kunterbunt

Sie alle sehen eher aus wie Annika
rank und schlank
zierlich manierlich
schön anzusehen
umhegt gepflegt
in der Schule gute Noten
braune Haare, keine roten

Sie alle benehmen sich eher so wie Annika
richtig vorsichtig
niedlich fleißig
pünktlich ordentlich
normal egal
ihr Leben verläuft ganz gut
zu allem andern fehlt der Mut

Sie alle gucken eher so wie Annika
und wohnen so wie Annika
und leben so wie Annika
unscheinbar, schüchtern
lieb, gesund
nie sprechen mit vollem Mund
weit weg von Villa Kunterbunt

Sie alle sind eher wie Annika
Pippi Langstrumpf ist nicht da
ich wünschte mein Traum würde wahr:

Dass die Annikas stark werden
mutig, schlau und frei
tanzen, spielen, reiten
Spaghetti mit der Schere schneiden
sich von andern unterscheiden
nach der eignen Mode kleiden

andern helfen, was riskieren
sich nicht dauernd schüchtern zieren
und wegen der Manieren niemanden schockieren
nicht nur frisieren und lackieren
auch experimentieren
und köstlich amüsieren
was Besondres aus dem Leben machen
viel sehen, spielen und viel lachen

Ihr alle, die ihr eher seid wie Annika
ich wünschte
Pippi Langstrumpf zöge reben euch ein
und ihr machtet euch die Welt
widde widde wie sie euch gefällt

Mutanfall

Segen für eine Freundin, die nach Indien reist

Manchmal ist Gott
eine alte Frau in einem Sari
die ihre sieben Sachen
in zwei Taschen tragen kann
und sie sagt: Nimm
Nimm alles, was du brauchst
ich habe mehr als genug

Gottes Segen
die Fähigkeit
in dem Sari
und den sieben Sachen
und den Taschen
das Heilige zu entdecken

So segne dich Gott
seidenfein wie das Kleid
reichlich wie die Sieben
packend wie die Taschen

Mein offenes Herz

Mein offenes Herz
gleicht der Rose
die sich entfaltet
Blatt für Blatt
die ganze Blüte
so mutig, sich zu zeigen
so stark in ihrer Hingabe
so verschwenderisch mit ihrem Duft
die Sonne hat sie gelockt
sie konnte nicht widerstehen

Es sind die Wärme und das Licht
die uns öffnen
sonst hätten wir zu viel Angst
und blieben verschlossen
in uns gekehrt
Wärme aber und Licht
Gnade und Wahrheit
angesehen zu werden
gestreichelt, berührt, gehalten
umarmt, erkannt und gehört
können wir die schönste Blüte sein

Mutanfall

Weich werden

Die Strenge aus den Worten
den Stolz aus deiner Haltung
lass dich fallen
die Härte aus den Augen
die Gewalt aus deiner Stimme
lass dich erweichen
die Kälte aus dem Zimmer
lass dich wärmen
ich will nicht mit dir zusammen frieren
ich will mit dir verschmelzen

Wunderlieb

Ich hab dich wunderlieb
ich hab dich herzensgern
ich nenn dich erster Abendstern
du strahlst weitfern
wo kommst du plötzlich her
was triffst du mich so sehr
wie brauch ich dich noch mehr
ich hab dich wunderlieb
ich hab dich seelennah
alle Zeit mit dir ist Jubeljahr
ich hab dich wunderlieb
ich sehnsuch, finde und cann lieb ich dich

Mutanfall

Schwarze Musik

Meine Lieblingsmusik
wenn ich schwarz sage
wirst du es verstehen?
obwohl du Afrika nicht kennst

Es ist eine zarte, leichte, schwere Musik
mit fiebriger Seele und sanften Flügeln
die von gestern erzählen und morgen
wie es in unseren Träumen kaum je klingt

Am besten gesungen von runden Frauen
wenn ich das sage
wirst du es verstehen?
obwohl du nie bei ihr an dem großen Kochtopf gestanden
hast
oder das Kind gestreichelt, das sie in ihren Armen wiegte
oder die Wut empfunden, die ihr Würde schenkt

Es ist eine breite, gutmütige, starke Musik
mit weichem Lachen und lichtem Weinen
sinnliche Musik voller Heimweh und gleichzeitig Zuhause

Sie braucht nur ein bisschen Taktgefühl
wenn ich das sage
wirst du da andere Bilder vor Augen haben als ich?
ich sehe klatschende Hände
die nach einem Tag harter Arbeit
dem Leben applaudieren
und manchmal, so nach jedem siebten Takt
eine kleine Pause einlegen
um mit den Fingern eine Träne wegzuwischen
die irgendwo fließt

Es ist Musik
die mich tröstet
ich suche ein Wort, um sie zu beschreiben
wenn ich es gefunden habe
bringe ich es dir

Mutanfall

Glaube, Liebe, Hoffnung unterwegs mit mir

Neben mir saß meine Liebe
sie war mit mir
durch die vielen überfüllten Abteile gegangen
auf der Suche nach einem Platz
und war jetzt erschöpft
und genauso müde wie ich
die Leidenschaft verschwunden aus ihren Augen
irgendwann war ich wohl eingeschlafen
als ich nach links schaute
war sie plötzlich weg
und ich hatte es nicht einmal bemerkt
nur noch ihr Geruch in der Luft
und ein paar zerknüllte Taschentücher
mit denen man nicht einmal winken kann
zum Abschied

Weiter hinten den Gang entlang sitzt
meine kleine Hoffnung
ich habe Angst
dass ein Schaffner ihre Papiere sehen will
sie hat keine Aufenthaltsgenehmigung
nicht in diesem Land, hier nicht
ich habe Angst
die Bahnhofspolizei wird sie mitnehmen
der Grenzschutz, die Rechthaber
die kein Asyl geben und erst recht keine Heimat
und ich werde alleine zurückbleiben
auf der Fahrt irgendwohin
was mache ich nur
wenn ich auch ohne sie dort ankomme

Entgegen der Fahrtrichtung
sitze ich im Zug
und schaue aus dem Fenster
ich weiß, dass ich die Fahrkarte gekauft habe
es ist noch gar nicht lange her
aber ich weiß nicht mehr, warum
ich überlege auszusteigen
aber ich bin einfach zu müde
so schaue ich aus dem Fenster
neidisch auf alle
und furchtbar sehnsüchtig
alle fünf Minuten kommt ein neuer Schaffner vorbei
manchmal auch ein alter
und kontrolliert alles
mir gegenüber saß am Anfang noch
mein Glaube
wir diskutierten unerbittlich
teilten dabei aber immerhin noch unser Brot
und einige alte Geschichten
trösteten mich mit Vertrautheit
bis ein Schaffner kam
die Fahrkarte war ungültig
abgelaufen, zu oft benutzt
wertlos für die neue Fahrt
und der Glaube
würde am nächsten Bahnhof aussteigen müssen

Mutanfall

Verzweiflung

Neulich fiel ich so tief in die Verzweiflung
dass ich dachte
nie wieder aus ihr auftauchen zu können

Ich dachte
es ist reine Einbildung
wenn zwei Menschen meinen sich zu lieben
wir können es nicht
ich ganz bestimmt nicht
Liebe ist Einbildung
ungefähr so real
wie Friede auf Erden und ein Ende der Gewalt

Ich dachte
es ist eben eine Täuschung
wenn zwei Menschen versprechen einander treu zu sein
bevor du dich wirklich nie wieder meldest bei mir
ziehe ich mich lieber sofort zurück
Treue ist eine Täuschung
ungefähr so wahrscheinlich
wie ein Mittel gegen Aids bevor Afrika stirbt

Ich dachte
es ist nur eine Wunschvorstellung
dass zwei Menschen einander vertrauen können
zu riskant und viel zu unsicher
am Tag noch da
und wird in Nacht und Nebel verschwinden
Vertrauen ist eine Wunschvorstellung
ungefähr so erreichbar
wie dass das Brot geteilt wird, damit alle satt werden

Neulich verfiel ich in diese Art tiefe Verzweiflung
sodass ich dachte
nie wieder daraus auftauchen zu können

Da schnappte etwas in mir nach Luft
es war der Wille zu leben
die Wut, die mich noch braucht
der Wunsch zu lieben
und die Würde, die mich noch krönt

Wille und Wut, Wünscher und Würde
rangen nach Luft
es war wohl der Atem Gottes
wie ein Hauch von einem ganz anderen
neuen Leben

Mutanfall

Name der Hoffnung

Heute hab ich lange geweint
Bono sang: Leave it behind
sag mir den Namen deiner Hoffnung
meiner ist „Morgenglanz der Ewigkeit"
heute hab ich lange geweint
Bono sang: Leave it behind

Heute hab ich lange geweint
denn ein Freund schien mir plötzlich ein Feind
sag mir den Namen deiner Hoffnung
meiner ist „Gnade, die allem Glanz verleiht"
heute hab ich lange geweint
denn ein Freund schien mir plötzlich ein Feind

Heute habe ich lange geweint
du hast dich mit mir vereint
sag mir den Namen deiner Hoffnung
meiner ist „Tanz der Liebenden in buntem Kleid"
heute hab ich lange geweint
du hast dich mit mir vereint

Heute hab ich lange geweint
Jesus am Brunnen hat mich gemeint
sag mir den Namen deiner Hoffnung
meiner ist „Wasser aller Lebendigkeit"
heute hab ich lange geweint
Jesus am Brunnen hat mich gemeint

Nicht aufgeben

Ein Kollege, englisch, erzählt neulich
dass er manchmal fast verzweifelt
sich alt fühlt und müde
die Geschichten, sagt er, werden scheinbar immer schlechter
die Treue immer schwächer
die Gesichter sehen immer abgestumpfter aus
der Tod wirkt so mächtig
und das Leben manchmal so schwach
er sagt
an diesem müden Morgen
da sitze ich alleine an meinem Schreibtisch
und gucke in den Baum vor meinem Fenster
es scheint, als würden jetzt sogar die Vögel mich verspotten
ihr Zwitschern trifft meinen letzten Nerv
sie piepsen ohne Ende und ich meine
dann wirklich ihre Worte zu verstehen: „give it up", „give it up"
– gib auf – und ich bin fast so weit
aufzugeben scheint eine Lösung, die nah ist

Aber dann kommt meine Frau ins Zimmer
und stellt sich hinter mich
ich sage: Liebling, hör mal, die Vögel
sie singen: „give it up", „give it up", „give it up"
und ich bin heute Morgen so kraftlos
meine Frau lacht nicht etwa über mich
dass ich auf die Vögel höre
sie wischt meine Stimmung auch nicht einfach weg
sie guckt ernst
als würde sie sehr konzentriert zuhören
und dann sagt sie: Darling, du hast nicht richtig gehört
sie singen nicht „give it up"
sie sagen die ganze Zeit „keep it up", „keep it up", „keep it up"
– mach weiter

Mutanfall

In ihrer alten Bibel habe er dann später am Tag gelesen:
„Sehet nur die Vögel unter dem Himmel
sie arbeiten nicht, sie säen nicht und sie ernten nicht
und Gott im Himmel versorgt sie doch"
es scheint, meint er, die Vögel hatten eine Botschaft für mich
oder meine Frau, die besser zuhören kann
oder die alte Bibel
oder in dem allen Gott

Vielleicht
jedenfalls hat er nicht aufgegeben
und das hat mich auch ermutigt, weiter zu hoffen

Lilablau

Jesus, an diesem Morgen
sehe ich Grün vor meinem Fenster
blauen Himmel
helle Sonne
aber in mir sind die Farben ausgeblchen
und dem Schwarz gewichen

An diesem Morgen
früh noch spüre ich
wie rotes Glühen
wie glänzend Gold und Gnade
du willst mich in deine Nähe ziehen

Aber meine Seele kommt mir dunkel vor
Gebet ohne Licht
grün, blau, gelb, rot, gold fühl ich nicht
und glaub ich nicht für mich

Ich soll doch heute Worte sagen
soll diese Woche sogar trauen
eine ganz in Weiß
so hell, so rein

An diesem Morgen
kommst du auf mich zu
und nimmst mich in die Arme
betrittst den Raum
bist einfach da
und stehst zu mir
hüllst alles in dein Licht
zeigst mir
wie diese Welt
von grüner Hoffnung spricht
von roter Liebe und

Mutanfall

vom Himmel
von dem aber nicht so wichtig ist
dass er blau ist
sondern bewohnt

Später erst merke ich
es stimmt tatsächlich
du liebst mein Herz
und was sich anfühlt wie Schmerz
ist der Kampf umeinander
wenn du bei mir bist
– du, der niemals geht – ist alles gut
doch wie ein Ringen
du hinterlässt deine Spuren
wie ein Knutschfleck in der Seele
der färbt sich heute lilablau
du bist mein Bräutigam
ich deine Frau

Leere Stellen

Auf den Bildern von Paul Cézanne
entdeckte man eines Tages weiße Flecken
Lücken wie nicht fertiggemalt
leere Stellen
als habe der große französische Maler
irgendwann keine Lust mehr gehabt
vielleicht

Aber später dann
als die Bilder im Museum hingen
entdeckte man noch etwas anderes
weil die Menschen, die die Bilder ansahen
die Lücken nicht störten
im Gegenteil
sie beim Betrachten die Lücken füllten
mit ihrer eigenen Fantasie
da könnte eine Windmühle stehen
oder dort ein Lichtreflex sein
hier fehlt wohl eine Rosenblüte, ein Luftballon
und hier stünde vielleicht sogar
ich selber
wenn das Bild vollkommen wäre

Auf den Bildern von Paul Cézanne
tragen die Menschen
in die leeren Stellen
sich selber ein
und was ihnen fehlt
und was sie hoffen

Wenn ich nur jede Lücke so wahrnehmen könnte
nicht klagen über das, was mir fehlt
sondern sehen
dass Platz ist für Erfüllung

Mutanfall

aus meiner Fantasie, meinen Gebeten, meinen Farben
die Lücken, die leeren Stellen und verlassenen Stühle
wenn ich nur sehen könnte
dass ich das Bild selber weitermalen kann
noch drängt das Fehlende mich zum Weinen
dann aber, ich ahne es schon, zum Weiterleben

In den Bildern der alten Bibel
erzählt eines von einem weißen Fleck
einer leeren Stelle
der allerleersten
was sucht ihr den Lebenden bei den Toten?
er ist nicht hier
das Grab ist leer

in diese Lücke
trage ich mich selber ein
was mir fehlt
und alles, was ich hoffe

Jesus

Ich nenne ihn „Licht"
ich nenne ihn „Mehr brauch ich nicht"
manchmal nenn ich ihn „Lieblingsgedicht"
denn er reimt mir die Liebe in mein Leben

dazwischen
Funken

Gott, der große Künstler

Ich kann nicht anders
muss als allererstes
Gott als den großen Künstler beschreiben

Wie er am ersten aller Tage
sprach: es werde und es wurde
sodass diese Welt nicht einfach vom Himmel fiel
sondern ins Leben geliebt wurde

Und am zweiten aller Tage
als die Festen zu neuen Räumen wurden
und der Himmel entstand
verrückte Erde, da hingerückt, da weggerückt
es entstanden
der Kilimandscharo, die Toskana, die Sahara
das Kap der guten Hoffnung und das Ruhrgebiet

Und wie am dritten Tag der Erde das Grün aufging
Olivgrün, Türkisgrün, helles Lindgrün, Gras- und Waldgrün
Smaragdgrün, Neongrün, Flaschengrün
Goldgrün und Kiwigrün
kleine Halme, starke Bäume, Blumen
dafür erfand er die ganze Palette Farben
Rot, Gelb, Orange, Apricot, Beige, Lila, Rosa, Blau, Türkis,
Braun, Grau, Gold, Silber, Blond …

Und Gott machte Rosen in verschiedenen Farben
und für verschiedene Orte
Kletterrosen, Heckenrosen, Seerosen
für eins von Gottes Lieblingsfesten, Pfingstrosen
und eine für Jesus, eine Christrose

Und dann machte er noch
Astern, Tulpen, Gänseblümchen, Freesien, Gerbera

Narzissen, die irgendwann Osterglocken genannt wurden
Disteln, Nelken, Anemonen, Petunien, für die Kinder
Pusteblumen und für bayrische Hotels Geranien
Dahlien, Astern, Ginster, Glockenblumen, Clematis
Primeln, Enzian, für den Winter Schneeglöckchen
Orchideen, Chrysanthemen, Krokusse
Alpenveilchen, Sonnenblumen, Iris, Phlox, Lilien
Mohn, Kornblumen und für alle
die sich das nicht merken können, Vergissmeinnicht

Soviel Fantasie in Blumen investiert
die keinen Sinn haben außer die Erde schön zu blühen
ein echter Künstler

Und machte am vierten aller Tage
Lichter zum Jonglieren
die Sonne wird in die Bahn geworfen
Leuchten und Strahlen, Blinken werden erfunden
Sommer, Tag und Nacht
die Welt erlebt Morgenrot
und es dämmert ihr
es gibt keine Nacht mehr ohne Zeichen
das Dunkel weicht
und kein Stern ist Gott schnuppe
Und am fünften aller Tage
machte Gott Fische und Vögel
und wie man im Element ist
abtauchen, mitschwärmen
in die Tiefe gehen, aufsteigen
fliegen, federleicht sein
den Himmel anhimmeln
getragen werden
Wind und Wellen
Wasserfälle, Wogen
Wolken, Blitz und Donner

dazwischen Funken

Und dann am sechsten Tag
machte Gott alle Sorten Tiere
Kamele, kleine und große Katzen, Goldfische
Zebrastreifen und Zitronenfalter, weiße Tauben, schlaue
Füchse, Ponys, Puten, Piranhas, Perlhühner, Pelzmäuse,
Präriehunde, Papageien und Pudel

Und dann machte er als Extra-Vergnügen noch
Muscheln, Diamanten, Perlen, Honig, Himbeeren
Kokosnüsse und Kaffeebohnen
(und fragte sich, schmunzelnd: ob die rausfinden
wie man das lecker kriegt?)

Und dann
guckte er sich das alles an
und gab ihm die Note „sehr gut: Eins"
und fühlte sich einsam
und machte zwei, wollte es so gerne mit jemandem teilen
und erfand den Menschen
auch in verschiedenen Variationen
große, kurze, runde, drahtige, dürre, faustdicke, schmale
leichte, blasse, dunklere, lockige, sommersprossige
– unterschiedlich, aber innen, und das ist wichtig
haben alle ein Herz

Und da erfand Gott die Liebe
und die Musik, das Feuer, Poesie, Fußball, Postkarten
Wolldecken, Spaghetti, Kerzen, Kitzeln, Niesen
Purzelbäume, Witze, Kugeln, Küssen, Schlafen
Träumen, Schenken,
und die Schmetterlinge im Bauch
die segnete er auch

Und dann erfand er ganz zum Schluss
wie aus der Puste die Pause
und das Vergnügen, Spielen, Ausflüge, Staunen
Urlaub, Ausruhen, Mittagsschlaf
Schabbat, das letzte Siebtel einer Woche
Durchatmen, zweckfreie Zeit, die sinnvoll ist, beten
und heilige Sehnsucht

Und segnete das Ganze
setzte seine große Unterschrift
unter sein göttlich einmaliges Kunstwerk

dazwischen Funken
für Donata

Und wie in den tiefen Wäldern meine Heimat
sehne ich mich auch unter Menschen
immer am allermeisten nach den Linden
ja, dazwischen auf einer Lichtung

Und unter den vielen Lichtern der Großstadt, wo ich jetzt lebe
kommt das wahre Leuchten immer aus den Augen
ja, dazwischen funken die Augen der Liebenden

Und im Rauschen damals und im Lärm heute
und in der Flut der Bilder und in der Eile
taucht zwischen den Wellen eine Insel auf
der Stille
und in den Wogen ein Moment
der Güte
und in der Menge
ein Mensch, der Du sagt

Und dazwischen wird mir heilig

Champagner

An diesem Morgen sagte Gott
mit feierlicher Stimme
In meinem Keller voller Geheimnisse
lagern noch eine Menge Flaschen
mit allerbestem Champagner
Wir lassen die Korken knallen
und feiern die Feste der Leidenschaft
Heute stoßen wir an auf jeden Menschen
der sich hingibt und liebt

CHAMPAGNER

dazwischen Funken

Ballade auf die Schokolade

Ich bin so frei
und gar nicht auf Diät
der letzte Schrei
wer etwas auf sich hält
nimmt manchmal zu
und manchmal ab
ich bin dabei
was soll die Quälerei
die ganze Welt ist rund
ade, du blöde Kalorienzählerei

Ich bin so frei
nehm manchmal ab
und dann im Nu auch wieder zu
und beiderlei ist einerlei
statt Verzicht
mein Idealgewicht
ist Gleichgewicht

Und dann sing ich die Ballade
auf die Schokolade

Toblerone, Trumpf und Toffifee
statt Gurkensuppe oder Chicoree
Milka, Nougatcreme und Traube-Nuss
sind für die Frau von heute einfach Muss

Wir sind so frei
und nehmen manchmal zu
du sagst, das ist ja bitter
okay, edelbitter oder zartbitter
Vollmilch oder weiße
oder heiße Schokolade

ach, es wäre doch zu schade
würden wir sie nicht genießen

Mit gutem Gewissen
Ferrero Rocher
statt Merz-Spezial Dragee
Alpia Marzipan
statt Schlankheitswahn
After Eight statt Watcher's Weight
alle Sorten Sahnetorten
Nutella pur statt Vollwert-Kur
Twix statt nix

Ich bin so frei
nehm manchmal ab
und dann im Nu
auch wieder zu

Es gibt ja auch gesunde Sorten
ganz schlanke, ohne Fette
mit Joghurt oder Yogurette
oder Luftschokolade
die hat, wie der Name schon sagt
ungefähr so viele Kalorien
wie Sauerstoff

Und wer mir sagt
statt Schokolade zu essen
solle ich mich mehr bewegen
weswegen
es gibt doch Ritter Sport
hör doch auf mit dem Geschwafel
teil dir mit mir dir nächste Tafel
Mocca-Trüffel, Mandelsplitter, Balisto, Duplo, Kitkat, Lion

dazwischen Funken

Mars, Krokantmasse auf Haselnuss
Kinderriegel, Bounty, Snickers, Smarties, Zuckerguss

Ich bin so frei
ein Schokoholic
es wär doch schade
um die schöne Schokolade
ab- und zunehmen
ich tu mich nicht mehr schämen
es gibt nun wirklich andre Themen

Sagt neulich jemand zu mir
„Für eine Diät
ist es nie zu spät"
reim dich oder ich fress dich
aber vorher gieß ich noch Vanillesauce drüber

Ich meine, jetzt Mal ehrlich
Diäten wie Brigitte
Ernährung wie igitte
die leben doch von dieser Sitte
ab und zu, ab und zu
im Sommer wird man leichter
und im Winter Marzipankartoffel
da muss man ja auch
keinen Bikini tragen
Marzipankartoffeln sehen in Bikini total bescheuert aus

Ach, zurück zur Schokolade
zum Beispiel
jetzt einmal Pralinen
die Ballerinen
müssen auf sie verzichten

aber wer will denn auf Zehenspitzen durchs Leben gehen

Ich sagte ja
ich bin so frei
nehm ab und zu mal zu
ich bin halt rund und nicht gerade
ich liebe Schokolade
mein dickes Fell
verdanke ich dem Karamell
vergiss es nie
lila sind die schönsten Pausen
und danke heißt Merci, mon chéri

Ab und zu, ab und zu
nehmen tut ja auch der Mond, la luna
ganz natürlich sing ich also
seht ihr die Mondin stehen
sie ist nur halb zu sehen
und ist doch rund und schön

Ja, die Schokolade
ist pure Lust, Genuss
und, nur das noch kurz zum Schluss
es kann kein Zufall sein
die Schokolade
reimt sich mit der Gnade

Aufmerksam

Meditierend aufmerksam hier sitzen
Gott-Gedanke
Glücks-Gefühl
reicht bis in die Fingerspitzen

Zusammengesetzt

Manchmal sagt einer ein Wort
das eröffnet eine ganze Welt voller Geschichten
und oft sind das zusammengesetzte Worte
wie Sanftmut und Trostlied
Seidenkind und Morgenglanz
Mutanfall und Gütekraft

Neulich nannte einer unsere Begegnung
ganz neu zusammengesetzt
ein Lachfenster
und es stimmte
es war eine Luke zum Himmel
und ein göttliches Schmunzeln eröffnete es uns auch

dazwischen Funken

Allein mit Katharina bist du nicht allein

Einmal habe ich
meine Schwester Katharina gefragt
was würdest du tun
wenn du ganz allein
auf der Welt wärst

Und sie antwortete
wenn ich ganz alleine wäre
würde ich mich
in den nächsten Zug setzen
irgendjemand besuchen
und ihm Blumen mitbringen

Das ist typisch Katharina
voller Hoffnung, unlogisch
fähig, treu zu sein
wo andere aufgegeben haben

Das ist typisch Glaube
Lieben, und du kannst nicht beweisen
ob du nicht ins Leere liebst
Vertrauen, wo wenig zu sehen ist
und keine Welle der Begeisterung dich trägt
wo die Lebensfreude
nicht verwechselt werden kann mit Gott

Und wo du trotz allem weißt
die heilige Ahnung
ich würde mich
in den nächsten Zug setzen
weil es richtig ist
und jemanden besuchen
weil ich nicht anders kann
und ihm Blumen mitbringen
das auf jeden Fall

Engel im Herbst
für Josra

Du hast mir diesen trüben Morgen
der klamm und kalt in meinem Herzen hing
erfreut
mein Kind
du wolltest bunte Drachen falten
und zum Himmel steigen lassen
und wurdest eine der Gestalten
die selbst ein Bild vom Himmel sind
mein Kind
ein Engel

Du hast mir diesen alten Abend
der schwer und hektisch durch den Kopf mir ging
gegrüßt
mein Kind
du wolltest dich ein wenig unterhalten
am Ende beten, Augen zu und Hände falten
und wurdest dabei eine der Gestalten
die Zeichen für Gebete sind
mein Kind
ein Engel

Du hast mir diese dunkle Nacht
die traumlos, nackt und bloß mit mir beim Schlafen lag
erhellt
mein Kind
du wolltest einfach nicht das Licht ausschalten
du wolltest noch Geschichten hören
mit Happy End, sonst wirst du ungehalten
und wurdest dabei eine der Gestalten
die Zeichen aller Lichter sind
mein Kind
ein Engel

Du hast mir oft mein ganzes Leben
das manches Mal schwer von der Hand mir ging
erwärmt
mein Kind
ich wusste nur
ein Riss will meine Seele spalten
in Eis gefrorenes Gefühl
ich werde innerlich erkalten
du willst nur meine Hand mir halten
und wärmst mich, dass ich wieder schmelzen kann
damit wir beide leben, warm und wohlbehalten
du wurdest immer wieder eine der Gestalten
die Zeichen aller Liebe sind
mein Kind

Verwandlung

Verändert hat mich
was ich nicht verändern konnte
denke ich beim Blick aus dem Fenster
draußen färben sich die Blätter bunt
aus Frühlingsgrün und Sommersatt
wird Rot und Gold

Die Blätter zeigen mir
wie weitergehen geht
sie lassen, fallen, tanzen
ihre Pantomime ein Gebet
ein Ahnen schenkt die Schöpfung mir
dass mich der Rhythmus Gottes sanft umweht
der Baum verändert sich
und doch, er steht

Verändert hat mich
was ich nicht verändern konnte
verwandeln wird mich
der mich liebt
in die allerneuste Jahreszeit
sehnt, färbt, weht, langt mich
die Liebe voller Ewigkeit

Im Alter

für Katharina

Manchmal mal ich mir aus
wir beide sind alt
verschroben und total durchgeknallt
wir tragen große Hüte
ich in Schwarz, du mit Feder
ich dazu Pumps und du Jacken aus Leder
und jeder, die uns blöd kommt
aber wirklich jeder
sagen wir nur
„Komm du erst mal in unser Alter"
ach, wunderbar
und denken alle, wir spinnen
wir werden uns an unsere Jugend entsinnen
als man noch dachte
man muss alles gewinnen
und die Zeit dürfe einem
nicht durch die Finger rinnen
jetzt sind wir gelassen, entspannt und alt
schrullig, wunderlich, durchgeknallt

Wir tragen komische Kleider
mit Rüschen und Kragen
von der Mode lassen wir uns
schon lang nichts mehr sagen
ich glaube, du trägst manchmal
bunte Krawatten
und wir rauchen Zigarren
(aber ich tu nur so)
die Leute sagen
„Die haben wirklich 'nen Schatten"
aber das ist uns jetzt vollkommen egal
so ganz normal
waren wir ja auch früher schon nicht

Gibt es dann auch noch Krieg
und so wird es wohl sein
wir laden zu einer Demo ein
wir werden dickköpfig sein
und uneinsichtig
hält man uns das vor
dann lachen wir richtig
und bestellen uns Eis
und nehmen uns wichtig
wir gehen singend über d e Rü'
und kaufen uns Flieder
die Leute sagen
„Guck mal die beiden schon wieder
die alten Scharteken
ganz untantige Tanten
die im Stadtteil Bekannten Superentspannten"
ja, wir haben's geschafft und sind alt, eigentümlich und
durchgeknallt

Wenn wir es haben, verschenken wir Geld
das letzte Hemd hat keine Taschen
das weiß alle Welt
wir werden auf jeden Fall weiterhin beten
und eindeutig unsere Me nung vertreten
wir feiern Gottesdienst
und wir feiern Feten
ja, wir laden ein zu rauschenden Festen
Lampions, Wunderkerzen in Blumenkästen
und unter unseren Lieblingsgästen
sind andere Greise
die allerbesten
Omas und Opas
vielleicht singen wir manchmal

dazwischen Funken

ein Lied im Duett
ich schreib noch Gedichte
du machst Kabarett
wir sind beide nicht so ganz schlank
aber voll nett
ich bringe dir manchmal Frühstück ans Bett
doch meistens schlafe ich jetzt richtig aus
wir wohnen noch immer in einem Haus
das ist dann, Bruchbude sagt man
auch schon sehr alt
und wir sind urig verrückt und durchgeknallt

Vielleicht wie im Traum
besucht uns dein Sohn oder mein Mann
ab und zu auch ein Engel
und wir kochen dann
und hören deine schöne Musik
wir werden im Sommer Himbeeren pflücken
und tragen beide coole Perücken
ich eine in Blond, du eine in Grau
und je eine für sonntags
Punkfrisur in Pink und Blau
wir tragen außerdem Brille und Hörgerät
was wir trotzdem nicht hören:
„Macht eine Diät!"
und: „Kommt nicht zu spät!"
mit Verlaub, auf dem Ohr sind wir taub

Wir vertreten noch mehr als sonst steile Thesen
schreiben nur noch Bücher
die wir selber nicht lesen
du fährst Motorrad, ich reite Besen
und wir sagen ständig
früher ist alles viel besser gewesen

Einfach Kaffee trinken

Wir wollten einfach mal Kaffee trinken gehen
weil du traurig warst
und mit jemandem reden musstest

Ich kenne dich nur entfernt
aber die Trauer konnte ich verstehen
sie ist mir vertraut
also bestellten wir Kaffee

Du wusstest nicht
Café au Lait, ist das anders als Latte macchiato
Cappuccino, geröstet, Milchkaffee, aufgeschäumt
mit Karamell oder Sirup, der nach Vanille schmeckt
oder heute, es war Ende November, auch nach Nikolaus
das alles in drei Größen und auch zum Mitnehmen
oder mit Schokoraspeln

Wir wollten einfach mal Kaffee trinken gehen
du warst so sprachlos
und konntest nur so viel sagen
„Ich bin einfach traurig"
einfach Kaffee trinken, sagte ich
welche Sorte Traurigkeit ist es denn
aber da wurdest du ganz stumm

Weil wir in einem Land leben
das einem viele Sorten Kaffee bietet
aber einem keine Worte leiht
für die Sehnsucht der Seele

Es reicht

Es reicht, sagte er
es reicht mit diesen Plakaten
dunkle traurige Kinderaugen
Brot für die Welt
und immer so kurz vor Weihnachten

Es reicht
mit den Spendenbriefen
dunkle traurige Geschichten
Amnesty, Greenpeace, Welthungerhilfe

Es reicht
mit den roten Schleifen
sie sollten nicht an Aids erinnern
dunkle traurige Krankheit
sondern den grünen Baum schmücken

Es reicht
jetzt blenden die schon
eine Kontonummer ein bei den Tagesthemen
dabei will ich doch nur informiert werden
und nicht helfen
helfen ist doch gar nicht der Sinn einer solchen Sendung

Es reicht, sagte er
mit den Bettlern, mit den Bildern, mit den News und Appellen
Pakistan, New Orleans, Kabul
Tsunami, Terror, Tod
es reicht

Wie oft willst du es noch übersehen
wie oft überhören
es reicht eben nicht
weil es dein Herz nicht erreicht

Wie oft noch
siebenmal siebzigmal
sagt das weise Buch
werden wir es hören
bis es uns erreicht
siebenmal siebzigmal
erinnert uns Gott

Es reicht, ja
du hast recht
es würde für alle reichen
nicht nur für die Reichen
siebenmal siebzigmal
Hunger ist ein Problem
das heute gelöst werden kann
an dieser Wahrheit darf man sich nicht satt hören

Du hast recht
es reicht, ja
nicht nur für die Reichen
es reicht
siebenmal siebzigmal
wenn es dein Herz erreicht

Kleiner Mut

Der Mut beginnt ja manchmal klein und fein
zärtlich gehütet, gut versteckt
und gar nicht gleich als großer Plan
genial und überragend ausgeheckt
der Mut beginnt ja manchmal klein und fein
ich bete eins: ich möchte niemals feige sein

Der Mut sucht sicher seine eigene Gelegenheit
ich wäre gern bereit
in allen Jahren meiner Lebenszeit
ich wär gern aufmerksam für alle Fingerzeige
und bete eins: ich möchte niemals feige sein
nur niemals feige

Funkenspiel
für Dorothea

Immer wieder springen Funken über
wie ein Kind aus deiner Staunschule
über ein Hindernis in deine Arme voller Vertrauen

Immer wieder spielen Funken singend
wie die Töne deiner chinesischen Orgel
Melodien aus einer anderen, neueren Welt

Immer wieder sprühen Funken weiter
wie das geheimnisvolle Lächeln der Ikone
in deiner Kapelle zum Himmel

Immer wieder Funken
Spuren, Lichter, Gottesahren
das Kind, das lebenslustig lacht
die Orgel hat so manchem Herzen Lieder beigebracht
die Ikone flüstert, leise hörbar nur, „Es ist vollbracht"

Es ist noch nicht vollendet
aber deine Funken haben Feuer angefacht

Morgen erleben

Mut, Mutter, am Muttesten, Großmutter
ja, bei Mut
denke ich: großen Mut hatte meine Großmutter

sie war alt, verwitwet, blind
stimmt
sie vertraute dem Leben blind

Großen Mut hatte meine Großmutter
ihre letzten Worte
„Und jetzt trinke ich gleich eine leckere Tasse Kaffee"
werden mir ewig bedeuten
was es heißt, sich ewig willkommen zu wissen
(und daran erinnern, dass Gott Kaffeetrinker ist
wie meine Schwester behauptet)

Großen Mut hatte meine Großmutter
wenn ich mir vorstelle, wie sie jetzt ist
dann denke ich sie mir
auf eine Veranda
eben mit einem Becher Kaffee in der Hand
in einem Schaukelstuhl
oh, sie konnte einen immer so herrlich verschaukeln

Ich denke sie mir
am ganz frühen Morgen, ihre Zeit
nicht eigentlich, weil sie eine Frühaufsteherin war
sondern so wach und so aufgeweckt

Sogar ihr Gesicht wirkte
wie sorgfältig in Falten gelegte, frische Wäsche

Großen Mut hatte meine Großmutter
weil sie, bildlich gesprochen, das warme Bett verließ

immer wieder
um zu sehen, dass Morgen wird

Und dann genau zu beobachten, dass die Sonne aufgeht
wie eine Komplizin, die sagt
„Siehst du, sie ist doch wieder aufgegangen"
und „Wusste ich es doch"
und dann wie zu sich selbst:
„Mach's noch einmal, Wilhelmine "
immer wieder
das warme Bett verließ
aus dem Haus, der bequemen Gewohnheit
vor die Tür, auf die Veranda

Bisschen schaukeln, Stündchen staunen, Weilchen beten
Flüppchen rauchen (im Leben nicht, aber jetzt vielleicht)
und sich dabei mit einer leckeren Tasse Kaffee
Mut antrinken

Rosa Parks

Vor 50 Jahren
kam sie müde von der Arbeit
nahm Platz im Bus
1. Dezember 1955, Amerika
Schwarz-Weiß-Denken
sie nahm müde Platz im Bus
nach einem langen Tag
endlich Feierabend

Vor 50 Jahren
kam ein Weißer
suchte noch Platz im Bus
wollte ihren

1. Dezember 1955, Amerika
er war ein Weißer
sie eine Schwarze
er war im Recht, laut Gesetz
sie wollte Gerechtigkeit, leiser Mensch
und sie blieb sitzen

Sie war müde
sie war es müde, sich demütigen zu lassen
sitzen zu bleiben war ein echter Aufstand
sie saß
er stand da
das war zu bunt
für das schwarzweiße Denken
in Amerika
endlich Feierabend

Sie wurde verhaftet
jetzt musste sie sitzen
Rosa Parks
eingesperrte Blume

Vor 50 Jahren
blieb sie nicht alleine
andere widersetzten sich
setzen sich und standen auf
und der Bus wurde ein Bus-Boykott
und der Bus-Boykott wurde eine Bus-Boykott-Bewegung
und die Bus-Boykott-Bewegung führte zur Befreiung

Vor 50 Jahren
1. Dezember 1955, Amerika
heute, hier
den Moment verstehen
die Würde hüten
eine Welle auslösen
das richtige Wort sagen
Nein! oder Ja!
andere mitreißen
bewegen, befreien

Sitzen bleiben kann jede

Amelia, Amelia

Amelia, geboren 1897
auf der Suche nach Mut
fand ich dich
„I miss my sky"
Heather Nova singt für dich
Amelia
schon als Kind widerspenstig
klingst nach Spinnerei und Spuk
du willst fliegen
und du kämpfst für deinen Flug

Recherche:
Highschool mit Auszeichnung beendet
Militärkrankenschwester, Sozialarbeiterin
1920, Amelia darf zum ersten Mal in einem Flugzeug
mitfliegen

Du willst fliegen, du wirst über Traditionen siegen
du bist mutig, und wenn sich alle um dich rum
in ihren Sicherheiten wiegen
du widersetzt dich den Klischees
weißes kleines Städtchen, weißes braves Mädchen
Vorurteile, du machst uns vor, wie vorwärts geht
du bist nur frei und glücklich
wenn ein Wind um deine Nase weht

Recherche:
Amelia nimmt Flugstunden, eine kostet 1000 Dollar
ihre Eltern weigern sich, ihren Spleen zu finanzieren
Amelia arbeitet und arbeitet und
schon sechs Monate später kauft sie sich
von gespartem und geliehenem Geld ihren ersten Flieger
und stellt kurz danach einen Höhenweltrekord für Frauen auf

Du gehst in die Luft
die Erde hat zwar Erdanziehungskraft
es zieht dich aber an den Himmel, in die Wolken
in die Weite
weg, übermütig, Federn, Flug
die Erde war dir nie genug
ist das nur Mut? ist das auch Wut? ein Wüten
über Klischees und festgelegte Rollen
„Die gehört zu den ganz Abgebrühten", sagte mancher
nein, du bist noch eine, die was weiß vom Träumehüten
Mut, Wut und Wüten
du gehst in die Luft
steigst höher als je vorgesehen war
dein Herz hat diese sehnsüchtigen Flügel

Recherche:
Amelia wird berühmt
als sie als erste Frau den Atlantik in einem Flugzeug überquert
allerdings nur als Passagierin, was sie unglaublich ärgerte
aber sie wurde trotzdem gefeiert
Heldin, Frau des Jahres
Idol der jungen Frauen ihrer Generation
Interviews, Vorträge, sie nutzt ihre Popularität
um gegen die gängigen Erziehungsideale anzutreten
vor allem junge etablierte Frauen
fühlen sich von ihr total provoziert
oder werden ihre Fans

Amelia, forsch und flugs erhitzt du die Gemüter
Klischees sind für dich alte Ladenhüter
wer will die noch, wer braucht sie denn
du gehst deinen Weg, du fliegst ihn
ohne Aber, ohne Wenn
Kleider, Partys, Frau des Hauses sein, Parfüm

dazwischen Funken

den schönsten Duft
hat für dich die Luft
du redest frei heraus und forderst uns heraus
uns nicht herauszureden
Mut mutet andern immer etwas zu

Recherche:
1929, Teilnahme am „Cleveland Women's Air Derby"
einem Überland-Luft-Wettbewerb für weibliche Piloten
auch „Puderquastenrennen" genannt
von der Presse vernichtend behandelt
beschließt Amelia
gemeinsam mit vier anderen bekannten Pilotinnen
den „Club der Neunundneunzig" zu gründen
mit dem Ziel, die Stellung der Frau in der Luftfahrt zu stärken

Pionierin, du steigst höher
du wirkst als seist du ganz besessen, wie betört
und in der Achtung sinkst du
weil man denkt, dass sich das nicht gehört
für eine Frau
hoch, höher, Höchstleistung im Fliegen
du bist nicht aus-, nur immer weiter aufgestiegen
sie wollten dich ganz klein und bodenständig kriegen
doch deine Sehnsucht, die kam niemals zum Erliegen

Recherche:
1932, fünf Jahre nach Charles Lindbergh
überquert Amelia als erste Frau den Atlantik im Alleinflug
wegen schlechten Wetters
kam sie nicht bis nach Frankreich
sondern musste in Nordirland notlanden
für diesen Flug, durch den sie zum ersten Menschen wurde
der zweimal den Atlantik überflogen hatte

wurde sie mit einer Medaille geehrt
sagte aber in ihrer Dankesrede lakonisch
„Einige Aspekte des Fluges
sind übertrieben dargestellt worden
es war wohl einfach spannender zu schreiben
ich sei mit den letzten Litern Treibstoff gelandet
tatsächlich hatte ich noch über vierhundert
und: ich habe bei der Landung keine Kuh getötet
es sei denn, eine wäre vor Angst gestorben"
1933 Neuer Frauen-Geschwindigkeitsrekord
1935 1. Alleinflug überhaupt, übermütig
über den Pazifik von Honolulu nach Oakland
1937 Im Rahmen ihrer Weltumquerung
1. Flug überhaupt vom Roten Meer nach Indien

Und dann
begann
der letzte Flug
aber du kamst niemals an
Frau ohne Klischees und Rollen
solche Menschen gelten häufig als verschollen
weil sie was Unbequemes, Neues wollen

Recherche:
Amelia Earhart nimmt sich vor
was noch niemand gewagt hat
sie will die Erde am Äquator umrunden
am 21. Mai 1937 startet sie in Miami
nach Zwischenlandungen in Brasilien, Westafrika, Kalkutta
hatte sie am 29. Juni drei Viertel der Strecke zurückgelegt
und startete am 2. Juli von Neuguinea
um das letzte Stück Pazifik hinter sich zu bringen
flog die Howland-Inseln an
erreichte sie aber nie

dazwischen Funken

Die größte Suchaktion
der bisherigen Geschichte wurde eingeleitet
und am 19. Juli aufgegeben
Amelia wurde als „verschollen, vermutlich tot" erklärt
um ihr Verschwinden ranken sich viele Gerüchte
aber das ist eine andere Geschichte

Flug, Mut, Wut und Wüten
aus deinem Leben reimt man Mythen
es treibt verrückte Blüten
über die meisten lachst du wohl, du stehst da drüber
jetzt wirklich, höher geht nicht mehr
Amelia, es stimmt wohl
man vermisst dich sehr
und immer noch

Ja, wir vermissen schmerzlich suchend Menschen
die den Kopf erheben, ihren Wünschen Freiheit geben
die sich nicht in Reihen reihen, ihren Träumen Flügel leihen
die aus der Rolle fallen, aus der Falle rollen
du bleibst vermisst, du bleibst verschollen

Vermisst, Amelia
auf der Suche nach Mut
fand ich dich
„I miss my sky"
wer Sehnsucht nach dem Himmel hat
wird auf der festgelegten Erde niemals satt

Immer widerspenstig
klangst du nach Spinnerei und Spuk
du wolltest immer weiter fliegen
und du hast gekämpft für jeden Flug

Ich glaub für dich
du bist zu Hause jetzt, dort, wo du immer so zu Hause warst
im Himmel eben, und darfst hier fl egen wiegen glücklich
schmiegen
ohne Ende lieben
ich denke wohl, du bist in Himmel Nummer sieben

Corettas Tod

In einigen Monaten oder Jahren
dann wird man unter uns sagen
das war doch die Zeit, irgendwo damals rund um den Tag
als Coretta starb, Coretta Scott King
ich las davon online, Februar 2006
und schickte die Nachricht an Freundinnen und Freunde
die mich ihrerseits informierten
ich habe die Mails nicht gezählt
die mich erreichten, so viele, die ahnten
das bedeutet ihr etwas: Coretta Scott King ist tot

Ich habe oft über ihren Mann Martin Luther King gepredigt
seine Geschichte, Gerechtigkeit, Gewaltlosigkeit
hat viele von uns inspiriert
aber es ist Coretta, die mich immer wieder getröstet hat
besonders in den vergangenen Monaten

Nicht nur, dass sie, wie alle sagen
sanft und stark gleichzeitig war
nicht nur, dass sie konsequent gegen die Gewalt protestierte
und immer wieder mahnte
„Werdet nicht wie die, die ihr bekämpft!"
nicht nur, dass sie kämpfte
gegen Sklaverei im Sudan
gegen die Rassentrennung in Südafrika
für einen Schuldenerlass zugunsten armer Länder
friedliche Konfliktlösungen
und Wachsamkeit für das Thema Aids

Das alles, ja, aber besonders bedeutend für mich war
dass sie weitergekämpft hat
so stark, so sanft und so entschlossen
unermüdlich

Nur wenige Wochen nach seiner Ermordung
führte sie einen nächsten Protestmarsch an
gegen die Diskriminierung der Schwarzen
und für die Freiheit der Menschen
sang „We shall overcome"
wohl aus zugeschnürter voller Kehle

Sie konnte weitergehen
weil sie weit mehr sah als ihr einzelnes Schicksal
sie ging weiter
weil es ein größeres Thema in ihrem Leben gab
ja, du kannst weiterleben, schenken, sprechen, kämpfen
wenn Gott eine größere Geschichte in dein Leben erzählt

In einigen Monaten und dann Jahren
wird man unter uns sagen
das muss doch ungefähr zu der Zeit gewesen sein
als Coretta starb
ihr Leben, ihr Mann, ihr Überleben, ihr Übermann
und sie, die Schwester Mensch, mit viel Gott drin
sie fehlt mir und hinterlässt eine ganz eigene Lücke

Und ich denke, dort, wo sie jetzt ist
braucht es keine Protestmärsche mehr
und „We shall overcome"
wird nicht mehr gesungen mit Widerstand
sondern als gute Erinnerung an die gemeinsame Kraft
die Spiegel zeigen nicht mehr schwarz und weiß
sondern nur noch schön

Das muss doch ungefähr zu der Zeit gewesen sein
als Coretta starb
als Coretta aus dem Leben ging
der Satz will mir so schlecht über die Lippen

dazwischen Funken

Sie ging immer so würdevoll
dass ich denke:
sie ging nicht aus dem Leben, sie nicht
sie marschierte ein letztes Mal, singend
und ging in das Leben ein, in das ewige

Wasser, du und Feuer, du

Im Leben bist du mir
wie reines Wasser
weil du wie niemand sonst
das große Sehnen
meiner Seele stillst

Im Tod bist du mir
dann wie reinigendes Feuer
das meine Seele wie der Schatz aus Gold
in deine Nähe schmilzt

Deine Farbe für mich

Ich hülle mich in schwarzes Tuch
obwohl doch der Stoff meiner Geschichten
nicht dunkel ist

Im Himmel irgendwann dann
trag ich reines, strahlend helles, makelloses Weiß
die Summe aller Regenbögen –
und bis dahin?

Nenn ich dich andächtig und zärtlich
weil ich vor dir vollkommen unbekleidet bin
meinen Grund
für Bunt

Balance

Das Leben und das Herz so schwer
und gleichzeitig so leichtfertig
so immer dazwischen, zerrissen

Der Nächste nicht nah
und die Nachbarin fremd
und ich selber gar nicht zu Hause bei mir

Der Himmel so sehnsüchtig weit weg
und die Erde hat zu viel Anziehungskraft
die Flügel fehlen und die Wurzeln auch

Dein Zeichen, mein Meister
kreuzt meinen Blick
aus dem Grab und bis an den Regenbogen
alle Gegensätze, sonst wie Tag und Nacht
kommen angeflogen
aufeinander zu bis in die Mitte
als hättest du sie alle angezogen
in Balance, im Gleichgewicht
mein Leben, Herz und Mensch und Gott
in dir so ausgeglichen
ewig ausgewogen

BALANCE

dazwischen Funken

Nachhauseweg

Mir allzu sicher
meinst du
du wüsstest ihn genau
den einen Weg zur Ewigkeit
sehr schmal sei er
und dir auf keinen Fall zu weit
ich gehe lieber auf
in göttlich gnädiger
Verwegenheit

Neue Gedichte

Schon da

Und Gott schuf die Welt
und der Raum war schon da

Und Gott schuf Blumen,
Gras, Büsche und Bäume
und der Boden war schon bereitet

Und Gott schuf Sterne,
Vögel, Schmetterlinge und Luftballons
und der Himmel war schon so weit

Und Gott schuf Fische und Seepferdchen
und das Meer war schon vorhanden

Und schuf die Menschen,
die Sehnsucht, die Seele, die Liebe
und von Ewigkeit zu Ewigkeit
ist Gott schon immer da

Es sterben so viele

Es sterben so viele Arten aus
und Worte sterben aus
und Haltungen sterben auch aus

Vögel, Fische, Insekten
wilde Tiere, die ganze Vielfalt verschwindet
und Gabelfrühstück heißt jetzt Brunch
Häppchen Fingerfood
aus der Hitparade wurden die Charts
und ein Kind hieß früher auch Göre
das erinnerte
zwei Himbeerlollis für drei Öre
ja immer ein bisschen an Bullerbü
und auch der Respekt geht oft verloren
und die Mühe, die Toleranz und das Mitgefühl

Ganze Sprachen sterben aus
und Landstriche, Wälder, Eisbären
und Eigenschaften
die Zivilcourage hat es immer schwerer
denn auch die Lindigkeit ist gegangen
wird jetzt ersetzt durch Freundlichkeit
aber das ist etwas anderes
Lindigkeit ist hellgrün im Herz
wie Frühling und leise Hoffnung
und das bringen Sie mal jemandem bei
wenn es nicht mal mehr ein Wort dafür gibt

Auch die Augenweide ist fort
der Bandsalat, der Luftkus und die gute Kinderstube
und der Schirm, der Charme und die Melone
und ganz erschreckend
die Mischpoke, Tacheles, Massel, koscher und töfte

und weil es niemand mehr liest
gingen der wahre Jakob, Xanthippe und der Suppenkasper
und aus Reformationsfest wurde Halloween

Manches wird auch wieder entdeckt
das Jubeljahr zum Beispiel
Jahresendflügelfiguren dürfen heute
wieder Engel genannt werden
und Feindbilder, die kommen auch immer gerne zurück

Was sagt eine Großmutter heute
wo meine früher Fisimatenten rief
Papperlapapp, Remmidemmi oder Pustekuchen
vielleicht gibt es ja bald schon
keine Großmütter mehr
viele, hörte ich, verstecken sich schon

Alpenweiden, Enzian
das sichelfrüchtige Hornköpfchen
aus der Familie der Hahnenfüße
und das französische Filzkraut blühen wohl nie wieder
und auch das Trampeltier
hat sich als Kamel nicht halten können
als Haltung in diesem Fall aber doch
aber das Taktgefühl kämpft ums Überleben
überhaupt schwebt das Leben weltweit gesehen
nowadays ständig in Lebensgefahr

Unsichtbar

Josh spielte mit meinen Gebetsperlen
und seine Mutter sagte
er wirke so ein bisschen buddhistisch
sein Vater widersprach, nein katholisch
ich dachte
so wie er auf den Perlen kaut
ist nur wahrscheinlich, dass er zahnt

Erst später werden wir sehen
was Josh glaubt, wem er dient, wen er liebt
und wer sein Gott ist
und wir werden es nicht an den Perlen sehen
wir werden es nicht einmal an seinen Gebeten hören
oder an den Namen ablesen, die er Gott gibt
ob sein Geist heilig ist
werden wir nur an seinem Leben sehen
so wie wir das Wehen des Windes beobachten

Denn Gott schuf den Geist wie den Wind unsichtbar
damit niemand sich mit ihm schmücken kann
und wir lernen
die Wirkungen zu lesen

Maria

Das haben wir doch alle schon erlebt
dass wir überrascht wurden
überwältigt und beschenkt
dass wir, wie man so sagt
„wie die Jungfrau zum Kinde" erstaunt wurden
und so, meine ich, steht es uns gut
uns Reichen, Aufgeklärten, Erwachsenen
den Gedanken des empfangenen Geschenkes
nicht einfach zu belächeln
wir sind schon alle mit Zukunft beschenkt worden
die wir uns nicht selbst verdanken
die wir ohne jedes Dazutun
einfach so empfangen haben

Das haben wir doch alle schon erlebt
und das würden wir gerne noch häufiger erleben
dass eine Person, die klein war, aufsteht
und ein Lied der Würde singt
weil sie guter Hoffnung ist

Das haben wir doch alle schon erlebt
so vieles ist Gabe in unserem Leben
so vieles haben wir einfach bekommen
dass ich es als frech empfände, zu behaupten
so etwas gibt es doch nicht
selbst manches, was ich mir erarbeitet habe
mit Fleiß, Übung und viel Ausdauer
ist am Ende doch mindestens ein Gemisch
aus meiner eigenen Mühe, einer Portion Glück
Bewahrung und Beziehungen
und jenem Geist
den ich mir nicht erklären kann
nur mit mir selbst

Geheimnis

Ich habe dich noch kurz vorm Schlafen
in ein Geheimnis eingeweiht
gebetet und gebeichtet
ja, es tut mir leid
ich hoffte sehr
du bist ein Gott, der mir verzeiht

Es tat so gut, mit dir zu sprechen
ich konnte schließlich
ruhig ruhen

Und während ich noch schlief
schriebst du mir einen Liebesbrief
ich konnte ihn im Morgenrot am Himmel lesen
und weiß seitdem
ich bin nicht mehr allein
seit ich dich eingeweiht
bin ich zu zweit

Im Garten

Hört den Ruf
„In Eden, im Garten Gottes, warst du" [1]
das Paradies ist dein Zuhause
du ahnst, woher du kommst
Familie Mensch hat noch Garten im Herz

Hört die Verheißung
„Ein Spross wird aufgehen" [2]
ein kleiner Zweig, zartes Grün
mitten im kalten Winter
ja, grüne, Jesus von Nazareth
der du gründlicher hoffst als wir alle

Spürt die Verzweiflung
ein Mensch betet in einem Garten
und wird dort verraten, verkauft und verhaftet
dann wird er gefoltert
und stirbt
ein Gartengrab, nur geliehen, birgt seine Leiche

Hört die Verheißung
das Kreuz wird grünen
aus totem Holz und Marterpfahl
wird der neue Baum des Lebens
der lebendige Gott will keine Opfer
überwindet den Tod
und kommt mit seiner Schöpfung zum Ziel

Seht die Verwechslung
„Sie aber dachte, er wäre der Gärtner" [3]

Und hört die Verheißung
er ist es tatsächlich
öffnet die Türen zum Paradies
zum grünen Garten der Ewigkeit
die göttliche grüne Gütekraft

[1] *Hesekiel 28,13*
[2] *Jesaja 11,1*
[3] *Johannes 20,15*

Ich vermisse das Grün

Ich vermisse das Grün
die Wiesen sind verbrannt
die linden Hügel des Friedens zu Schlachtfeldern geworden
ich vermisse die Blumen, sie waren die besten Lehrerinnen
weil sie blühten
ohne etwas beweisen zu wollen, erklären oder gewinnen
ich vermisse die Erde
wie sie einmal war beim Beginn
sie legte sich wie Moos unter nackte Füße
bevor die Stiefel kamen

Ich vermisse das Blau
über den Wassern liegt ein Teppich aus Öl
verklebt sind die Blicke, die Tränen zu salzig
die Augen überschminkt
die Fäuste geballt in der Tasche
alle krallen sich fest
ich vermisse das Loslassen, das Wasser
das Fallen
in der Wüste wird das Leben zu Asche

Ich vermisse die frische Luft
die Sonne macht euch jetzt Angst
die Atmosphäre, die ihr schafft, hat lauter Löcher
ihr schwebt in Lebensgefahr
und manchmal könnt ihr vor lauter Smog
nicht mehr sehen, dass ein Bogen am Himmel steht

Ich vermisse die Wärme
die Familien, die im Kreis um den Herd sitzen
und Geschichten erzählen
ich vermisse die Indianer
die Kinder, die spielen

Ich vermisse das Rot der Liebe, das Knistern, die Funken
die Lieder am Feuer, die Leidenschaft
ich vermisse euer Vertrauen

Ich vermisse euch alle
ich sehne mich nach den Menschen
ich vermisse mich kaputt, so schwer ist mir ums Herz
ich vermisse euch jeden Tag, in jedem Element
auch in diesem Moment
vermisse ich dich
bist du da
dann sprich doch mit mir
Menschenkind
Gotteskind
ich bin im Vermissen
du findest mich im Suchen

Der Monsun und die Wahrheit

Der Regen kommt langsam
aber wenn er dann kommt, kommt er in Strömen
und prallt auf das trockene harte Land
das ihn gar nicht aufnehmen kann
wie ein Kind, das auf seinen Geburtstag gewartet hat
und dem jetzt schlecht ist vor Aufregung
es ist zu viel des Guten
das war früher schon so
Monsun bedeutete
die Sehnsucht nach Regen endlich erfüllt
und oft doch überfüllt
aber heute
bedeutet Monsun Chaos
und niemand war darauf vorbereitet
am 26. Juli in Mumbai zum Beispiel

Der Regen kommt langsam
aber jetzt, als er kommt, kommt er in Strömen
und die *upper class*-Nassen
lassen ihre Autos einfach auf der Straße stehen
verursachen Verkehrschaos
oder überlassen es dem Fahrer, klarzukommen
checken ein, in ein Hotel
werden kaum nass
erst als sie duschen
sie stellen die Air Condition an
verfolgen das Chaos im Fernsehen weiter
bestellen einen Drink
und lassen das Zimmermädchen ihre Ungeduld spüren
Monsun bedeutet heute solche Unannehmlichkeiten

Der Regen kommt immer langsam
aber wenn er kommt, dann in Strömen
und die *middle class*-Nassen

sitzen im Zug oder im Bus
kämpfen sich durch den Stau
da schwimmt eine Kuh, geparkte Autos, ein Floß
Wasser überall
und die *middle class*-Nassen
reichen ihre Handys weiter
lassen sich gegenseitig telefonieren
die Sitzplätze tauschen für eine Weile mit den Stehplätzen
und die werdenden Mütter und Älteren bekommen Vorrang
alle teilen, was sie dabei haben
an Keksen und Obst und Pfefferminzbonbons
der Bus bleibt oft stehen
und wenn sie ihr Zuhause erreichen
schicken sie ihre Söhne los
mit Wasserflaschen für die Reisenden in anderen Bussen
und schicken ihre Töchter
um den jungen Frauen anzubieten, das Klo zu benutzen
Monsun bedeutet heute solche Unannehmlichkeiten

Der Regen kommt inzwischen nicht mehr langsam
sondern in Strömen
und die *low class*-Nassen
sehen ihre Hütten wegschwimmen und ihre Habe
und was sie nicht halten können
Matten, Einzelteile, Dächer
die kleinen Pakete mit dem Reisvorrat quellen auf
der Lunghi zum Wechseln wird ausgewrungen
sie nehmen die Kinder huckepack
und was sie in einem Bündel noch retten können
und waten durch das Wasser
Monsun bedeutet heute solche Unannehmlichkeiten

Und dann helfen sie den Schulkindern
über ein paar Bretter, um sich in Sicherheit zu bringen

und den Reisenden, die aussteigen, ins Trockene zu finden
und einer rettet eine Katze, die keinen Halt findet
sie wuchten einen Baum von der Straße, damit der Bus
weiterfahren kann
und bilden Menschenketten
ein lebendiges Geländer für *upper-* und *middle*-Nasse

Als der Regen aufhört
geht der Alltag weiter
global warming hat niemand hier je gehört
upper-Nass begleicht seine Hotelrechnung
middle-Nass erzählt Geschichten aus dem Bus
low-Nass fängt wieder von vorne an
opfert dem Regengott einen Blumenkranz
und fragt sich, warum der so wütend ist
und auf wen bloß

Gegensatz und Widerspruch

Der Mitläufer ist doch nur müde
die Distanzierte wohl aus gutem Grunde prüde
der Besserwisser, der hat Sorgen
und dem Geizigen, dem wollte früher niemand etwas borgen
die Stolze hat auch andre Seiten
und der Morgenmuffel hofft noch auf den Abend
auch die Klagefrau sehnt sich nach bessren Zeiten

Religion ist Unterbrechung, sagt der Philosoph

Überrascht sind alle, die nichts mehr erwarten
Liebe schmilzt die ganz Erstarrten, Smarten, Harten
beschenkt wird, wer aus Toleranz verzichtet
und der Schuldige wird auf- statt hingerichtet
erstaunt beglückt sind alle, die sich nicht vor andern brüsten
und Frieden finden, die sich selbst entrüsten

Wir brauchen Engel, die uns unterbrechen
Einhalt bieten, halten, widersprechen

Las mariposas

Die Schwestern der Familie Mirabal
Patria, Minerva und Maria
las mariposas nannte man sie oft
unterstützen den Sturz des Diktators
handelten aus Überzeugung
glaubten, dass die Willkür
die menschenverachtende Haltung des Regimes
bezwungen werden kann
und planten den Aufstand
aber sie scheiterten
und ihre Männer wurden verhaftet

Die Schwestern der Familie Mirabal
Patria, Minerva und Maria
las mariposas
besuchten ihre Männer im Gefängnis
am 25. November 1960
durften nicht lange bleiben
keine Geschenke überbringen
nur einen kurzen Blick werfen
auf die menschenverachtenden Bedingungen im Knast
und mussten sich schnell wieder verabschieden

Las mariposas nannte man sie oft
die Schmetterlinge
so schön, so unruhig, so voller Hoffnung
weil sie an Verwandlung glaubten
dass sie einander hatten
stärkte ihren Glauben
am 25. November 1960
machten sich Patria, Minerva und Maria
auf den Heimweg

Da wurden die Schmetterlinge überfallen
auf Befehl des Diktators
und ermordet
Patria, Minerva und Maria
alle drei erdrosselt
am 25. November 1960
es hatte aussehen sollen wie ein Autounfall

Und *las mariposas*
die Schwestern Schmetterling
wurden zum Symbol für den Widerstand
gegen die Diktatur
man wünschte sich mit ihnen
die Freiheit

Am 25. November 1981
genau 21 Jahre später
wurde zum ersten Mal der Gedenktag
für die Opfer von Gewalt an Frauen ausgerufen
erinnert euch an die Schwestern
die feige Ermordung
den Kampf für die Freiheit
jedes Jahr
erinnert euch an die Schmetterlinge

Winter im weißen Land

Hoffentlich wird es kalt dies Jahr
hoffentlich fällt viel Schnee
hoffentlich können wir Schlitten fahrn
und Schlittschuh auf dem See

ich bete, dass weißes Land bunter wird
ich bete, dass keiner friert
ich bete, dass keiner alleine ist
wenn Maria ihr Kind gebiert

Ich wünschte, wir feiern im kleinen Kreis
so richtig für uns allein
und draußen ist alles kalt und schön weiß
und wir lassen keinen rein

ich bete, dass weißes Land bunter wird
ich bete, dass keiner friert
ich bete, dass jedes Haus offen ist
wenn Maria ihr Kind gebiert

Hoffentlich ist das Land schön weiß
hoffentlich ist es schön kalt
hoffentlich ist unser Herz aus Eis
freue dich, 's Christkind kommt bald

ich bete, dass weißes Land bunter wird
ich bete, dass keiner friert
ich bete, dass unser Herz offen ist
wenn Maria ihr Kind gebiert

Ein Flügel nur

Zwei Freundinnen, gesprächige alte Damen
beide mit einer Tasse Kaffee
mit Betonung auf der letzten Silbe
auch das Wort Busenfreundinnen
hätte sie gut beschrieben
Busenfreundinnen wäre wohl passend
erzählten mir, dass damals, als sie jung waren
und sie kicherten beide
als wären sie tatsächlich erst sechzehn
und nicht fünfundachtzig
dass damals eine Flasche Brause hinfiel
die sie sich geteilt hatten im Sommer
Neunzehnhundertsoundso
und sie hatten jede eine Scherbe mitgenommen
eine, die an die andere passte
und durch die Jahre, die Jahrzehnte
immer wenn sie sich wiedersahen
hatte die eine die Scherbe aus der Tasche genommen
immer in ein Tuch gehüllt
ein kleines Taschentuch mit einer gestickten Rose
und einem geklöppelten Rand
und dann hatte die andere ihre Scherbe geholt
diese eingewickelt in eine Socke
seit Jahrzehnten jetzt
und die beiden passten zusammen
aneinandergeschmiegt
zwei Reste einer alten Flasche Brause

So haben wir es immer gemacht, erzählen sie stolz
und ich kann sie wirklich vor mir sehen
im Sommer, leichter als heute
und noch ein ganzes langes schönes und schweres Leben
vor sich
und da nicken sie sich zu und

die eine öffnet ihre Handtasche
Busenhandtasche hätte sie gut beschrieben
Busenhandtasche wäre wohl passend
und holt die Socke heraus
und die andere geht zu einer Kommode
und holt das Rosentaschentuch aus der obersten Schublade
und sie zeigen mir die beiden passenden Scherben
und die eine, die Ilse heißt, sagt:
die Menschen sind keine Engel
so viel habe ich gelernt, nein, nein
denn sie haben nur einen Flügel, jeder nur einen
aber wenn man sich umarmt, hat man zwei
und die andere, die, glaube ich, Erna hieß
oder jedenfalls so aussah
nickte ein altes Damennicken
eine Mischung aus verschmitzt und weise
und dann hielten sie zum wiederholten Mal
die beiden Scherben aneinander

Und das war die ganze Geschichte
von den zwei alten Engeln
mit ein paar Scherben im Leben
einer Freundin und einem Flügel
eine Geschichte von zwei Engeln
Busenengel hätte sie gut beschrieben, Busenengel wäre
wohl passend

Engel von Ikea

Hereinspaziert zum Glastisch vor dem Sofaplatz
Kaffeetasse, Untersatz
alles steht am rechten Fleck
aber Flecken gibt es keine
keinen Staub und keinen Dreck, nicht mal einen Krümel
Kuchen essen wir hier mit Besteck
alles richtig, alles neu oder neuer
alles von Ikea, gar nicht mal so teuer
alles in zwei Farben, dunkelrot, orange
der Tischläufer und das Geschirr
nebenan der Schrank, das Bett
alles nett und so adrett
nichts ist alt und geerbt
oder wurde eingefärbt
Teppich, Lampe, Kissen, Blumentopf, Gardine
selbst die Apfelsine
nur Deko, Geschmack und Lebensart
nach family card
so ganz individuell
wie ein Zimmer im Hotel
zum Mittagessen passend in Orange dann Möhren
auch die Kinder heißen wie die Möbel
Niklas, Smörebröd und Sören
nordisch, einzig und ganz artig
nur die blauen Sweatshirts stören
etwas dieses schöne Bild
und ich komme langsam mal zum Thema
hinter mir an der Wand
hängen ganz gedruckt zwei Engel
weltberühmte pummelige Putten
speckig, niedlich, rund
apricot der Hintergrund
auch von Ikea, stel dir vor

so drollig, auf die feisten Arme sich gestützt
sehen sie zum Himmel hoch empor
zwei schelmische, noch junge Engel
etwas kitschig, weltberühmt, rätselhaft
wer genau sie malte und es schafft
dass so ein kleiner Ausschnitt eines Bildes nur
so dermaßen erfolgreich ist
ich dachte kurz an Raffael
und ganz versonnen
an Sixtinische Madonnen
das ist Kunst für alle, demokratisch
demokrabett, demokrasofa und demokrabild
aus dem Rahmen fällt die Kunst
ja sie ist so füllig, dass sie quillt
Engel, eingraviert in Tassen, Bettwäsche und die Serviette
auf dem Plüschvorleger der Toilette
und wie ich abends seh, beim Schlafengehn
auf der Gästezimmerjalousette
ade zur guten Nacht
und schnell die Augen zugemacht

Ein Kind wie Finn

Ich gratuliere euch zum Kind
mit dem Huckleberry-Namen

Was bedeutet aber Finn
blond, weiß, hell
von gälisch *fionn*, könnte sein
oder aber ganz im Gegenteil
braun, dunkel, finster
von hebräisch *phineas*, könnte auch sein
hell oder dunkel, blond oder braun

Finsternis ist wie Licht
singt es in einem uralten Lied (Psalm 139,12)
die Nacht leuchtet wie der Tag

Kind mit dem Huckleberry-Namen
mögest du ein Wanderer zwischen den Welten sein
und erleben, wie Gott die Gegensätze versöhnt
Kind mit schwarz und weiß im Namen, beide
mögest du selber ein Versöhner werden
mögest du ein Vorbild sein
wie ein Bild, schwarz und weiß, beide, Negativ und Positiv
denn diese Welt braucht dringend Menschen
die Widersprüche aushalten
mögest du ein Querkopf sein wie Huckleberry
der denen widerspricht, die grau und grausam sind
ein echter Menschenfreund
dein Name, so scheint mir, ist eine Spur
dass das gelingen kann

Finsternis ist wie Licht
Nacht leuchtet wie der Tag

(und vielleicht stehst du eines Tages
dem indischen Patenkind deiner Eltern gegenüber
dem kleinen Manimutu, dunkler als du
und erlebst, spätestens hier,
dass wahre Liebe unter die Haut geht)

Ich gratuliere euch zum Kind
Finn, Finsternis ist wie Licht

Wunschkind

Hätte ich eine Tochter
sie würde Awi heißen
A wie was denn? Awi, erwünscht

In meinem Lieblingscafé aber
im Ort der Gastfreundschaft
bei den Persern, würde ihr Name Wasser bedeuten
und ich wünschte mir, sie würde lernen
Awi, erwünscht, A wie Wasser
jedem Gast ein frisches Glas zu bringen
und Gäste in unserem Land willkommen zu heißen
wie die Perser eben

In meinem Lieblingsland Indien
würde ihr Name mancherorts Zwei bedeuten
oder Freundschaft
und ich wünschte mir sie würde lernen
Awi, erwünscht, A wie Zwei
alle Hautfarben zu mögen
alle Länder dieser Erde
Reisen, Chili und Tanzen
und sie würde Freundschaft schließen
mit meiner zweiten Heimat

In der Schule würde sie entdecken
Lateinisch avis, Vogel
und ich wünschte mir, sie würde lernen
Awi, erwünscht, A wie Vogel
den Himmel zu entdecken als Zuhause
und wüsste von Flügeln, die sich ausbreiten
über alle Kinder

Und vielleicht würde sie eines Tages dann
von der berühmten Awi von Artois lesen

die ihr Leben und ihr Augenlicht als Wunder ansah
und weil sie Gott alles verdankte, Gott alles schenkte
und ich wünschte mir, das würde sie lernen
Awi, erwünscht

Man könnte mir auch unterstellen
ich habe zuerst an die Dichterin gedacht
Awa, die erste bekannte Lyrikerin meiner Muttersprache
vielleicht
aber Awi muss nicht reimen und schreiben
sie kann auch rechnen oder Maschinen bauen
malen, backen oder Gärten anlegen
nur wünschen lernen sollte sie unbedingt lernen
Awi, erwünscht

Sie wäre für mich vor allem ein Wunschkind
und ich wünschte mir, sie würde lernen
dass Namen viel bedeuten
wie Wasser und Freundschaft und Vogel
wie Geschenke, Wunder und Poesie
denn sie bedeutete viel
A wie alles

Knorrig

für meinen Vater

Du gleichst jetzt immer mehr
einem alten Baum
knorrig
die Rinde voller Risse
ein bisschen schief gewachsen

Deine Wurzeln reichen tief inzwischen
deine Quellen hast du längst gefunden
deine Zweige wirken neugierig
immer noch mal wieder, jeden Frühling
eine Krone hat dein lichter Kopf

Eine Bank lädt ein, Platz zu nehmen
und ein wenig zu erzählen
aus dem Leben, wie es war
manchmal weinst du
ich sehe jetzt viel häufiger Tränen
und danke dir, dass ich mich anlehnen darf
Vaterherz
alter Mann

Der Apfel fällt nicht weit, sagt man
und wenn er in die Erde fällt
wird er selbst ein Baum dann irgendwann

Abschied

Wir wollten doch noch viel Zeit verbringen
mit Arbeit, Lesen, Schreiben
und verrückten andren Dingen
jetzt kommen wir nicht mehr dazu
du gehst

Und ich wollte dich noch so viel fragen
jetzt kann ich dir nur noch
ein leises Wort der Liebe sagen
wir wollten uns doch noch die Hände reichen
und wir suchten noch nach neuen Zeichen von Verzeihen
für das, was ich dir schuldig blieb
ich hab dich lieb

Am Hochzeitstag

Am Hochzeitstag hat die Frau einen Plan
doch was zieht sie bloß an
das Rote, das Schwarze, das Grüne
oder weiß, ganz die Braut
da denkt sie sich
ich hülle mich
heute in Nichts
ich kleide mich ganz mit dem Kleid der Liebe
ich zeig mich in purer Haut

Sie will ihn verführen
mit diesem Anblick berühren
und sie hört, sein Auto fährt vor
und er ruft „Hallo, Schatz!"
und sie flötet zurück
und er kommt die Treppe empor

Sie steht da, so bloß, wie sie ist
gehüllt in Nichts, einfach nackt
damit hat er nicht wirklich gerechnet
sie läuft auf ihn zu
wirft sich ihm an der Hals
er ist sehr erstaunt
und auch sehr gut gelaunt
wie gefällt dir mein Kleid
ihre Stimme raunt
und sie kann sich vor Freude kaum zügeln
es gefällt mir sehr gut
aber willst du es
zur Feier des Tages nicht bügeln?

Neue Gedichte

Gedenktag

Wir brauchen Gedenktage
die uns regelmäßig unterbrechen

15. Januar Martin-Luther-King-Tag
27. Januar Holocaust-Gedenktag
21. Februar Tag der Muttersprache
08. März Weltfrauentag
01. Sonntag im Mai Weltlachtag
eine Woche später Muttertag
12. Juni Geburtstag von Anne Frank
20. September Weltkindertag
02. Oktober Geburtstag von Mahatma Gandhi
16. Oktober Welternährungstag
25. November Tag gegen Gewalt an Frauen
01. Dezember Weltaidstag
05. Dezember Tag des Ehrenamtes
10. Dezember Tag der Menschenrechte

Schreiben wir es in die Kalender
wie Geburtstage und andere Termine
damit wir nicht vergessen

8. Mai und 20. Juni und 9. November
was passierte bei uns an diesen Tagen
Weihnachten, Ostern, Erntedankfest
was bedeuten diese Feste uns noch

Gucken Sie doch mal, wann Sie Namenstag haben
(man wird davon nicht sofort katholisch,
falls das Ihre Sorge sein sollte ...)
gucken Sie mal nach jemandem
der Ihren Namen trägt und Gutes bewirkte
Namenstag von Christian und Christina zum Beispiel ist
der 21. März

das ist gleichzeitig UN-„Welttag der Poesie"
und „Tag gegen den Rassismus"
das empfinde ich als Ermutigung und Verpflichtung

Wir brauchen Gedenktage
oder sollte ein Tag etwa doch nur ein Tag sein

Ein Tag für die Umwelt
und 364 sind ja doch gegen die Umwelt
ein Tag des Kindes
und 364 gehören ja doch den Erwachsenen
ein Weltfrauentag, gar nicht auszudenken
wem die anderen 364 alle gehören

Aber wenn wir uns die Geschichte ansehen
dann entdecken wir
Einzelne widersetzter sich und tanzten nicht mehr mit
ein Tag, ein kurzer Moment
die Entscheidung war gefallen
und ein Tag veränderte den Lauf der Geschichte
gründlich

Und wir ahnen auf einmal, es stimmt
ein Tag ist nicht nur ein Tag
tausend Jahre sind wie ein Tag
einer hat Kraft von Tausend
einer hat mehr in sich, als du denkst

Wir brauchen Gedenktage
die uns regelmäßig unterbrechen
und dann brauchen wir den Glauben an die Tausend
damit ein Tag, dieser Tag heute zum Beispiel
nicht nur irgendein Tag ist

Jerusalem 2009

So viele Klagen
so viele Mauern
an diesem Abend in Jerusalem
die einen kommen vom Freitagsgebet
in entgegengesetzter Richtung
beginnen die anderen den Sabbat
sie wissen, was sie tun
so viele Klagen
so viele Mauern
draußen vor der Stadt
einst ein Folterhügel
ist heute mittendrin
schreit einer Warum
mein Gott
wird Freitag Sabbat
und wann wird wieder Sonntag in Jerusalem
so viele Mauern
so viele Klagen
schreit einer
Vater, vergib ihnen
sie tun nicht, was sie wissen
so viele Mauern

Zugvögel

Die Vögel sind der Wärme hinterher gezogen
und auf ein innerliches Rufen hin
in Schwärmen losgeflogen
so selbstverständlich und intuitiv
als sei da wohl ein Schöpfer
der sie kennt und der sie rief

So lockt uns Gott geheimnisvoll in unsren Seelen
mit einem Fehlen wie kein zweites Fehlen
und wirbt mit Sehnsucht
dass wir aus der Kälte fliehen
noch vor dem Winter in den neuen Frühling ziehen
wie Zugvögel
komm, lass uns fliegen
der Himmel wartet schon auf uns

Ewig und drei Tage

Ewig und drei Tage sagen wir
wenn es wirklich lange dauert
schier zu lange
unerträglich, kräftezehrend
und wir hoffen, dass es bald ein Ende haben wird
das Warten, der Schmerz
das Bangen, Aushalten, Trauern
das Hoffen
aber wer kommt denn schon zurück
wenn er einmal gegangen ist, oder tot
man kann sich auch tot hoffen
wenn es ewig lang dauert
und länger geht eigentlich nicht
und noch drei Tage
geheimnisvolle drei
denn drei Tage lang wurde er nicht gesehen
und wer kommt denn schon zurück
er war im Tod, im Grab
ein ganzes Wochenende lang
zur Hölle gefahren, sagen die Alten
im Schoß der Erde
für immer
nach drei Tagen kam er zurück
die Liebe ist stärker als der Tod
und hält ein ganzes Wochenende lang
drei Tage
und ewig

R. FONTANARROSA

NO SE
SI HE SIDO CLARO

EDICIONES DE LA FLOR

Fontanarrosa, Roberto
    No sé si he sido claro.-14ª. ed.-Buenos Aires: Ediciones de la Flor, 2007.
    248 p. ; 20x14 cm.

    ISBN 978-950-515-103-5

    I. Narrativa Argentina. I. Título
    CDD A863

Foto de tapa a partir de acrílico y pastel
de Cristóbal Reynoso (Crist)
Foto del autor: Quincho Fenizi

Decimocuarta edición: septiembre de 2007

Hecho el depósito que dispone la ley 11.723
Impreso en la Argentina
Printed in Argentina

UNA NOCHE INOLVIDABLE

El que conocía todos los piringundines era mi amigo, el Narigón Costoya. Hombre de la noche a pesar de su juventud, era para mí una imagen digna de admiración y envidia, cuando se entreveraba con gente avezada en el trajín algo turbio de boliches y reductos tangueros. Por eso, aquella vez en que me dijo: "Esta noche nos vamos al Tabarí", no puse ningún tipo de objeción, dado que mi confianza en el Narigón era completa.

Purretes todavía, a pesar del estímulo varonil que nos prestaban el cigarrillo con boquilla y la botita charolada, el ambiente noctámbulo nos atraía como la miel a las moscas.

—Canta un coso que no te podés perder —me confió Costoya. No teníamos mucho níquel en el bolsillo, eran otros tiempos, pero sí podíamos ufanarnos de un atrevimiento a toda prueba. En especial de parte del Narigón, poseedor de un ángel y una soltura verdaderamente notables.

Años más tarde hablaría de él aquel inmortal bardo que fuera don Nicolás Casona.

La verdad fue que llegamos al Tabarí, ahí por Suipacha al 400, pasamos bajo la mirada entre severa y cómplice de "Lopecito", el portero, y nos mandamos para adentro. "Lopecito" no se dejaba engañar por nuestros bigotes ni por nuestros sombreros, él sabía que éramos menores, pero muy a menudo el Narigón le pasaba algún dato para Palermo y así se había ganado la amistad de aquel hombre. Tiempo después me enteré de que Lopecito había muerto de una gripe mal curada, pobrecito, en un sórdido hospital de Montevideo, la capital uruguaya.

Esa noche de sábado, el "Tabarí" estaba de bote en bote y corría la bebida entre la algarabía del gentío. Gracias a la gentileza de uno de los mozos (el Narigón le tiró unas rupias) conseguimos una mesa cerca del escenario. Ya se había dejado de bailar y recuerdo que muy pronto tuvimos la compañía de dos niñas que trabajaban en el local. Eso colmaba todas mis aspiraciones de sentirme hombre mundano, a pesar de saber perfectamente que aquellas muchachas estaban trabajando y sólo pretendían un mayor consumo de nuestra parte. Yo, bastante más tímido que mi amigo, no vacilé, no obstante, en pedir un par de botellas de champagne, ante la admiración de nuestras ocasionales acompañantes. No habría pasado más de una hora cuando subió al escenario, hasta ese momento desierto, una pequeña orquesta y a renglón seguido un hombre aún joven, delgado y pálido como una porcelana. Hubo aplausos y vivas al artista pero pronto se hizo un respetuoso silencio cuando el bandoneón rompió con sus primeras quejas. ¡Qué notable el mutismo de aquel público de habitual mordaz y bullanguero! ¡Qué dominio sobre la audiencia poseía aquel cantor de fino bigotito y voz cristalina que a cada momento amenazaba quebrarse!

El artista finalizó sus canciones y no pudo abandonar el proscenio, ante los hurras y reclamos de la gente que pedía, a grito pelado, alargar su actuación. Fue cuando yo, intrigado por ese magnetismo increíble que irradiaba de esa garganta privilegiada, le toco el codo al Narigón y le pregunto: —Che, ¿Quién es?

—¿Cómo? ¿No lo conoce? —se adelanta, entonces, una de las pibas.

—Es Agustín Magaldi —dice la otra. Yo, recuerdo, hice

un gesto de asentimiento sorprendido pero, en verdad, no conocía mucho sobre ese tal Magaldi. Había oído de sus condiciones, sí, pero sólo un par de veces, como de paso.

—El gran Agustín Magaldi —sentenció el Narigón, que había vuelto a sentarse, tras la euforia del agasajo. En el escenario, Magaldi estaba anunciando ante la ávida expectativa de la multitud, su última entrega. En eso, una voz estentórea interrumpe su soliloquio:

— ¡Tenga mano, compañero! Giramos todos nuestras miradas hacia la puerta y vemos la silueta amenazadora de un hombre recortada frente a los vidrios de la entrada. Se hizo un silencio de muerte cuando el recién llegado comenzó a avanzar hacia el escenario a paso firme. Llevaba una daga impresionante en la mano. De más está decir que la gente se abrió, presurosa, en el camino de aquel malevo. Cuando trepó al tablado pude verlo mejor, un morocho grandote, aindiado, de rasgos nobles a pesar de su ferocidad, con el hombro derecho cubierto por un poncho y el toque elegante de unos gemelos de oro en el puño que sobresalía bajo la manga que cubría el brazo sostenedor de la faca amenazante. Se enfrentó a Magaldi y, ante el horror de todos, gritó:

— ¡No me gustan los cantores de voz finita! —y le tiró una puñalada. Pero quiso Dios Todopoderoso que un segundo antes una mano femenina le propinara un empujón a Magaldi quitándolo del rumbo homicida del puñal. El fierro prosiguió su vuelo y se ensartó en el instrumento del primer bandoneonista. Recuerdo que el fuelle, herido, exhaló un quejido profundo, como un lamento. El matón, defraudado, retiró el arma, miró con desprecio a Magaldi que había caído sobre el piano y se retiró a paso vivo, dejándonos con la boca abierta. No voy a contar, por extensos, los comentarios que entonces se sucedieron, el parloteo alarmado de las mujeres y el murmullo de asombro entre los varones. Pero Magaldi era un hombre de decisiones rápidas, pidió silencio golpeando sus palmas, exclamó

"Aquí no ha pasado nada" y dijo que el espectáculo iba a continuar. Todos se animaron nuevamente hasta el momento en que cayeron en la cuenta de que el bandoneón agonizaba sobre las rodillas de su desconsolado dueño por la puñalada recibida. No había poder humano que le arrancase un sonido. El Narigón, con esa facilidad suya para apoderarse de las situaciones, saltó sobre la tarima y gritó:

—¡La fiesta recién comienza! ¡No vamos a permitir que una cosa así nos amargue la noche!

Y acto seguido, ante la mirada atribulada del gordito bandoneonista, tomó el herido instrumento diciendo:

—Vengan conmigo. Acá cerca hay una gomería.

Y ahí salimos todos en manifestación, ante la mirada atenta de los presentes que aprobaban, entusiastas, la decidida acción de mi amigo. Habremos sido unos catorce los que nos movilizamos hacia la estación de servicio. Hacía frío, recuerdo, y el Narigón tuvo que explicarle a un policía qué era eso de andar a altas horas de la noche llevando un bandoneón en brazos como quien lleva un pibe accidentado. Debo confesar que, dentro del absurdo, la cosa tenía algo de trágica, de litúrgica procesión pagana tras la figura de un dios caído. El agente del orden comprendió —era un porteño, después de todo—, y nos dejó seguir nuestro camino. Cuando llegamos a la estación de servicio, la gomería estaba cerrada: eran como las tres de la mañana. Había un pibe, sin embargo, sentado en una pequeña caseta vidriada, haciendo la tediosa guardia nocturna, tomando mate.

—Queremos ponerle un parche a este fuelle —le dijo el Narigón. El pebete lo miró con ojos vivaces y contestó:

—Me parece difícil. La gomería está cerrada y don Hipólito está durmiendo.

En efecto, el pequeño galponcito que hacía las veces de gomería, tenía sus puertas de chapa cerradas.

—¿Y ahora qué hacemos? —pregunté yo.

—Esperen —nos dijo el pibe, comedido—. Si don Hipólito se despierta, tal vez les hace el laburo.

Ante nuestra natural ansiedad, el muchacho se encaminó hasta el galpón y golpeó la puerta. Debo confesar que nosotros esperábamos por toda respuesta el insulto o el silencio más frío, pero de inmediato desde adentro se escuchó una voz áspera y somnolienta.

— ¿Qué pasa?

En breves palabras el pibe que nos había atendido le contó al tal don Hipólito nuestro problema. Al rato se dio vuelta y nos hizo una seña con la mano: que esperáramos. Enseguida se abrió la puerta, se encendió la luz de adentro y vimos la silueta de un hombrón grandote poniéndose una bufanda.

—Pasen —dijo. Al gordito dueño del bandoneón se le iluminó la cara.

Nos metimos todos dentro de aquel tinglado y durante casi una hora presenciamos, en un silencio respetuoso, cómo el viejo y el muchacho emparchaban la herida del fuelle, con un cuidado, un amor y una dedicación dignas del equipo más refinado de cirugía. Cuando hubieron terminado le pasaron el instrumento al gordito, que temblaba como un padre ante el retorno de su hijo accidentado.

— ¿Puedo tocarlo? —preguntó.

—Por supuesto —dijo don Hipólito. Y allí mismo, en ese galpón de chapa, ante nuestro grupo amontonado por la falta de espacio y emocionado hasta las lágrimas, el músico se mandó "Desde el alma" de Rosita Melo. Puedo jurar que lloramos todos y hubo abrazos y aplausos.

Como si eso fuera poco, ni el pibe, ni el viejo de la gomería a quien habíamos despertado de su sueño de laburante, nos quisieron cobrar un peso. Pero no estaba terminada esa noche memorable para mí.

Cuando volvimos al Tabarí, entre la algazara de la gente que nos recibió como quien recibe a los soldados volviendo del frente, la cosa se prolongó hasta que empezó a amanecer. Después nos fuimos un grupito, el más aguantador, a desayunar esas medias lunas maravillosas al "Viejo

Roma", el cafetín de Parador y Reconquista. Me parecía mentira estar en compañía de aquella gente de la noche, entre figuras legendarias, entre nombres que había sentido nombrar una y mil veces en boca de los mayores. Fue allí cuando Natalio Perinetti, el que fuera celebérrimo insider de la Academia, me pasó una mano sobre el hombro y me dijo:

—Pibe. . . de buena se salvó esta noche Agustín —haciendo referencia al suceso de la puñalada. Yo asentí con la cabeza.

—Ese malevo es muy peligroso —me dijo—. Muy peligroso.

—¿Quién era? —pregunté—. ¿Usted lo conoce?

—Cómo no voy a conocerlo, muchacho —dijo Natalio — ¡ese hombre era ni más ni menos que Juan Moreira!

De más está decir que el recuerdo de aquella noche ha quedado impreso en mi memoria con caracteres indelebles, máxime cuando con los años me volví a encontrar con uno de sus protagonistas. Una noche, presenciando un espectáculo tanguero en el "Café de Miguel", reconocí a aquel gordito cuyo bandoneón había recibido el puntazo destinado al pecho canoro de Agustín Magaldi. El muchacho estaba un poco más rollizo aun, mantenía su expresión adormilada, pero su nombre ya era un crédito rutilante en las marquesinas de los bailongos porteños: Aníbal Troilo.

Pero sin duda los detalles de esta anécdota memorable estaban destinados a no agotarse tan fácilmente. El año pasado, en ocasión de mi viaje a Estocolmo, con motivo de ir a retirar el premio Nobel con que me galardonaron, tuvo lugar una recepción de festejos en la Embajada Argentina.

No eran muchos los invitados, pero había un ambiente de jolgorio ante la distinción que se me había concedido, a mi juicio, inmerecidamente. De pronto se me acerca un hombre no muy alto, semicalvo, con barba entrecana.

—Usted no se acuerda de mí —me dice.

—Para serle sincero... —me disculpo.

—Yo soy Astor Piazzolla —me dice. Es de imaginarse mi emoción ante la presencia de tamaña figura de nuestra música y su cordialidad en el saludo.

—Por supuesto que lo conozco —recuerdo que le dije—. Pero no creo que hayamos tenido oportunidad de vernos personalmente.

—Se equivoca —me dijo el gran maestro, que se hallaba casualmente en la capital sueca brindando una serie de recitales—. ¿Se acuerda de una noche en que usted y unos amigos llevaron un bandoneón a una gomería para emparcharlo?

Mi asombro entonces no tuvo límites. Me quedé mirando a Astor con la boca abierta, sin atinar a soltar su diestra que aún estrechaba.

—Yo era el pibe de la gomería —me dijo.

¡Después dicen que el destino no suele manifestarse en formas evidentes!

—Y le digo más —me dice Piazzolla sin darme respiro—. El viejo, el viejo a quien desperté para que les arreglara el bandoneón, don Hipólito, era ni más ni menos que don Hipólito Yrigoyen. El mismo que con el tiempo se convirtió en caudillo del movimiento radical.

Aquello fue demasiado para mí. Estreché a Piazzolla en un abrazo y ambos lloramos como niños.

La semana pasada, nomás, leo en un reportaje que la valiente mujercita que apartó el cuerpo de Agustín Magaldi del curso mortal de la hoja del puñal agresor, supo también dejarnos, años más tarde, piezas que se enraizaron en lo más granado de nuestra verba: esa mujer no era otra que doña Juana de Ibarbourou.

TIO EUGENIO

Esa vez que Gardel vino a Rosario fuimos a verlo con mi amigo el Flaco Octavio, mamá y el tío Eugenio. Al tío hubo que insistirle bastante para convencerlo. El decía que le gustaba mucho la música, pero siempre había que rogarle para cualquier cosa. Era una de esas personas que se complacían en que le insistieran. Había logrado forjarse, en la familia, una cierta fama de hombre misterioso, retraído, que de tanto en tanto nos concedía la gracia de su presencia. Venía, eso sí, para Navidad y Año Nuevo, y, en esas ocasiones, permanecía callado, escuchando condescendiente las conversaciones de todos nosotros. A veces sonreía, con comprensión, ante los problemas mundanos, otras veces su mirada se perdía en el vacío y nos daba a entender que se hallaba sumergido en cavilaciones profundas, muy alejadas de las nimiedades que se hablaban en la mesa.

Había ocasiones en que papá, a quien le reventaban bastante esas poses que adoptaba Eugenio, le preguntaba su opinión sobre el tema en discusión. Eugenio, entonces, solía acentuar un poco más la sonrisa bajo el bigote fino, cerraba los ojos e, inclinando la cabeza, hacía un gesto como diciendo "Está bien, puede ser. Dejémoslo ahí. No tiene importancia". Esto lo ponía en llamas a mi viejo quien, a veces, optaba por no insistirle o bien le decía: "¿Qué es eso de. . .?" y le imitaba a Eugenio el gesto con la cabeza que éste había hecho. "Decí, carajo. ¿Qué te parece?". Eugenio, entonces, hacía todo un prolegómeno antes de hablar. Se acomodaba bien en su silla, barría con la mano algunas migas del mantel, carraspeaba, decía "Bueno... bueno...", tratando de conseguir que se hiciese un silencio general, que nadie dejase de prestarle atención. Incluso llegaba a dirigirle una mirada reprobatoria a los chicos que hacían ruido, o gritaban, mientras jugaban, porque cuando terminaban de comer se les permitía levantarse de la mesa e ir a jugar. Y yo me doy cuenta de que todos entrábamos en el circo. Siempre había alguna tía que, allí, se hacía cómplice y chistaba a los chicos o les decía "Cállense chicos" y hasta mi vieja llegó a decirles alguna vez "Cállense chicos, que va a hablar el tío Eugenio", como si se tratase de Yrigoyen. Y por ahí el tema que se estaba tratando era si a los sifones de soda convenía meterlos en el fuentón con barras de hielo o no. Pero para Eugenio la ceremonia era la misma. Y cuando, por ejemplo, mi vieja decía eso de "Chicos, cállense que va a hablar el tío Eugenio", él tocaba el cielo con las manos. A mí me hinchaba las pelotas cuando mi vieja hacía eso. Entonces Eugenio largaba con el discurso y, ya te digo, aunque el tema fuera cómo hacer el chimichurri, él, a los dos minutos, ya estaba hablando de los griegos, de la condición humana, del descubrimiento del pararrayos. Un infierno. Un plomo total. Era un tipo trascendente. No podía decir cosas sin importancia. No podía decir, por ejemplo, "Alcanzame la sal". No, él tenía que hablar del Todo y la Nada. De la Vida y la Muerte, de los grandes misterios de la Existencia. Y la joda del caso es que todos sabíamos que era un rata. No te digo un croto, un tirado. Pero era un tipo de clase media clase media como todos nosotros, que vivía con lo justo. Pero andaba siempre muy elegante, muy cuidadoso de su presencia, muy dandy. Y claro, como su palabra era un producto escaso, se cotizaba alto. Como todas las cosas escasas. Como el caviar, los diamantes. Eso él lo sabía, y administraba avaramente sus opiniones. Gracias a Dios, después de todo, porque a mí me reventaba. Además, fijate vos, que no era mi tío. No era tío nuestro. Era casado con una tía de mi vieja, una cosa así. Un parentesco bastante lejano. Pero se le decía "tío" como a tantos amigos de la familia que vienen seguido a la casa y uno les dice a los pibes "Saluden al tío" o "A ver, mostrale al tío lo que aprendiste hoy". Pero no era tío nuestro. Lo que pasa es que cuando tía Nena —esta tía que te digo de mi mamá— vivía, muchos domingos venían a casa a tomar el té con el Eugenio. Mirá el programa. Claro. A Eugenio no lo ibas a llevar a una cancha de fútbol o al hipódromo. Cuando murió tía Nena, Eugenio medio que se borró. Ya empezó a aparecer menos o, como te digo, caía para las fiestas de fin de año. Pero en esa ocasión que vino Gardel, no sé cómo había venido por casa. Papá ya había muerto y yo ya tendría unos 23 años. Andaban todos enloquecidos con Gardel, imaginate. Y la vieja fue la que le dijo a Eugenio que nos acompañara a verlo. No sé si lo hizo de compromiso o porque a la vieja siempre le gustó un poco el Eugenio. Decía que le parecía "un hombre muy interesante". Por supuesto, Eugenio se hizo rogar un poco. Pero al final aceptó acompañarnos. Dijo que había despertado su curiosidad ese fenómeno popular a pesar de que él, aclaró, desconfiaba bastante de los fenómenos populares. Pero nos dijo que había estado comentando el caso de la repercusión de Gardel con Vitantonio. Vitantonio era, para aquella época, un profesor de canto bastante conocido en la ciudad. Un italiano medio maricón, decían, pero muy respetado. Parece que había sido tenorino, que había cantado en la Scala de Milán, al menos así contaba él, pero debía ser verdad. La cuestión es que, cada tanto, tío Eugenio sacaba el tema de su amistad con Vitantonio que, decía, era un hombre terriblemente culto y con el que solían pasarse las noches hablando de música clásica, de ópera y esas cosas.

Muy bien, fuimos al teatro, me acuerdo que Gardel

cantaba en el teatro Odeón, que después fue el cine Broadway, ahí en calle San Lorenzo. Era un mundo de gente, Gardel cantó como los dioses y nosotros salimos enloquecidos. Tanta sería nuestra euforia que nos permitimos ir a tomar un cívico y comentar la velada a un café de por ahí. Tío Eugenio permanecía ensimismado, como reconcentrado. El flaco Octavio, pobrecito, que era muy suelto, muy dicharachero, no aguantó más y le preguntó. Le preguntó qué le había parecido Gardel. Eugenio hizo su clásica rutina, se echó hacia atrás, perdió su vista en el vacío entrecerrando un poco los ojos, se cruzó de brazos. . . "Bien" dijo "Bien ¿eh?. . . Bien". Pareció que no iba a agregar nada más pero siguió. "Tiene, realmente, grandes condiciones vocales. Grandes condiciones vocales. Podría, tranquilamente, ser un excelente tenor. Un excelente tenor. Puliendo, claro, algunas imperfecciones evidentes. Algunos vicios. Pero con un buen profesor, alguien que lo guíe. . . Yo podría hablar con Vitantonio. . . Pero. . . está visto que el muchacho prefiere el género popular. Está visto que no le interesa demasiado abordar un género más exigente. Preferirá, es humano, el halago de la repercusión, digamos, masiva. Pero. . . podría ser un excelente tenor, podría serlo. En fin. . . seguirá en esto. . . ". Se acarició repetidamente el bigote, estiró la apretada sonrisa y culminó: "Qué lástima . . . Qué lástima. . . ".

LA VERDAD SOBRE
EL TRANSBORDADOR COLUMBIA

Hoy, a casi tres años de aquel maravilloso día del 24 de octubre de 1981, llego a la conclusión de que debo contar toda la verdad sobre lo sucedido. No creo, al hacerlo, que transgreda ninguna norma de seguridad ni tampoco que revele secreto importante alguno.

Habrá sí, lo sé, quien sienta, tal vez, en parte menoscabado ese acendrado orgullo nacional que tenemos los americanos desde el instante mismo en que de pequeños vimos en nuestros textos colegiales esa maravillosa lámina que muestra a George Washington cruzando el Potomac, de pie sobre la inestable horizontalidad de aquella barca, envuelto en un capote y sin atisbo de mareo ni náusea en su rostro altivo.

Pero pienso que no yo, sino todos los norteamericanos guardamos una deuda de gratitud con alguien hasta hoy anónimo y olvidado. Y se trata de una deuda que, de no mediar mi determinación de escribir este artículo, quedaría por siempre sin saldar.

No habría alcanzado a dormir ni media hora cuando Meck Sanduway llamó a mi puerta. Debían haber sido las tres de la tarde cuando caí derrumbado sobre mi litera confiado en que el cansancio y el ronroneo confortable del aire acondicionado colaborarían a que me durmiese de inmediato. Sin embargo, los nervios y el desgaste físico tironeaban compulsivamente de los músculos de mis piernas y me sorprendía a mí mismo pegando puntapiés contra la cucheta de arriba, por fortuna desocupada desde la noche en que Nat Pallukah se cayó de ella ante la excitación que le produjo el estar a punto de completar unas palabras cruzadas.

A pesar de mi desasosiego físico, anímicamente me invadía una inmensa tranquilidad. Por fin, luego de tres larguísimos e infernales meses, había quedado listo, terminado, completo, sellado y aprobado, el Proyecto Opalo. Y allí nomás, a escasos tres kilómetros de nuestras barracas, esperaba, calmo y deslumbrante bajo el sol calcinante del desierto de Najove, el transbordador Columbia.

No era gratuito mi desvelo. El meticuloso plan de trabajo pergeñado por mi grupo de ingenieros a través de cuatro años, había sufrido una demora de casi seis meses. Y todo aquel que haya estado asignado a un proyecto espacial sabe bien del enorme costo adicional en dólares que representa la más mínima demora, el obstáculo más pequeño.

Lo cierto es que se nos había atascado el sistema de gasificación de ozono y no había poder humano que lo pusiera en sus trece. Por lo tanto, los dos carretes centrales que alimentaban la inyección de parafina comprimida a la primera (y más grande) de las toberas, no tenían autoridad alguna para impulsar los propergoles sólidos del segundo sistema. En principio supuse que todo radicaba en la baja potencia de las cargas de hidracina y etanol, lo que me costó que William Congreve me arrojara por dos veces el mismo *doughnout* a la cara. Finalmente Congreve me convenció, con ayuda de Sato Saigo, de revisar totalmente los vectores del difusor de entrada en relación con la expansión de energía térmica en el primer sistema. Así lo hicimos durante casi un mes, enterrados día y noche en un silo subterráneo. Salvo un pequeño error (que detectó Saigo) en un componente del logaritmo neperiano de R y que en nada modificaba el detestable comportamiento de la gasificación del ozono, no hallamos en nuestra búsqueda las claves de la falla.

Dos meses después, a mi juicio el problema residía en el encendido de la segunda sección (lo que traería aparejado un desfasaje en el perigeo).

Para el danés Odgen había una fuga no computada a partir de un desequilibrio en el variómetro. Según Congreve, la cosa podía estar circunscripta en el radiador de uranio. Y Max Althoughter se hallaba empecinado en que todo consistía en que la propulsión de una fase no puede medirse por la reacción si la fuerza de empuje se mide por la intensidad que el caudal específico de eyección de gases desplaza a la energía cinética perdida por unidad de tiempo. Debo confesar que nunca entendí la seducción que ejercía sobre Althoughter la unidad de tiempo.

Muy a pesar nuestro, admitimos que debía pedirse ayuda. Hablamos con Woollie Pat Sullivan (director general del proyecto) y concluimos que debíamos dejar de lado nuestro orgullo y entender que el éxito del Proyecto Opalo era una causa de interés nacional y así lo entenderían, también, los científicos consultados. Por otra parte, el presidente Ronald Reagan ya había hablado un par de veces por teléfono con Sullivan preguntando por la salud del "nene", nombre clave que se le había conferido al transbordador.

Se habló, entonces, con gente de la Convair y Martin, de la Chrysler, de la Pratt y Whitney, de la Boeing y de la Thiokol. La mayoría de las compañías había licenciado a su personal dado que se iniciaba la temporada de la trucha. Por último, la Lockheed trajo alivio a nuestra inquietud: nos remitirían a Bernard Pseberg Lindon, artífice de la misión Viking, padre de las sondas Mariner y amigo cercano de un ingeniero que había sido verdadero cerebro gris del proyecto Skylab.

Pseberg debió ser rastreado por toda Europa Central ya que, para ese entonces, se hallaba visitando a un primo suyo que nada tenía que ver con los proyectos espaciales, pero que había contribuido grandemente a las comunicaciones humanas mediante la codificación de sombras chinescas sobre paredes.

Aún pienso que la Lockheed aceptó ayudarnos para cabalgar sobre la cresta de la ola de nuestro posible triunfo, y algo así debió pensar también Pseberg, para acceder a volar hasta nuestra ratonera de White Sands.

Debo admitir que la llegada de Pseberg apresuró la solución. Enérgico hasta la crueldad, de una actividad rayana en el fanatismo y con un método analítico más cercano a la pianola que al matemático, Pseberg nos puso frente a la solución del problema en sólo 25 días de trabajo: había que liberar los gases del ozono a través de las toberas de la tercera fase, pero sin contactarlos con los propergoles sólidos del segundo sistema. Y si éstos entraban en pérdida o desprotegían la dirección giroscópica, bastaba con inyectar una mayor proporción de flúor en la masa molar.

El árbol nos había impedido ver el bosque.

El 22 de octubre de 1981 se realizó la prueba final y todo anduvo a la perfección. De allí en más se completaron algunos detalles menores, se chequeó por milésima vez el encendido y todo quedó listo para el tan demorado momento del despegue definitivo. Fue cuando ante una sugerencia de Silvie Mortimer, quien me vio revolviendo el café con la visera de mi gorra, marché en procura de un reparador descanso. Y fue cuando, media hora después de revolverme en la cama como un poseso, Meck Sanduway llamó a mi puerta.

—La tobera del segundo sistema se atascó —me disparó Sanduway apenas le hube abierto la puerta. Sentí como si millones de pequeños alfileres se clavasen en mi cuerpo. Las piernas se me aflojaron y de no mediar el apresurado sostén de Meck me hubiese destrozado la cabeza contra el piso.

—¿Se lo has dicho a alguien? —atiné a preguntarle apenas pude recuperar el dominio de mis cuerdas vocales.

—No —me tranquilizó Meck, con esa austeridad de vocabulario que hace tan rústicos a los hombres del bajo Tennessee.

Para el lector que no conozca los entretelones de un proyecto interespacial, informo que una tobera no tiene actividades intermedias: o funciona o no funciona. No se admiten en una tobera ni falsos encendidos ni ronquidos, ni carrasperas, como tampoco producción a "media máquina".

"Cinthya", la tobera del segundo sistema estaba bajo mi completa responsabilidad y ahora, a sólo 14 horas del lanzamiento del Columbia, se había empacado como un asno. Era un problema tres veces más complejo que el anterior suscitado con la gasificación del ozono. Y el problema de la gasificación del ozono nos había demorado durante medio año.

—Vuelve al centro de cómputos —recomendé a Meck— y no digas a nadie nada de esto.

Tomé el casco, salté sobre un jeep, y abandoné las barracas rumbo al transbordador. Afortunadamente a esa hora, cuando el sol era un soplete sobre la arena, sólo me crucé con algunos operarios menores.

Los ingenieros y científicos se habían refugiado en sus habitaciones disfrutando de hallarse, por fin, en vísperas de la cuenta regresiva. En tanto ascendía mediante el ascensor interno hacia las vísceras del Columbia, pensaba en qué palabras emplearía para comunicar a nuestro jefe Woollie Pat Sullivan, el nuevo drama que se había desatado. Lo recordaba, un año atrás, masticando, transpuesto de odio, una minicalculadora Sharp ante la noticia de la quemadura de una bujía de su coche. Además, debería ser yo, en persona, quien explicara al presidente Reagan, el flamante e incalculable retraso del Proyecto Opalo. Y yo conocía bien al presidente. Por mucho menos que eso lo había visto hacer cosas terribles con los indios, largo tiempo atrás, en el cine de Tollucah, mi ciudad natal. Cuando llegué al compartimento que hacía las veces de antesala, sólo encontré a un empleado de mantenimiento, quien se había refugiado en la tranquililidad de esa sección para apurar su emparedado de tocino y maní. Le ordené, perentoriamente, que se fuera. El hombre, sin decir palabra, envolvió su merienda y se alejó.

Con el alma en un hilo, oprimí el encendido de "Cinthya". Me respondió un silencio funerario. Repetí la acción cinco o seis veces. Ni un chasquido. Nada. "Cinthya" estaba muerta, fría y yerta. Me dejé caer, vencido, sobre el piso de metal. Entonces me encontré, de nuevo, con la mirada del empleado de mantenimiento. No se había ido. Estaba sentado sobre el sistema de apertura de compuertas externas, junto a la salida que no había transpuesto, masticando con poco entusiasmo su comida, observándome con expresión indiferente.

En aquel momento, con ese pudor lógico de todo científico egresado de Denver, deseé que aquel desconocido confundiese mis lágrimas con posibles gotas de transpiración. Lo que iba a ser difícil de explicarle eran mis berridos animalóides y los puñetazos que propinaba contra el blindaje de las mamparas. Con la tobera de la sección superior atascada, el soñado despegue del transbordador Columbia en 1981 era utópico.

La preeminencia de la carrera espacial volvería a manos de los comunistas y podía decirse que el mundo libre estaría al borde de la destrucción, el holocausto atómico y ¿por qué no? la contaminación de los ríos.

Controlar, chequear y verificar todas y cada una de las 573.829 piezas mecánicas y electrónicas encerradas en aquella cúpula cilíndrica de 38 metros de largo por 11,07 de ancho que constituía la médula energética del Columbia podía insumir de uno a dos quinquenios de planes galácticos. Reagan no lo soportaría.

Dentro de mi desesperación vi que el operario, sin dejar de comer, adelantaba un par de veces el mentón hacia mí, en mudo interrogante.

— ¿No le dije que se fuera? —le grité, desde el suelo, furioso. Frunció el entrecejo y volvió a avanzar su mentón, inquisidor. Comprendí que no entendía bien el idioma.

— ¿No habla inglés? —le pregunté, más enojado aún.

—Sí, sí —dijo. Se puso de pie, tiró desaprensivamente los restos del sandwich en un rincón y limpió con energía las palmas de sus manos golpeándolas contra los fundillos de su pantalón en tanto se me acercaba. Sin dejar de hurguetearse los dientes con la punta de la lengua y el reborde de los labios, me tomó de un brazo y me ayudó a ponerme de pie. Allí pude leer, entonces, el nombre de aquel sujeto moreno y bajo, en el solapero que lo identificaba: "Artemio Pablo Sosa". Un hispanoparlante.

—Hablo inglés —me explicó—. Pero si me habla muy rápido... —se quedó en silencio mirando fijamente hacia un punto ubicado en las cercanías de mi hombro derecho y yo pensé que buscaba palabras para completar la frase. Chasqueó los labios y escupió un residuo de carne.

— ¿Qué pasa, maestro? —preguntó luego.

— ¿Qué es usted? —me interesé—. ¿Mejicano?

—Argentino —me dijo. Yo apoyé mi empapada espalda contra una mampara y meneé la cabeza con desaliento.

—La tobera —señalé con gesto vago, baja la vista.

— ¿Qué pasa? ¿Qué tiene la tobera?

Oscilé mis manos, con las palmas hacia abajo, a la altura de mi cintura.

—Reventó —sólo atiné a decir—. Fin.

— ¿No camina? —dijo el hombre. Estuve tentado de explicarle, pero me frenó el ridículo de enredarme en una charla técnica con un auxiliar electricista que no sólo no detentaba cargo relevante alguno, sino que ni siquiera era sajón. Por otra parte ya el desprolijo personaje me había dado la espalda y, mientras se rascaba los dorsales lentamente con el pulgar de la mano derecha, atisbaba hacia lo alto de la tobera a través del triple cristal atérmico que nos separaba de ella, sobre la consola de mandos.

Sosa volvió hacia mí. Ahora se estiraba hacia abajo, impudorosamente, la tela que le recubría la entrepierna.

— ¿Está abierto? —señaló a sus espaldas la puerta que accedía a la tobera. Asentí con la cabeza. Pero no volvió hacia allí. Caminó hasta donde había estado sentado y comenzó a revolver en un bolso de trabajo abandonado junto a los restos de su merienda. Sacó una manzana y entonces sí, pasó de nuevo junto a mí, hacia la puerta de entrada a la tobera.

Yo permanecí quieto en el mismo lugar, como vacío de hálito vital, pensando tan sólo en el sombrío futuro que acechaba a mis hijos, en el hipotético caso de que llegase a tenerlos.

Habrían pasado seis minutos cuando apareció de nuevo el argentino.

— ¿Tiene un alambre? —me preguntó. Sacudí la cabeza, negando.

—Me parece que yo. . . —masculló—. Algo me queda. . .

Fue hasta su bolso, revolvió en él y sacó un trozo de alambre de unos veinte centímetros. Mientras procuraba enderezarlo (había estado plegado en secciones de unos seis centímetros) me miró y enarcó las cejas.

—Vamos a ver, dijo un ciego —informó, serio. Pasó de nuevo frente a mí y se metió en la tobera. Por quince minutos sólo lo escuché silbar una música extraña. Yo, en tanto, sopesaba la posibilidad de salir al exterior de la nave, ganar la superficie de una de sus cortas alas y de allí lanzarme de cabeza a la pista, distante lo suficiente como para hacer estallar una bóveda craneana.

Apareció de nuevo el argentino: se estaba frotando las manos con un trapo.

—A ver, maestro —me dijo.

—¿Qué?

—Préndala —me indicó, señalando con un movimiento de cabeza hacia la tobera.

Ahora sí, lo miré como comprendiendo que se trataba de un ser viviente quien me hablaba.

—Préndala. Dele —insistió, mientras volvía hacia su bolso y metía el trapo en su interior. Caminé cuatro lentos y arrastrados pasos hacia el encendido, apoyé un dedo sobre el botón y giré mis ojos para mirar al argentino, compasivamente. Apreté el botón y se escuchó un ronroneo suave y parejo primero, y luego un rugido saludable. Casi estrello mi cara contra el triple cristal en procura de ver desde más cerca lo que no podía creer. ¡Aquella maldita tobera funcionaba! Me di vuelta, incrédulo, hacia ese sudamericano providencial. El hombre había corrido el cierre relámpago de su bolso, había metido éste bajo su brazo izquierdo y miraba hacia el techo, prestando atención al sonido trepidante de "Cinthya".

—No —pareció contradecirse—. Va andar bien. Luego, sí, se dirigió a mí: —Le va aguantar bastante. Por lo menos para sacarlo del paso. Eso sí. . . —advirtió— . . . capaz que de aquí a un par de años le tenga que pegar una revisada. Pero. . . por ahora. . . —pareció conformarse.

Se tocó luego la ceja derecha en un remedo de desmañado saludo militar, cabeceó para despedirse, abrió la compuerta neumática que daba a la escalera externa y se fue. Yo, en tanto, escuchaba a mis espaldas el dulce canto de "Cinthya", funcionando.

Al día siguiente, el transbordador Columbia, tras corta cabalgata sobre su avión-madre, salió disparado hacia el límpido cielo de Najove y de allí en más la historia es conocida.

De Artemio Pablo Sosa, nunca jamás tuve conocimiento. Superada la efervescencia del éxito de la misión Opalo, lo busqué por las distintas dependencias, talleres y barracas de White Sands. Finalmente, en la oficina de personal me informaron que había viajado la misma tarde del lanzamiento, posiblemente a New York, con un nuevo contrato.

Un año después, una agencia de averiguaciones privada me informó que Sosa había trabajado cuatro meses como lavacopas en un restaurante italiano sobre la Séptima Avenida.

Alguien me contó, también, que una persona de ese mismo apellido había estado trabajando como iluminador en un teatro de quinta categoría donde ponían piezas musicales para público latino, en Broadway. Pero nunca más pude encontrarlo.

MAUD EMPRENDE EL VUELO

Cuando Maud llegó a la casa, la envergadura de sus alas no superaba el metro y medio. De cualquier manera, se trataba ya de un pichón de águila fornido y audaz, tal como lo demostró al procurar llevarse entre sus garras el viejo Porsche 64, de seis cilindros, que era el orgullo de tío Saúl. Maud no consiguió su objetivo, pero sus garras de acero destrozaron la capota del arcaico sedán.

El intento del águila no era novedoso para nosotros, dado que, semanas atrás, la majestuosa ave se había elevado hacia las montañas Bitterroot, ante nuestra sorpresa e impotencia, con la bicicleta de Buddy entre sus poderosas patas.

Por lo tanto, cuando el formidable pájaro se abatió por el conducto de la chimenea de leños cayendo en el medio del living, la primera intención de tío Saúl fue despanzurrarlo de un escopetazo. No hubiese sido fácil concretar ese propósito porque de inmediato el águila se trenzó en lucha feroz con Silver, nuestra mangosta, y porque, además, el viaje hasta el pueblo para comprar una escopeta, le hubiese insumido a cualquiera de nosotros más de un día y medio entre ida y vuelta.

Aún no sabemos cuál fue la causa que indujo al pichón de águila a precipitarse por la chimenea de nuestro hogar, pero ya la conducta del animal nos había desconcertado días antes cuando el pequeño Jeremy llegó a la casa contando que lo había visto cabeza abajo de las ramas de un fresno, durmiendo al más puro estilo murciélago.

Nuestro rancho estaba en el valle que se extiende al pie de las montañas Bitterroot y la presencia de aves de rapiña me era tan natural como la convivencia con Eve, mi esposa. No pasaba día sin que nos atacase algún gavilán, sobrevolase nuestro techo alguna pareja de gallinazos o cruzase el cielo algún helicóptero de la base aérea enclavada al otro lado de la cadena montañosa.

Las águilas no eran tan comunes, pero se dejaban ver de vez en vez, especialmente tras la época de las grandes ligas de béisbol. De cualquier manera, nunca habíamos tenido un contacto tan directo con una de esas reinas de las alturas como cuando Maud irrumpió en nuestro grupo familiar. A pesar del lógico temor del primer instante, pronto debimos decidir qué destino dábamos al ave quien, a dos horas de su aparición intempestiva, continuaba enredada en lucha salvaje con la mangosta. Tras largas discusiones, privó el sempiterno espíritu americano de ayuda al prójimo. Comprendimos que el águila se hallaba enferma y que debíamos ayudarla. No era mucho nuestro conocimiento sobre dichas aves y sólo tío Saúl podía esgrimir algunos razonamientos acertados, ya que, cuando joven, había practicado aeromodelismo. Por lo tanto, decidimos llamar a un vecino, el señor Edelmann, un criador de canarios flauta cuyos pupilos habían arrasado con los primeros premios en la Gran Feria del Instrumento de Viento que todos los años se llevaba a cabo en Missoula. El señor Edelmann respondió presto a nuestro llamado y cuatro días después llegó a casa proveniente de Dinamarca, donde se hallaba radicado desde hacía tres años.

Maud, como habíamos decidido ponerle a nuestra águila (en realidad eran siglas: Mountain Animal Unknown Domestic) a instancias de Carolina, nuestra hija más pequeña, se hallaba, cuando llegó Edelmann, dentro del lavarropas, donde se había hecho fuerte. Desde allí dentro nos miraba a través del visor de cristal y en sus ojos implacables podíamos adivinar un nítido acento depredador. Nosotros la alimentábamos con galletas marinas, cereales y tapioca. Cada tanto, pese a nuestros esfuerzos, Silver, la mangosta, se deslizaba dentro del lavarropas y se reiniciaba la batalla. Ya nos habíamos acostumbrado a la enemistad entre ambas criaturas, pero a lo que no podía habituarse Eve era a los efectos que dichas riñas causaban en nuestras sábanas, fundas y demás ropa blanca. Para colmo, el jabón en polvo produjo un raro efecto en el rojizo pelaje de Silver, quien destiñó, transmitiendo a Maud una coloración extraña y anormal en su plumaje.

El señor Edelmann, provisto de un guante de béisbol de mi hijo más pequeño, Bessie, instó a Maud a salir de su refugio. Ante nuestra sorpresa, el águila aceptó el envite, se encaramó sobre la protegida mano derecha de nuestro vecino y, salvo un espasmódico picotazo que desprendió el labio superior de Edelmann, se dedicó a contemplar a su nuevo amigo como si lo conociese desde siempre.

Edelmann nos pidió cordialmente que lo dejásemos a solas con el águila y, durante dos días, pudimos escuchar desde la habitación contigua, cómo le hablaba en un tono convincente y monocorde. Al tercer día, Edelmann salió de su encierro con un informe bastante completo: Maud estaba totalmente sorda. Según Edelmann, el pichón se había visto afectado por la altura: la presión del aire en los altos picos de la montaña había afectado notoriamente sus tímpanos. Mis hijas, mi esposa y tío Saúl, quedaron muy impresionados con el diagnóstico. A mí no me impactó, sin embargo, debido a que también yo había sufrido similar martirio, elevándome en uno de los ascensores de las torres Twin, cuando viajé en ocasión de la fiesta aniversario por la ejecución de Caryl Chessman. Edelmann nos dijo, asimismo, que deberíamos enfrentarnos a un difícil trabajo de rehabilitación de Maud, dado que en esas circunstancias le era imposible volver a volar.

La empresa no era fácil, debo confesarlo, pues una casa de campo donde habitan un matrimonio con sus niños, no ha sido, generalmente, diseñada para contener las ansias de horizonte de un águila real de Idaho. Pero, nuevamente, privó el espíritu caritativo de nuestra familia: se resolvió la permanencia de Maud en la casa hasta su total rehabilitación mediante el voto democrático. Venció la tendencia afirmativa por seis votos contra cinco, tras una primera votación donde, aún hoy no nos explicamos cómo, el recuento de los once votos dio una total paridad.

De allí en más, vivimos tres años apasionantes y bellos. Maud, nuestra orgullosa águila real, pasó a ser un miembro más de nuestra familia. Poco a poco fue recobrando el sentido auditivo, gracias a nuestros esfuerzos por hablar en voz baja y evitar toda manifestación ruidosa. Llegamos, incluso, a festejarle sus cumpleaños o dejarle pequeños regalos de fin de año bajo el pino navideño.

Una luminosa tarde abril, cuando Maud emprendió carrera desde abajo de la mesa del comedor para tomar vuelo y finalizar estrellándose contra la vitrina que atesoraba los trofeos que el pequeño Les había ganado compitiendo en "Cave el pozo más hondo", comprendimos, con emoción, que había recuperado el sentido del equilibrio y se hallaba en los mismos umbrales de la perfecta condición física. Lo comprobamos con alegría, pero también con inocultable tristeza. Aquello significaba, nada menos, que se acercaba el duro momento de devolver a Maud a la vida salvaje. Aquella noche, encerrados en el sótano, lloramos todos como chicuelos.

A Maud se la veía feliz dentro de la casa; se había convertido a esa altura de la historia en una bella bestia cuyas alas extendidas alcanzaban una longitud de 7,50 metros, y no me cansaba de admirarla aposentada sobre el techo del ropero de la pieza de Franny, la más pequeña de nuestras hijas, contemplando, atenta, el movimiento dentro del hogar. Le divertía juguetear con los niños y los perseguía picoteándoles los talones. Sin embargo, Maud, con ese instinto propio de los rapaces, era consciente de la fortaleza de su pico, y nunca llegó a herir malamente a ninguno de mis muchachos. Pese a todo, pese al ambiente de regocijo que imperó en nuestro rancho durante aquellos felices años, coincidimos con Eve en que debíamos abordar el último tramo en la recapacitación de Maud, antes de su devolución a las montañas. Había que restituirle el ancestral llamado de la caza. Si bien el águila lograba levantar en vilo algunos de los sillones Lafayette de nuestra galería, o se empecinaba en elevar a tío Saúl y estrellarlo contra las rocas del arroyo cercano, no veíamos en ella la clásica predisposición para detectar una presa y atraparla.

Fue así que recomendamos a Walt, el cuarto de nuestros niños, el adiestramiento de Maud. El sistema era simple: Walt se estacionaba en el medio del prado que se extiende en el frente del rancho, haciendo girar sobre su cabeza una larga cuerda en cuyo extremo se hallaba atado un salame milanés. Maud, en tanto, era conducida dos kilómetros más abajo, casi junto al río, por Georgie, con la cabeza cubierta por una capucha. Al llegar al punto establecido, Georgie le quitaba la capucha y orientaba a Maud hacia su presa. La vista prodigiosa del águila le permitía localizar de inmediato el vuelo circular del salame y se lanzaba sobre él como un meteoro. El primer ensayo no fue exitoso debido a que Maud atrapó a Walt en lugar del salame y se lo llevó hacia las alturas. Se perdió entre las nubes con nuestro hijo, antes de que tuviésemos tiempo de ordenarle el regreso. Eramos conscientes de que Maud gustaba de bromear con nuestros muchachos, pero aquella vez había llevado la broma demasiado lejos. No era exagerada nuestra apreciación: dos días después, Walt telefoneó desde Nampa, ciudad excesivamente alejada de nuestro estado (unos 480 kilómetros) donde había caído, afortunadamente, sobre un ómnibus escolar. Tan distante se hallaba Walt de nosotros que optó por radicarse en Nampa y, aún hoy, solemos cartearnos.

Las dificultades prosiguieron con Maud, dado que Ira tomó a su cargo su entrenamiento de caza, siendo atacada por miles de buitres al segundo día en que se dispuso a revolear el salame. Pese a todo, dos semanas después pudimos afirmar que el águila se hallaba en óptimas condiciones de sobrevivir en su original hábitat rocoso. Juro que aquella noche no dormimos pensando en la despedida. Pero conscientes de que no podíamos alterar el impertérrito rumbo de la Naturaleza, al día siguiente, con Maud dentro de una bolsa de dormir de Milton, el más pequeño de mis niños, partimos en el Land Rover hacia el pie de las montañas Bitterroot. ¡Qué prístina mirada de comprensión adivinamos en los ojos de Maud cuando la pusimos sobre el capot del coche!

Advertía la despedida de todos aquellos que, durante cuatro años, habíamos velado y cuidado por ella. Le quitamos el arnés de cuero, abrimos la cerradura de su collar, aflojamos el rigor de las ligaduras de soga que contenían sus alas formidables y con gritos, movimientos ampulosos de brazos y voces de aliento, la instamos a elevarse rumbo a las montañas.

Maud no tuvo un solo instante de vacilación, con una economía de gestos propia de su grandeza, emprendió el vuelo. Primero describió un amplísimo círculo bordeando el bosque, ante nuestra mirada conmovida, luego pasó oscilando levemente las alas en el internacionalmente conocido planeo de saludo y finalmente se zambulló como una tromba dentro de nuestra casa.

Por ocho veces repetimos el intento. Llegamos a escalar nosotros mismos la ladera de la montaña hasta alcanzar uno de los picos nevados, para convencer a Maud, acerca de cuál era su destino. Pero nada surtió resultado. Maud había elegido el lugar donde madurar y reproducirse.

31

A tres años de esta historia, Eve y yo, ya nos hemos acostumbrado bastante bien a la vida de montaña, con ese particular sentido práctico de la gente de campo. La caverna en la roca es amplia y el aire, uno de los más puros que pueda uno imaginarse. Nuestros hijos permanecen con nosotros, salvo el más pequeño, que optó por compartir el nido con un cuquejo gris, mil metros más arriba. Tío Saúl se desbarrancó el invierno pasado en un abismo, pero confiamos que, en el próximo verano, con el deshielo, recuperaremos su cuerpo.

Cada tanto, nos viene a visitar Maud, que revolotea gozosa en torno nuestro. El miércoles pasado no vino sola, la seguía un hermoso pichón de su mismo plumaje. No se acercó tanto, esta vez, quizás celosa de su cría, pero era obvio que no quería privarse del gusto de mostrárnoslo, en su orgullo de madre.

A veces, cuando el día es diáfano, desde nuestra altura alcanzamos a ver los tejados de nuestro antiguo ranch. Incluso advertimos el humo que sale de su chimenea en las tardes frías. Sabemos, entonces, que allí están Maud y los suyos, en torno al fuego, quizás disputando por un pedazo de conejo, o bien saboreando un trozo de mofeta cruda.

Y, deben creerlo, somos felices.

MEMORIAS DE UNA ESTRELLA

Pocas luminarias se encuentran tan relacionadas con los años de oro de Hollywood como Olga Drummer. Es por ello que su próximo libro de memorias, a punto de ganar las librerías, ha suscitado tanta expectativa entre la colonia artística de todo el mundo y entre la multitud de seguidores que Olga siempre tuvo.

Hoy, con 86 años, pero aún conservando su encantado hálito de diva, Olga Drummer acepta recibirnos (rompiendo un silencio de cuatro décadas) y hablar de su esperada publicación.

Periodista: —*¿Cuál es el título del libro?*

Olga Drummer: —El título del libro es *"Olga Drummer, una vida entre bambalinas"*. ¿Le gusta?

P: —*Me fascina.*

OD: —Creo que es un título sugerente, que explica el carácter del libro pero no lleva la explicación a un nivel tan detallado como para que el lector potencial piense que ya lo ha leído. Allí narro mis memorias. Imagínese usted, querida. ¡Tantos años vividos en los sets cinematográficos! ¡Tantas emociones! ¡Tantos halagos! El encuentro con infinidad de celebridades. En fin: amoríos, triunfos, pequeños escándalos. Y más que nada el reconocimiento a quienes colaboraron, de una manera u otra, en mi carrera artística. ¡Cómo olvidar, por ejemplo, a Eneas Liberattor Grondon, mi descubridor!

P: —*Cuénteme algo sobre él, Olga.*

OD: —Eneas, como le decía yo, era un descubridor de talentos. Quizás haya sido yo su logro más reconocido, pero a Eneas se deben también las apariciones en el estrellato de figuras como Elmer P. Palmer, Rosita Guerney Lonsten, las cuatrillizas Several o Thomas Eremit Duncan, quien saltara a la fama con aquel recordado comercial de los cereales Papoolok. Incluso el celebérrimo George Levin debe a Eneas el hecho de acceder a primera figura en "Aquellos héroes del Potomac". George, como le decía yo, estaba en una celda de castigo en una prisión federal donde purgaba una condena por adulteración de leche malteada. Eneas logró su libertad bajo fianza para filmar la película. George triunfó en todo el mundo y luego volvió a las rejas. Un año después, la Paramount logró reemplazarlo en la celda por un doble para que Levin saliese y filmase "Un parasol jamaiquino". El alcaide de la cárcel aceptó a cambio de que saliese su nombre en las columnas de chismes del "Starnews".

P: —¿*Es así que fue Eneas L. Grondon su descubridor?*

OD: —Eneas tenía un olfato especial para detectar talentos. Recuerdo que, veinte años después de que me lanzara a la fama con mi primera película "Los carromatos del Infierno" con Jeremith Mattoso y Edward G. Robinson, nos encontramos en una entrega de Oscars y me dijo: "Linda, yo sé detectar un talento, y estoy seguro de que llegará el día en que tú demostrarás que lo tienes". El era así, un seductor permanente de hombres y mujeres. Nunca olvidaré el momento en que reparó en mí. Sinceramente no sé, ni sabré nunca, cómo lo hizo. Yo trabajaba en Mayci's junto con otras 3.247 muchachas. Aquellas grandes tiendas eran siempre un escándalo de gente.

Creo que atendíamos a millones de personas por día. Para colmo, la fecha que recuerdo era cercana a Navidad, así que te imaginas, querida, lo que era aquello. Eneas había entrado buscando un tipo especial de sacacorchos que había visto en casa del viejo John Ford, emocionándolo hasta las lágrimas. No sé, te repito, cómo fue que reparó en mí. No sólo por la cantidad de gente sino que, además, yo trabajaba en una oficina contable del onceavo piso a la que sólo se accedía por una escalera de incendios, cinco pisos más arriba de los salones de compras. Sin embargo, en un momento dado, escucho que alguien pega un puntapié en la puerta abriéndola violentamente, entra un hombrecillo regordete y semicalvo que no era otro que Eneas, se planta en medio de la oficina ante la sorpresa de la supervisora y de mis compañeras, me señala y me dice: "Tú serás la estrella que domine el firmamento del cine en los próximos 30 años".

Aún puedo experimentar la turbación que me invadió. No me explico cómo Eneas pudo adivinar en mí los rasgos femeninos que llegarían a enloquecer a los hombres de todo el mundo, creando, incluso, una moda, un estilo, el estilo "Olga Drummer". Tú me ves ahora, querida, cercana a los 86 años, pero aún conservando las líneas de una silueta ajustada y no puedes imaginarte lo que era yo cuando tenía 16 años y trabajaba en Mayci's. Pesaba algo más de cien kilos, un acceso de tifus me había provocado pérdida parcial del cabello y cubría los sectores descubiertos de mi cuero cabelludo con trozos de estopa que robaba de la sección: "Utensilios de limpieza". Mi mayor complejo, no obstante, estaba ligado al oscuro bozo, muy rebelde, que sombreaba mi labio superior. Un bigotito espantoso que me daba un aire a Ronald Colman en "El último tchatoga". La lucha por hacer desaparecer ese vello bajo mi nariz me hacía olvidar mi gordura, una verruga pilosa que emergía en mi mejilla derecha y los resabios de una parálisis infantil que había dejado arruinada mi pierna izquierda. El estrabismo, en cambio, era casi imperceptible mirado de lejos. Pese a todo y aunque cueste creerlo, Eneas Liberattor

Grondon supo ver en mí la futura star de Hollywood.

P: —*¿Conoció usted a Clark Gable?*

OD: — ¡Oh, por Dios! El hombre más fatuo e insoportable que he visto en mi vida.

P: — *¡No diga!*

OD: —Un espanto. Tan pagado de sí mismo, con esa mirada como diciendo: "¿Cómo piensas tú, basura, que puedo fijarme en tí?". Un asco de persona, aunque debo reconocer, eso sí, que tenía un encanto muy particular y en el set, bueno, poseía un magnetismo, un "charme", que hacía aparecer a todos sus circundantes como personas grises y sin brillo propio. Era un horrible actor y a mis años no tengo reparos en decir algo que por siempre he ocultado: Gable era un muchacho muy sucio. Realmente sucio. Siempre olía mal. Sus uñas lucían siempre como si hubiese estado cavando una tumba, los cuellos de sus camisas se veían con ribetes negros y llegué a descubrir, una vez, detrás de sus orejas, arena de una película de guerra que había filmado meses atrás.

P: —*No se veía así en sus películas.*

OD: —Es que los equipos de producción se lanzaban sobre él cuando estaba borracho y lo sumergían por horas en una bañera antes de cada filmación.

P: —*¿Bebía mucho?*

OD: — ¡Hija! Era una cuba. John Wayne era un abstemio a su lado. Llegaba a entrar a los laboratorios para beberse el revelador, que tiene un componente alcohólico. ¿O por qué crees que se mató con su auto al estrellarse contra un camión detenido a la vera de una carretera en Iowa?

P: —*¡Cielos, Olga! Tengo entendido que Gable no murió en un accidente de ruta.*

OD: —¿Cómo que no?

P: —*Bueno, al menos no es eso lo que cuenta la historia del cine sobre Gable.*

OD: —¿Gable? ¿Clark Gable dices tú?. . . Oh no. . . No.

Tienes razón, querida, no era Clark Gable el que se mató en Iowa. No, por supuesto, el pobre Gable murió tras soportar aquella horrible enfermedad. No puedo recordarlo sin unas lágrimas, tú perdona. Una persona tan sensible, tan refinada. No, el que yo decía, que se mató en Iowa fue August Verner Simson, quien fue mi compañero en "La concuñada del Hombre Mono". Siempre bebió mucho August, eso lo perdió. Se abandonó en su atildamiento personal y eso, tú sabes, es fatal para un artista. Su tercera esposa, Linda, lo dejó por eso un día que August llegó a filmar una escena de "El Príncipe y la Marsopa" totalmente orinados sus pantalones de pana. Linda no me hubiese mentido nunca. Ella también fue descubierta por Simón Gallahan, el hombre que me rescató a mí de una gran tienda.

P: —*Olga, por favor, me dijo usted que su descubridor fue Eneas Liberattor Grondon.*

OD: —¿Eneas Grondon? ¿Grondon dije yo? ¿Estás segura, querida, que yo dije eso? No, Eneas Grondon era un tío abuelo mío. Aún lo recuerdo, llegando a casa cuando yo sólo tenía cinco años, con un conejo marrón con un moño rojo en el cuello, de regalo. El hombre a quien debo yo mi carrera es Simón Gallahan, sí, Simón o Víctor Gallahan. Creo que su nombre era Simón. De lo que estoy segura es que su apellido era Gallahan, como las galletas Gallahan. Gallahan fue el único crítico en mi larga carrera artística que supo apreciar en mí esa forma oblicua en el mirar, tan seductora. "La diva del mirar esquivo" me definió cierta vez Gallahan, en un festival de Venecia en 1932.

P: —¿*Datan de tanto tiempo atrás los festivales de Venecia?*

OD: —Tal vez no fuese Venecia. ¿Venecia dije yo? Quizás fuese en el Rodeo de Wichita adonde fui invitada como "Domadora Sorpresa" y me las tuve que ver con un cebú. Yo tenía 18 años y en esa ocasión fui descubierta por August Vernet Simson, un oscuro artista que aún no había tenido ocasión de manifestarse. Te parecerá mentira que aún hoy, con 86 años, mantenga la misma sensación de infinita gratitud hacia aquel hombre. August, como yo le decía, era un certero descubridor de nuevos rostros y había lanzado a la fama a Maureen O'Hara, quien luego se casó con el príncipe Rainiero.

La pobrecita se mató este año en un accidente de autos, como mi adorado Gable, tú sabes...

LA CLAVE NIPONA

Acallados los fragores de la Segunda Guerra, comenzaron a tomar conocimiento público diversas versiones demostrativas de que el feroz ataque a Pearl Harbour, se hubiese podido evitar.

Desde aquellos que afirman que dos meses antes del traidor golpe japonés la base norteamericana estaba a punto de cerrarse para ser convertida en un gigantesco parque de diversiones, hasta la versión que sostiene que una semana antes del fatídico domingo 7 de diciembre de 1941 estaba a la firma del presidente Roosevelt el proyecto de vender los predios de Pearl Harbour al consorcio de las hamburguesas Mc Donald, han desfilado innumerables suposiciones que atribuyeron a la fatalidad o a la desidia, el escarnio que sufrió la flota americana aquella trágica madrugada.

Pero recién en estos días sale a la luz el resultado de los prolijos estudios llevados a cabo durante cuatro décadas por el científico holandés Théodore Leendert, apasionado por el suceso bélico, quizás debido a que uno de sus hijos (para ser más precisos, el tercero) lleva el nombre de Pearl.

A continuación, pasamos a las conclusiones de Leendert, publicadas el 8 de junio del actual año, en el periódico "Chicago Voice" de Boston, dentro del suplemento

39

familiar que, todos los domingos, este medio dedica al rubro "Catástrofes".

El Ministerio de Marina, bajo la tutela del almirante Frank Knok, conocía, a los siete días del mes de marzo de 1941, la clave empleada por la marina imperial nipona. Se había dilucidado algo fundamental: cada letra que conformaba una palabra irradiada tenía su correspondencia en un número. La suma de los números que totalizaban una palabra daba la ubicación de una nueva palabra en un libro cualquiera, elegido al azar por el alto mando japonés.

Para el espionaje yanqui, este logro revestía una importancia vital, ya que alcanzarlo le había sido sumamente engorroso. Desde los comienzos de la guerra ruso-japonesa (1904-1905), se había empecinado el almirantazgo americano en descifrar los mensajes nipones, sin éxito.

Ese afán lo llevó a escrutar minuciosamente la guerra austro-húngara, incluso sin que hasta el día de hoy pueda entenderse tal desvelo.

Durante casi una década sus estudiosos en hermenéutica estuvieron descifrando, tomando anotaciones y fatigando una clave que, al final, descubrieron, pertenecía a la flota pesquera coreana y no a los japoneses. Llegaron a tal conclusión al descubrir, por casualidad, que "Chin-tien" significaba "atún" y no "destróyer".

Pero tal vez el recuerdo de ese mismo traspié dio al Centro de Inteligencia Naval, casi una década luego, la punta del ovillo para conseguir la clave de las naves del Sol Naciente, poco tiempo antes de que los Estados Unidos fuesen impelidos a entrar de lleno en la Segunda Gran Guerra.

No se debió el éxito a ninguno de los cerebros más relevantes de los Servicios de Inteligencia, sino a Grover B. Hayes, natural de Delaware y cocinero de la dotación del buque patrulla "Here we go II". Hacía tiempo que el espionaje yanqui había llegado, al menos, a una conclusión importante dentro del desaliento y la confusión que lo atenaceaban: la clave japonesa naval estaba relacionada con un libro de la propia literatura nipona. Aquella precisión se obtuvo tras haber detectado varios mensajes emanados desde el buque-escuela "Hideiyoshi Makura", en los cuales el telegrafista acotaba tras cada frase: "página 8" o "página 27" o bien "Prólogo". La duda cundió entre los especialistas americanos cuando cayeron en la cuenta que el "Hideiyoshi Makura" no sólo era un buque-escuela, sino que era de escuela primaria e incluso hacía las veces de jardín de infantes, cosa que estaba en consonancia con el significado de su nombre: "Dragoncito Picarón" en japonés. Eso hizo pensar a los marinos de Husband E. Kimmel que los mensajes sólo podrían encerrar consignas elementales como "El samurai me ama", "El perro come el arroz" o nimiedades semejantes.

La duda vino a ser despejada por el ya citado cocinero Grover B. Hayes, quien afirmó, ante el reunido alto mando naval aliado, que el libro sobre el cual se descifraba la clave interceptada no era otro que "Cocina nipona para principiantes", del monje budista y maestro repostero Togukawa Okuma.

Hayes, contrito, confesó que él estaba al tanto de dicho detalle desde hacía cuatro años, ya que solía incluir en sus comidas algunas especies recetadas por Okuma, pero que no lo había expuesto ante sus superiores temeroso de ser acusado de simpatizar con el enemigo.

De cualquier manera, el aporte de Hayes (quien fue ascendido a Cocinero Alférez en la prisión militar de Promontory, Utah) tranquilizó al Superior Comando de Asuntos Marítimos, ya que, desde el momento en que habían olfateado que el dilema podía hallar su solución en la literatura nipona, habían estado analizando a fondo toda la obra de Pearl S. Buck, hasta caer en la cuenta de que dicha autora, a pesar de escribir asiduamente sobre las costumbres orientales (chinas, para ser más exactos) era norteamericana.

A partir de este hallazgo y durante casi dos años, la marina norteamericana logró mantener un prudencial control sobre los mensajes cruzados por los navíos japoneses, ya éstos en operaciones bélicas. Pero el 3 de octubre de 1941, el almirante Nimitz fue notificado de que los nipones habían cambiado la clave. El Servicio de Prevención Costera había llegado a esa comprobación debido a dos hechos, uno de ellos fortuito: por un lado, la infidencia de un residente japonés radicado en San Francisco, quien propaló la noticia a grito vivo en un local de Burger King adonde se había puesto en total estado de ebriedad al mezclar una bebida cola con "Doctor Pepper"; y por otro, el simple hecho práctico de que en los mensajes interceptados no se entendía absolutamente nada.

Esto perturbó al Comando Estratégico de Operaciones Navales, el que se abocó, de inmediato, a conseguir la nueva clave de la flota de Yamamoto. Como si esto no fuese suficiente, algo más sumó nueva preocupación al ya inquieto Estado Mayor americano: había vestigios, indicios, rumores, de que algo grave estaba por abatirse sobre alguna de las más importantes bases navales yanquis. Desde Hawaii, por ejemplo, se había copiado un radiograma del teniente Calvin K. Polk, donde informaba, entre otros datos: ". . . las gallinas mantienen una conducta extraña. Se ocultan bajo los blindados anfibios, picotean las cargas de profundidad y se la pasan observando el cielo. Los perros se ven inquietos y desasosegados, aullando lúgubremente sin razón aparente. Los pájaros se han retirado desde hace días y las cabras insisten en comerse los carteles indicadores del asentamiento de submarinos".

Mientras algunos observadores atribuían tales señales a la tal vez próxima amenaza del tifón María Elena de los Angeles, los investigadores del Centro de Inteligencia Naval se zambulleron de cabeza sobre las pocas pistas que permitirían alcanzar la flamante clave japonesa.

Y el 28 de octubre de 1941 (a sólo 25 días del cambio

de clave) lo consiguieron. Nuevamente gracias a una infidencia y nuevamente debido al residente japonés que volvió a embriagarse, esta vez con cereales Quaker fermentados. El nuevo libro en donde se basaba la clave japonesa era un compendio de poemas de Taisho Satsuma, mandarín de Sapporo, titulado: "La grulla me mira y no sé qué quiere".

No tuvo el Alto Mando casi tiempo de abocarse a estudiar el nuevo sistema cuando una noticia sacudió sus cuadros. La boya espía N-82 "Unsinkable Inkstand III", flotante en aguas del Pacífico cercanas a las islas Marianas, había interceptado un mensaje cifrado. De inmediato la boya radió el descubrimiento al portaaviones "Enterprise", desde donde también detectaron el mensaje que salía al aire, matemáticamente, cada cinco minutos y decía así: "El día domingo 8 de diciembre[1] de 1941, a las 07 de la mañana, atacaremos la base norteamericana de Pearl Harbour y la haremos benkei-go[2]".

Febrilmente, la Inteligencia Naval se lanzó a la intrincada tarea de descifrar el extraño mensaje. Sin duda alguna, encerraba algún comunicado importante y perentorio dado lo obsesivo de su repetición.

Finalmente, a las 2 de la mañana del día 6 de diciembre, los catorce hombres seleccionados para arrancar del libro de Taisho Satsuma la verdadera lectura del misterioso mensaje, habían logrado transcribir un nuevo texto, siguiendo los mecanismos correspondientes. El texto decía así:

El paso
del tigre en la

---

[1] N. del E.: 8 de diciembre para Japón, según los husos horarios, 7 de diciembre para los EE.UU.

[2] N. del E.: "Benkei-go": coreanismo intraducible. Algo relacionado con el excremento humano o animal.

sombra del lago
triza
el sonido suave de una caña
y
el rostro
de la mujer
de Roosevelt
parece el culo
de un mono
tailandés.
 Los componentes del cuerpo investigador comprendieron que se hallaban ante una patraña urdida por la Flota nipona. Era la única posibilidad que explicaba tan directo agravio inmerso en el poema de caprichosa métrica.
 Se descartaba estar frente a una edición pirata y falseada del libro de Satsuma. Esa certeza ganó el espíritu de los hombres del Alto Mando. Sólo un detalle permanecía flotando en el desconocimiento: ¿Cómo era un mono tailandés? Decepcionados y ¿por qué no? ofendidos, los americanos desestimaron el mensaje que, pese a todo, continuó irradiándose desde la Flota japonesa durante aquella noche.
 Promediando el día siguiente, la mayor parte de los orgullosos navíos de superficie norteamericanos lanzaban llamas y humo hacia el cielo de Pearl Harbour.
 El verdadero significado del repetido mensaje nunca fue obtenido.

EL CAMARADA FEODOROVICH

La finalmente admitida muerte de Jury Andropov pone de nuevo sobre el tapete un controvertido artículo del periodista rumano (actualmente exiliado en Afganistán) Giurgiu Rosiorii, publicado a mediados de 1976 en el diario pro-maronita "Kandahar - Kuch", de Kabul. El artículo desnuda, con certera clarividencia, bisagras ocultas del turbio sistema de poder del oso soviético. Entendemos como una obligación su lectura para todo aquel que desee descifrar, al menos en parte, el jeroglífico político de la Rusia actual.

Los miles y miles de moscovitas que pudieron observar la corpulenta figura de Nicolás Yussuf Feodorovich presidiendo con gesto adusto el anual desfile militar del 1° de Mayo de 1958, no habrán alcanzado a advertir, en aquel ya lejano día, que el flamante premier estaba muerto.

Para los joviales y disciplinados soviéticos, orgullosos y deslumbrados ante el marcial pasaje de los tanques de 40 toneladas T-70 y los nuevos misiles de medio alcance SS-14, la visión de un Nicolás Yussuf Feodorovich de mejillas encendidas y ojos brillantes no podía ser, jamás, la de un cuerpo que había exhalado el último hálito de vida dos semanas atrás, en la lejana Kishiniov de Moldavia.

Pero, precisamente, hasta esa industrial ciudad a orillas del Dniester se habían trasladado, catorce días antes, los más altos miembros del Comité Central, ante el anuncio de la muerte, sobre el duro camastro de una granja colectiva, del hombre que venían reservando para emplear como figura que ensombreciese la imagen eufórica, exultante y ascendente de Nikita Serguéievich Kruschov.

Nadie, salvo un oscuro granjero de Tiraspool quien había compartido los últimos días de Feodorovich, sabía de la muerte del ex sastre mayor del Ejército Rojo, en retiro. Tampoco fue notificada su familia ya que, según confesó años después Anastas Mikoian, no se la quería alarmar vanamente.

Con la troika de jerarcas que marchó hacia Moldavia, también lo hizo Paul Rhöndorf, taxidermista alemán, prisionero de los rojos desde el sitio de Leningrado, y muy discutido por su teoría sobre las ventajas del empleo del almidón y el alambre en su trabajo. Rhöndorf, casi un anciano de 76 años, había sido ayudante cercano de Goebbels, a quien le había embalsamado una tortuga aria, muerta en el espantoso bombardeo de Dresde.

Fue así que, dos semanas después de su muerte, Nicolás Yussuf Feodorovich reaparecía, triunfal, ante la vista pública, elevado al cargo de primer ministro y enfundado en un grueso tapado de piel de foca. La prensa, inadvertida de la maniobra, recogió el advenimiento a los primeros puestos del politburó con apenas unas líneas en las páginas interiores.

"Firme, sin un pestañeo que comunicase una sola de sus emociones, el nuevo primer ministro parece ser el hombre indicado para manejar con frialdad el difícil momento mundial" dijo el "Norodny Tribun".

"Nada consiguió desalentar la cuidadosa revista que el camarada Feodorovich realizó de nuestras fuerzas armadas. Ni siquiera las ocho horas de paso constante de tropas y pertrechos lograron hacer flaquear su voluntad, su entereza física", elogió "Krokodil".

De allí en más, y durante un año, aduciendo que Nicolás Yussuf Feodorovich debía empaparse de los complicados mecanismos del Kremlin (protocolo, horarios, tráfico de ascensores), el Consejo de Gobierno retiró a su primer ministro de la vida pública.

Se sabía de él, tan sólo, que estudiaba sus resoluciones en un despacho casi inaccesible y sus dictámenes tomaban estado público a través de mensajes radiales o editoriales de prensa. Nadie sabía, por supuesto, que Feodorovich se hallaba depositado en una cámara frigorífica para su preservación, en uno de los sótanos del Kremlin, donde también suelen guardarse los típicos gorros de piel, abrigos en general y hasta quesos de la república de los Kalmukos, muy sensibles a los cambios de temperatura.

El único que se atrevió a inquirir por la presencia del primer ministro fue, en una tumultuosa reunión de los Comités Agrarios, el propio Nikita Kruschov, molesto debido a que todas sus ideas, embates y resoluciones eran atribuidas, por el Presidente del Soviet Supremo, a Nicolás Yussuf Feodorovich. Este pasó a ser, de esa manera, la eminencia gris, el monje negro que, sin aparecer, conducía con mano maestra los destinos de las repúblicas socialistas soviéticas. Kruschov quedaba, apenas, como el hombre de choque, que ponía la cara ante las complicaciones inesperadas o las fricciones frente a Occidente.

Pero la ausencia física de Feodorovich no pudo prolongarse por más tiempo luego de la frustrante experiencia de la entrevista con Richard Nixon, enviado de Lyndon Johnson a Rusia, en procura de flexibilizar las tirantes relaciones entre ambos países, en 1959.

Nixon intentó hablar, durante más de una hora y cuarenta y cinco minutos, traductor mediante, con un sillón vacío puesto a su frente. El traductor soviético simulaba consultar con el respaldar del sillón y luego contestaba con cortas frases al vicepresidente americano. Pero en el Buró Político quedó la impresión de que Nixon, aun sin conocer el idioma, había notado algo raro.

"Nunca, como en esa ocasión —declararía el vicepresidente americano a su regreso a Washington— sentí la sensación de que nuestra pretendida relación con los rusos es tan sólo un monólogo."

El Buró Político admitió que había llevado las cosas demasiado lejos, y las fotos de Nixon, el traductor y el sillón de Feodorovich vacío difundidas por todo el mundo a través de las teletipos, en nada contribuyeron a disipar los rumores que habían empezado a correr sobre una posible enfermedad del primer ministro soviético.

Pero al día siguiente, 19 de junio de 1959, el Comité Ejecutivo lograba un golpe de efecto. Ese día partía desde la fastuosa estación de Küznetzki, en Moscú, un convoy especial trasladando al primer ministro en una gira de acercamiento a los alejados pueblos del interior. Pocos se extrañaron de que, en el vagón ministerial, el aire acondicionado mantuviese la temperatura en los 18 grados bajo cero, cuando afuera el otoño moscovita era cálido y benéfico.

Así relató el "Novosibirsk Dien" el paso del tren gubernamental por la estación de la hermosa ciudad siberiana, capital socialista del cultivo de la chaucha: "Nos llenó de emoción la fugaz imagen del camarada Feodorovich saludando al pueblo desde una de las ventanillas del vagón principal. A su lado, el camarada comisario Mikhail Kornilov, tomándolo por la muñea, le sostenía el brazo en alto, a la manera con que los jueces del viril deporte de los puños consagran al triunfador de la lid. ¡Tal era la alegría de la comitiva! Alegría visible, incluso, a pesar de los casi 90 kilómetros horarios que desarrollaba el convoy".

Por su parte, el "Mujic de Voroshilovgrad" plasmaba de esta manera la impresión del paso del primer ministro por dicha ciudad ucraniana: "El tren se detuvo durante dos minutos en la estación y allí pudimos apreciar la nieve que cubría los mullidos asientos del vagón principal. Al arrancar nuevamente, vimos, con emoción, cómo el camarada Feodorovich era abrazado, ceñido fuertemente por los hombros por los camaradas Riazanov y Menyinski. No se turbó en ese instante el rostro del primer ministro, pero no pude dudarse que, a pesar de sus rasgos imperturbables, muy rica debe ser su condición humana si provoca tales manifestaciones de cariño entre quienes lo secundan". Tras la gira, que duró dos días, otra vez Feodorovich fue enclaustrado y quitado de las miradas del pueblo. Tras unos meses de silencio, los periódicos que respondían a los intereses de Nikita Kruschov (el "Novaia Nikita" y el "Nikita Slovo") volvieron a la carga, sugiriendo que el primer ministro se hallaba muy enfermo.

El Soviet Supremo contraatacó con un recurso simple. Consciente de los inconvenientes que acarreaba toda presentación en público del cadáver de Feodorovich, decidieron reemplazar sus salidas oficiales por una profusa campaña gráfica. Enormes cartelones de más de sesenta metros de altura por treinta de ancho con el retrato de Feodorovich fueron instalados en la Plaza Roja. En distintas partes del país aparecieron estatuas de cuerpo entero del estadista y los diarios y revistas se cansaron de publicar fotos de Feodorovich, sentado, de pie, departiendo con otros jerarcas, jugando con su pequeño oso panda Ninja y hasta danzando, en pose algo rígida, con su secretario privado.

Sin embargo, el rumor ya había ganado la calle y las redacciones del mundo entero.

El 24 de octubre de 1963, el Kremlin debió admitir públicamente: "Nuestro primer ministro Feodorovich deberá guardar reposo durante algún tiempo, aquejado de un fuerte resfrío de origen canceroso que no alterará su ritmo de trabajo". Consultadas las fuentes oficiales sobre el tiempo que demandaría su recuperación, la respuesta indicó que los médicos calculaban de dos semanas a cuatro años.

Para mayo de 1964, Nicolás Yussuf Feodorovich era considerado ya, públicamente, un "cadáver político". Y dos sucesos fueron a precipitar su ocaso para fines de ese mismo año. Primero, el holocausto de la perra Laika en el metálico vientre del satélite Sputnik. El éxito espacial soviético, evaluado por todos como un sonoro cachetazo al orgullo del Tío Sam y atribuido por el Congreso del Partido al genio creativo de Feodorovich en el último intento por recuperar su prestigio, fue usado como bandera de lucha por la fracción "Animales de la URSS", corporación de índole trotskista abocada a la defensa y preservación de las especies inferiores del paraíso soviético.

"Animales de la URSS" inició, a través de todos los circos, una feroz campaña contra el primer ministro, culpándolo del sacrificio de la célebre perra cosmonauta, y sindicándolo como "falaz" ya que había prometido su retorno, indemne, a la Tierra.

En un desesperado esfuerzo por recomponer la imagen de Feodorovich, el Partido decidió presentarlo públicamente en el homenaje al Soldado Desconocido, en Stalingrado, el 2 de febrero de 1965. Lo hizo a sabiendas del riesgo que corría ya que, días antes, Paul Rhöndorf, el embalsamador oficial había debido viajar intempestivamente hacia Petz, donde, se rumoreaba, ya estaba estudiando un nuevo candidato para su conservación. Rigurosamente durante esos largos siete años, cada 48 horas, Rhöndorf había aplicado inyecciones de prohidrato de benceno en el yerto cuerpo del primer ministro a los efectos de consolidar su mantenimiento y evitar la delicuescencia. El Buró Político decidió arrostrar las posibles incómodas derivaciones, ocasionadas por la falta de una de las dosis, y en la fecha prevista, la figura erecta de Nicolás Yussuf Feodorovich podía ser contemplada, una vez más, por miles y miles de rusos conmovidos y sensibilizados por la fecha que se conmemoraba.

Lo angustioso ocurrió sobre el mediodía. Mientras el comisario Vladimir Smolny desgranaba un discurso recordatorio de los millones de camaradas caídos en la lucha contra los invasores alemanes, en una pieza oratoria cuya congoja, cuyo respeto y cuyo contenido dolor superaban todo lo recordado, en el cerúleo rostro de Nicolás Yussuf Feodorovich comenzó a dibujarse una notoria, tensa y escalofriante sonrisa. De nada valió que Vassili Lozovski, ministro de Educación, depositase un largo beso sobre la comisura distorsionada de la boca del primer ministro procurando retornarla a su postura de habitual seriedad. Nicolás Yussuf Feodorovich continuó durante toda la ceremonia con su rostro ensanchado por aquella sonrisa crispada y gélida hasta que, entre cuatro, lo metieron en un coche y se lo llevaron.

Nunca más se lo vio. Su irrespetuoso gesto en el acto del 2 de febrero fue considerado como un ejemplo de tremenda falta de tacto político.

El 8 de febrero de 1966, el ex barquero del Volga, León Nijni Spiridinova tomaba su puesto en reemplazo de Feodorovich, sin que mediase explicación oficial alguna.

Una mañana de marzo, los moscovitas advirtieron, con indiferencia, que en algunos de los inmensos carteles de la Plaza Roja, al rostro de Feodorovich le habían crecido largos cabellos, barba y bigotes, lo que le daba un cercano parecido a Carlos Marx. En otros, directamente, lo había suplantado una densa capa de pintura azul con una leyenda que recordaba la importancia de los logros espaciales rusos. También, de la noche a la mañana, las estatuas de Feodorovich tuvieron una extraña mutación. Más bajas, como si les faltase una cabeza de altura, ahora representaban a una mujer aldeana, símbolo del esfuerzo rural socialista.

Quienquiera que buscase algún documento gráfico probatorio de la existencia de Feodorovich, también corría el riesgo de hallarse ante desconcertantes escenas: fotos de funcionarios dialogando con un interlocutor invisible, reuniones del Comité Central donde se apreciaba un vacío inexplicable y hasta una extraña imagen del secretario del Partido, Igor Nevsky, bailando solo.

Seis años después, este cronista, invitado por el Kremlin a una función de gala, se perdió por uno de los inmensos pasillos de la Morskaia, buscando un baño. Dio de pronto, equivocadamente, con un pequeño desván casi en penumbras. Pudo ver allí, entonces, un cuerpo en el suelo, prácticamente oculto bajo cortinas viejas, bidones de kerosene, vigas en desuso y cajas de botas vacías, algo que, en principio, confundió con un maniquí. Luego, al acercarse, vislumbró trabajosamente un cuerpo cubierto de polvo, carcomido por las termitas y las polillas, pero, aun así, sospechosamente parecido al camarada Feodorovich.

TODA LA VERDAD

— ¡Ricardo!

—Ah . . .

—Vení para acá.

—Ya voy.

— ¡Vení para acá, te digo!

—Para qué . . .

— ¡Vení para acá te digo, inmediatamente!

Ricardo apareció en la puerta de la cocina, la camisa que se había sacado todavía en la mano. Clara estaba apoyada contra la mesa de nerolite, los brazos cruzados, el batón de plush amarillito cerrado sobre el cuello.

— ¿Qué pasa? —preguntó Ricardo, amagando irse hacia su pieza.

— ¿Qué pasa? —repitió Clara—. ¿Y todavía preguntás qué pasa? ¿Todavía tenés el tupé de preguntar qué pasa?

Los ojos de Ricardo se quedaron mirándola, interrogantes, la camisa a cuadros colgada del dedo índice, como de una percha.

— ¿Sabés la hora que es? —preguntó Clara, tensos los músculos del cuello. Ricardo se encogió de hombros.

— ¿Sabés la hora que es? —repitió Clara—. ¿Tenés idea de la hora que es?

—No sé . . . qué sé yo. . . —aventuró Ricardo—. La una. La una y media.

— ¡"La una, la una y media"! —imitó Clara en tanto se catapultaba desde la mesada de la pileta, y cruzaba en dos pasos rápidos el espacio que la separaba de Ricardo, quien se sobresaltó—. ¡"La una y media" mocoso de porquería! —descubrió ante los ojos de Ricardo, poniéndole a tres centímetros de las pestañas su reloj pulsera—. ¡Las cuatro! ¡Las cuatro, mocoso de porquería! ¡Las cuatro de la mañana son!

—Nooo . . . —pareció ignorar Ricardo, casi asombrado.

— ¡No te hagás el estúpido! ¡Infeliz! —Clara ya no pudo contenerse y lanzó de arriba hacia abajo, un par de cachetazos ampulosos sobre la cara de Ricardo.

— ¡Te hacés el que no sabés la hora que es, te hacés el estúpido, estúpido!

Ricardo soltó la camisa, se dejó caer hacia atrás, apoyando la magra espalda desnuda contra la puerta de la cocina, que golpeó, sonora, contra la pared.

— ¡Pará! ¡Pará! —alcanzó a decir, cubriéndose con los antebrazos—. ¡Qué . . .

— ¡Porquería, porquería! —siguió castigando desordenadamente Clara—. ¡Todavía querés hacerme creer que no tenés idea de la hora! ¡Basura!

— ¡Pará, pará! —Ricardo, agachándose, alcanzó a escabullirse corriendo hacia el comedor oscuro—. ¿Qué te pasa?

— ¿Qué me pasa? ¿Qué me pasa? —Clara había desistido de perseguirlo, tras los últimos mandobles al aire, y ahora se había apoyado con una de sus manos contra el vano de la puerta, agitada, adoptando un gesto trágico—. ¿Todavía preguntás qué me pasa? ¡Que me vas a matar vos, eso me pasa, vos y tu hermana me van a matar, eso es lo que están buscando! ¡Lo que están buscando es eso, que me dé un síncope y me caiga redonda al suelo! ¡Cuando consigas eso vas a estar contento, recién ahí vas a estar contento, recién ahí, chinito de mierda!

Lentamente, cerrándose con ademán cuidadoso el cuello del batón, acomodándose un mechón de pelo que le había caído sobre la frente, Clara, aún respirando agitada, desandó el trecho que había recorrido hacia su hijo y volvió a apoyarse contra la mesada de la cocina. Bajó la cabeza y se tomó la frente con la mano derecha.

—Eso es lo que está buscando este mocoso —dijo, como para sí, pero en voz alta—. Que me dé un ataque al corazón y me muera...

Ricardo había vuelto lenta y silenciosamente a asomarse a la puerta de la cocina. Había recogido, incluso, su camisa del suelo.

—Ahí vas a estar contento, ahí vas a estar contento —prosiguió Clara, advirtiendo su reaparición—. Ahí sí. Ahí ya no vas a tener a la pobre vieja imbécil controlándote, ahí vas a estar feliz. Eso es lo que querés. Eso.

—No, mirá... —intentó Ricardo.

—Pero no te voy a dar el gusto —Clara retomó su tono violento, meneando la cabeza—. No te voy a dar el gusto. Te juro que hasta el día que reviente como una bestia por los disgustos que me dan vos y la otra de tu hermana, te juro que como que hay un Dios, te voy a tener cortito y te voy a poner en vereda, te juro, aunque me cueste...

—fue poco a poco insuflándose energía a sí misma—... aunque me cueste, no sé, los años de salud, de vida, los años de vida que me cuestan vos y tu hermana con las perrerías que hacen. Pero te digo ¿eh? te digo, hasta ese día metete en la cabeza que a tu madre la vas a respetar, porque la vas a respetar y si hay algo que me saca de quicio y me revienta es que me vengas con esas historias, con esas mentiras...

—¿Qué mentiras...? —se quejó Ricardo—. Lo que pasa es que vos te enojás... —Aquello fue una bofetada para Clara.

—¿Qué mentiras, decís? ¿Qué mentiras, decís? ¡Sarnoso! ¡Aparecés muy campante a las cuatro de la mañana y el señor dice que no sabe qué hora es, dice que es la una y media y me salís con que no son mentiras, todavía me venís con eso!

Ricardo retrocedió un paso, previsor, hacia la oscuridad del comedor.

—Si estuviera tu padre bien que no harías esto. Bien que no lo harías —se lamentó Clara, aún amenazante, sin embargo—. Tu padre te cruzaba la cara de un sopapo, mocoso de mierda. Porque si había algo que no soportaba era la mentira, fue lo único que trató de inculcarles. ¿Para qué? Para que salga un infeliz como vos que lo único que quiere es joderme la vida, eso, joderme la vida.

Clara se quedó un minuto callada, como tomando aire, mirando fijamente a Ricardo quien, apoyado el hombro sobre el vano de la puerta, fingía interesarse en un botón de la camisa, inesperadamente flojo.

—¿Querés decirme dónde estuviste? —preguntó, al fin, Clara.

—Ehh . . .

—¿Me podés decir dónde estuviste que volvés a las cuatro de la mañana?

—Fuimos con Valija y Cacho a . . .

—Ah, ¡cuándo no! ¡cuándo no! —Clara juntó de una palmada las manos frente a su pecho, mirando, esta vez, hacia la heladera al otro lado de la cocina—. ¡Cuándo no ibas a estar con esos dos. . . con esos dos. . . vagos, atorrantes. . .

—Este. . . fuimos con ellos. . .

—¿Pero será posible? —ahora Clara lo miró, sin desprender las manos que oscilaba de adelante hacia atrás como quien mezcla dados dentro de ellas—. ¿Será posible que siempre tengas que estar con esos inútiles, ese par de infelices? ¿Qué te dan. . . ? ¿Te. . .

—¡Si vos no los conocés. . . ! —se atrevió a ofenderse Ricardo.

—¡Y te creés que necesito conocerlos, te creés que necesito conocerlos o hablar media palabra con esos atorran-

56

tes para saber que son unos inútiles, vagonetas, mal educados! ¿Te creés eso?

Ricardo se rascó la cabeza.

—Si basta verlos parados en la esquina para darse cuenta lo que son, m'hijito. Sucios, compadritos... —Clara escupió las palabras— ... atorrantes...

—Valija trabaja —apuntó Ricardo.

— ¡Qué va a trabajar ese atorrante! ¡Hará que trabaja!

Ricardo volvió a ensañarse con el botón de la camisa. Clara volvió las manos a los bolsillos amplios del batón. Una contracción nerviosa le tironeaba el labio superior.

— ¡No sé qué te han dado esos dos para que te tengan tan embobado, que vas como un perrito detrás de ellos! —se mofó Clara.

— ¿Quién va como un perrito, quién? —se enojó, ahora sí, tocado en su amor propio, Ricardo.

— ¡Vos vas como un perrito! ¡Vos, el vivo! ¡Te usan, te agarran de alcahuete, te llevan de la nariz como a un...

— ¡Pero por qué no te...! —se adelantó Ricardo, indignado y desafiante.

— ¡Callate la boca! ¡Callate la boca! —contragolpeó Clara, avanzando un paso a su vez hacia Ricardo—. ¡Lo único que falta es que me vengas a gritar, mocoso de porquería! ¡Lo único que me faltaba!

Ricardo volvió a su anterior posición bajo el marco de la puerta. Clara decidió no abandonar la furia recobrada.

— ¿Adónde fuiste, decime —desafió— adónde fuiste con esos otros dos, tus amigos, a ver, adónde fuiste?

—Te dije que fuimos... —recomenzó Ricardo.

—Pero... ¡Cuidado! —amenazó Clara, en alto el índice de la mano derecha—. Pensá bien, pensá bien lo que vas a decir porque no sea que me salgas con una mentira. Que no sea que me salgas con una mentira porque te juro que te vas a arrepentir, te juro que te vas a arrepentir. Si me venís con una de tus clásicas mentiras te aseguro que yo no seré tu padre pero de algún lado sacaré fuerzas para ponerte en vereda, vos sabés bien que yo parezco mansa pero soy mansa hasta que no vienen a joderme la vida y entonces te aseguro que soy capaz de romperte algo por la cabeza. ¿eh? Pensalo bien, pensá bien lo que vas a decir. . .

—Sí. . . —se encogió de hombros Ricardo—. ¿Qué problema hay?

Clara se cruzó de brazos en el medio de la cocina y le clavó los ojos, esperando.

—Fuimos con el Valija y el Cacho al pool de Esteban. . . —comenzó Ricardo.

Los ojos de Clara se entrecerraron.

— ¿A qué pool? —preguntó, bajo aparente calma.

—Ahí, al de Esteban. . . el de. . .

— ¿El que está al lado de la copistería? —volvió a preguntar Clara, contenida.

—Sí. . . sí —pareció dudar Ricardo.

— ¿El que tiene pintadas unas cosas, en dorado, en los vidrios?

—Sí. . . qué se yo. . . sí, creo que sí. . .

Esta vez Clara no vaciló, abandonando de pronto su postura expectante se abalanzó sobre su hijo y le aplicó un par de puntapiés cortos y certeros sobre las canillas. Ricardo, sorprendido, sólo alcanzó a encogerse, dudando entre proteger sus piernas o levantar los brazos para cubrir la cabeza donde caían, desordenados, los trompis de Clara.

— ¡Basura, basura, porquería! —gritaba ésta, optando finalmente por aferrar los cabellos de Ricardo y zamarrearlo, sin poder evitar, no obstante, que se le escabullera cayendo casi debajo de la mesa—. ¡Basura!

—Pero. . . pero. . . ¿por qué? —casi imploró una explicación Ricardo, de rodillas.

— ¡Te dije, te dije! —repitió Clara asestando un mandoble sobre la mesa como si así pudiese alcanzar la cabeza de Ricardo—. ¡Te dije que no mintieras, porquería!. . . Pero... ¿Por qué, por qué, por qué tuve que tener un hijo como éste? —Ahora Clara había abandonado el frente de ataque. Giró sobre sus talones, se tapó la cara con una mano, el brazo izquierdo protegiendo su vientre, como buscando un momento de respiro para evitar el colapso cardíaco—. ¿Por qué? —prácticamente sollozó—. ¿Qué hice yo para merecer un monstruo como éste? ¡Algo debo haber hecho para que Dios me castigara así, algo debo haber hecho! Angela me decía y yo no le creía. Ella decía, sabía lo que me decía. Fuimos muy blandos, muy blandos...

Ricardo había aprovechado el soliloquio de su madre para abandonar el refugio de abajo de la mesa. Tomándose con un gesto de dolor el tobillo derecho llegó trabajosamente hasta una silla y se sentó.

—¿Por qué no estará tu padre? —se lamentó Clara, volviéndose a mirar a Ricardo, con ojos enrojecidos—. ¿Por qué no estará tu padre para ponerte en vereda?

Ricardo, sin mirarla, persistía en masajear su tobillo, quejándose.

— ¡Y callate! ¿Eh? ¡Callate! —le advirtió Clara.

— ¡Mirá, mirá cómo me dejaste el tobillo! —gritó Ricardo, al borde de las lágrimas, estirando la pierna hacia su madre. Esta, ni lerda ni perezosa lanzó un nuevo puntapié hacia la rodilla de Ricardo, que no alcanzó el blanco.

— ¡Matarte —tronó— eso es lo que debería haberte hecho, infeliz, matarte! ¡Como hacía tu padre, que te amansaba a cintazos! ¡Agradecé que yo no tengo la fuerza de tu padre, Dios lo tenga en la santa gloria! ¡Te dije que no me mintieras. te dije antes de que empezaras a hablar que no me mintieras, infeliz!

Ricardo dejó de sobarse el tobillo y se recostó sobre el respaldo de la silla, había llevado su mano derecha hacia el mentón, previniéndose de un nuevo ataque.

— ¿Por... por qué? —balbuceó.

59

—¿Por qué, por qué? —imitó Clara, plantándose frente a él, y agachándose hasta casi conseguir que sus ojos quedasen a la misma altura que los de su hijo—. Porque ni siquiera sabés mentir, por eso. Porque el señor es tan vivo, tan vivo es el señor, que ni siquiera le da la cabeza para inventar una mentira. Por eso. El señor es tan inteligente, esa inteligencia que le da para robarme plata de la billetera, o para colarse en los bailes del club, porque no le da para otra cosa, porque no le da para el estudio o para las cosas buenas, por eso. Porque ni siquiera te da la cabeza, infeliz, para pensar que la pobre burra de carga de tu madre, también anda por la calle ¿sabés? Anda por la calle haciendo las compras, para que vos y la otra de tu hermana tengan de todo y puedan comer algo de vez en cuando, y hoy pasé por el pool ése que vos decís, ese pool de porquería que vos decís, y estaba cerrado ¿sabés? ¡Estaba cerrado!

—Nooo. . . —atinó a decir, Ricardo.

— ¡Estaba cerrado por duelo! —Clara se había erguido frente a su hijo haciendo pesar la contundencia del argumento.

—No puede ser —articuló Ricardo, confuso—. Habrá sido a la tarde . . .

De inmediato Clara levantó su puño derecho como para descargarlo.

— ¡Callate! —chilló—. ¡Callate! ¡No sigas mintiendo, porquería, no sigas mintiendo, todavía tenés la desfachatez de querer seguir mintiendo! ¡Si ni siquiera pasaste por el pool, no pasaste ni_por la vereda de enfrente del pool, chinito de porquería, y querés seguir engañando a tu madre!

Clara calló, procurando recuperar la normalidad de su respiración que, durante dos o tres larguísimos minutos fue lo único que se escuchó en la cocina, resaltando aun más el silencio de afuera, de la calle y la noche. Ricardo, pálido, estaba casi acostado en la silla, la nuca descansando sobre el borde superior del respaldar, los ojos y las manos entretenidos en la hebilla del cinturón, como si recién la descubriese en ese instante.

Clara retrocedió hasta la mesada de la cocina, se masajeó el muslo de la pierna derecha como si se le estuviese por acalambrar y, con voz trémula pero pausada y medida, dijo:

—Bueno, ahora, me vas a decir, de una buena vez por todas, de dónde venís. Dónde estuviste. Pero me vas a decir la verdad. Me vas a decir la verdad porque si no me decís la verdad te garanto que me vas a conocer, te garanto que me vas a conocer... —a medida que iba hablando su tono recuperaba las aristas filosas, el acento amenazador y rabioso— ... si no me decís la verdad, Ricardo, te aseguro que en esta casa van a cambiar muchas cosas y a vos especialmente se te va a terminar la farra. Se te va a terminar la farra, Ricardo, porque yo soy muy buena, me aguanto muchas cosas, me como muchas cosas, pero llega un momento en que digo basta y te juro que es basta. Así que decíme la verdad porque ya sabés, ya sabés, te juro por Dios, Ricardo, que si me llegás a mentir de nuevo te va a pesar, te va a pesar porque te va a pesar, Ricardo.

—Eh... —pareció concentrarse Ricardo.

—¿Dónde estuviste, Ricardo, dónde estuviste?

—Fuimos a la farmacia...

—¿A la farmacia? ¿Fuiste solo o con quién? —apuró Clara.

—Con Valija y el Cacho —se ofuscó Ricardo, mirando a su madre—. Ya te dije ¿no?

—Es que ya no te creo, ¿ves? Ya no te creo. No te creo nada. ¿Cómo querés que te crea? ¿Por qué voy a creerte? Fuiste con Valija y el Cacho. Seguí.

—Fuimos con Valija y el Cacho a la farmacia...

La cara de Clara se frunció, con sorpresa.

—¿A la farmacia? —preguntó—. ¿Y por qué a la farmacia? ¿A qué farmacia?

—Acá, a la de don Flores.

—A la de don Flores —Clara apoyó sus manos en la cintura—. A la farmacia de don Flores. Cuidado con lo que decís, Ricardo, tené mucho cuidadito con lo que me contás, Ricardo. Mirá que puedo agarrar el diario y fijarme en las farmacias de turno, Ricardo, mirá que puedo... —advirtió.

—Y fijate, fijate... —desafió Ricardo.

—No, seguí. —Clara volvió a cruzarse de brazos—. ¿Y me querés decir qué fueron a hacer ahí, me querés decir?

—El Valija andaba buscando no sé qué cosa. Unas pastillas. Unas anfetaminas. Qué se yo, se da con eso.

—Mirá Ricardo, mirá —Clara elevó su índice derecho en el aire—. Me parece que estás inventando, yo te conozco y me parece que estás inventando. ¡Que yo no me entere que...

— ¡No, no, te digo que no! ¡Es cierto, de veras!

Clara señaló enérgicamente hacia afuera.

— ¡Mirá que puedo hablarlo a don Flores —amenazó— para ver si estás diciendo la verdad! ¡A mí no me importa un comino agarrar el teléfono ahora mismo y hablarlo a don Flores y preguntarle si es cierto que estuviste ahí con los otros dos! ¡Mirá que para esas cosas yo soy mandada a hacer!

—Si querés, llamá —se encogió de hombros Ricardo—. Si querés llamá... pero difícil que don Flores te atienda porque el Valija le pegó con un fierro en la cabeza y lo hizo moco.

— ¡No te creas que yo, por ser de noche, no soy muy capaz de agarrar el teléfono y hablar a quien sea con tal de averiguar si me estás mintiendo como mentís siempre, mocoso de porquería!

—Yo lo único que te digo —puntualizó Ricardo sentándose más erecto en la silla y, ahora sí, atreviéndose a mirar a los ojos de su madre— es que el Valija le pegó a don Flores con un fierro en la cabeza y creo que... —Ricardo osciló horizontalmente su mano derecha con la palma hacia abajo ejemplificando que algo se había terminado— ... para mí que lo mató, porque cayó al suelo como muerto. Lo calzó justo en el balero, acá en el medio de la frente. El viejo cayó al suelo y cuando yo lo miré tenía un montón de sangre en la cabeza y no se movía ni nada. Para colmo, al caer se dio la cabeza contra la baldosa, viste que el piso es de baldosa, y no se movió más. Para mí. . .

—Pero puedo llamarla a Luján, la mujer —acució Clara—. Sabés bien que yo soy bastante amiga de Luján y que ella no va a tener ningún pero ningún problema en decirme las cosas tal cual son. ¡Somos muy amigas con Luján, Ricardo, muy amigas, sabelo! Puedo llamarla. Así que no me agarrés de idiota porque. . .

— ¿Quién te agarra de idiota?

—... yo agarro el teléfono, la llamo a Luján y ella me va a decir. . .

— ¡Pero llamala, llamala —extendió su brazo, señalando, Ricardo, más armado en su postura— andá, llamala si querés!

— ¡Claro que la voy a llamar, por supuesto, no vas a venir vos a decirme lo que tengo que hacer!

— ¡Andá, llamala!

—Ya la voy a llamar, ya la voy a llamar. . .

—Ella por ahí sí te va a poder contestar —continuó Ricardo—. Si es que está en la casa, porque salió rajando para afuera, para la calle y yo alcancé a pegarle con la cadena. Pero no se cayó. Alcancé a pegarle por aquí, por la cabeza, al costado de la cabeza y el cuello, el hombro, no le dí bien. Pero no se cayó y siguió corriendo para afuera. Le hice sangre, eso sí.

—Ella me va a decir, vos no te preocupes, ella me va a decir. Vas a ver que me va a contar.

Clara se quedó mirando a su hijo, golpeteando acompasadamente con la planta de su chinela derecha contra el suelo, algo más tranquila. Ricardo la miró a los ojos.

—¿Qué? —preguntó— ¿Tampoco me creés ahora?

—No sé, no sé —calculó Clara—. No sé.

—Ufa... —refunfuñó Ricardo—. También vos, también...

—Es que te he dicho una y mil veces... —comenzó Clara, como retomando una disertación reciente— ... no tolero que me mientas. Me pone frenética que me mientas, vos y la otra de tu hermana. Es lo primero que hemos tratado de inculcarles tanto yo como tu padre. Lo primero, lo primero, lo primero que hemos tratado de inculcarles.

Se metió enérgicamente las manos en los bolsillos del batón y giró sobre sus talones, un par de veces, ensimismada.

—Bueno... —dijo finalmente—. Andá a dormir.

Ricardo se levantó, rascándose la cabeza.

—¿Tenés hambre? —preguntó Clara— ¿Querés que te caliente algo?

Ricardo negó con la cabeza, bostezando, en tanto se iba hacia su pieza.

Clara se encogió de hombros. Abrió la heladera, se sirvió un poco de agua fresca. Luego apagó la luz y se fue también.

¿CUALES SON LAS VERDADERAS INTENCIONES DE LOS CUISES?

Mi investigación se origina, años atrás, un día viajando en auto hacia Mar del Plata, en compañía de mi familia. Recuerdo que, de pronto, un animalejo grisáceo cruzó irresponsablemente frente a nuestro coche y debí hacer una brusca maniobra para no atropellarlo. Ahora reflexiono y sé que mi actitud fue por demás arriesgada, ya que en ese momento marchábamos a unos 100 kilómetros por hora, pero quedé muy sensibilizado con los accidentes viales desde aquel día en que, con mi viejo Ford, aplasté una pelota de goma marca Pulpo. Desde tan desdichado acontecimiento abandoné por completo la práctica del fútbol, deporte que me apasionaba y que bien hubiese podido constituirse en mi medio de vida. El macabro suceso con la Pulpo me impresionó de tal forma que opté por encaminar mi vida hacia la investigación etológica. ¡ Y aún no me explico cómo tuve entereza para seguir conduciendo automóviles luego de aquello!

Por lo tanto, no me arrepiento de haber salvado la vida del pequeño cuis esa tarde cuando se me cruzó en la ruta, aun a costa de que en el vuelco que originó mi maniobra perdieran la vida mi suegra y una tía mía de avanzada edad. La pregunta que comenzó a desvelarme desde aquel momento era: ¿Por qué el cuis arriesga su vida cruzando un camino muy transitado cuando al otro lado de éste no ha de encontrar nada muy diferente a lo que acaba de dejar?

Simplificando, podemos decir: a un costado de la ruta el cuis tiene medio globo terráqueo donde nacer, alimentarse, procrear y terminar sus días. No obstante eso, el pequeño conejo de Indias decide atravesar la superficie vial aun a riesgo de su propia vida para investigar los predios del otro lado del camino. No se trata de elefantes o de animales necesitados de espacio y que consuman alimentos en cantidad. Está comprobado que hay cuises que subsisten en la mezquindad de pequeñas jaulas y se alimentan con minucias. Son pequeños organismos que deberían conformarse con los ya de por sí amplios campos en que la naturaleza los ha ubicado. Pero no es así. Ustedes los habrán visto, expectantes y nerviosos, arracimados en los costados de la ruta, espiando entre los pajonales de las cunetas, prontos a lanzarse sobre el pavimento procurando alcanzar el otro flanco en una suerte de ruleta rusa a todas luces inexplicable. No son muchos los animales que reniegan tan abiertamente del lugar que les ha conferido una equilibrada distribución natural.

¿Es acaso una falta de inteligencia lo que los lleva a eso?

Permítaseme dudar de tal aseveración. Cualquiera sabe que el cuis es el animal preferido para la investigación científica y conozco mil casos en que estas pequeñas criaturas han colaborado eficazmente a descubrimientos importantísimos para la humanidad. No puede hablarse entonces de ignorancia en especímenes tan relacionados con el estudio.

Mi primera inquietud se volcó hacia una temática muy zarandeada en los estudios etológicos: el caso de especies que se suicidan. Las ballenas árticas, por ejemplo. O los leminges nórdicos. Y allí fue donde me detuve: en los leminges, ya que se trata de una especie de gran similitud con nuestro cuis nacional. Tanta, que si un cuis desea integrarse a la colonia leminge no debe ni siquiera rendir equivalencias.

Es sabido que todos los años, en una fecha que media entre enero y noviembre, los leminges se reúnen en un número cercano a los 70.000 y comienzan una loca carrera por los bosques hasta alcanzar las alturas de los fiordos noruegos, desde donde se arrojan a las heladas aguas del Artico. Esto se atribuyó, en principio, a una tendencia suicida colectiva, quizás emparentada con una depuración natural.

Sin embargo, en el año 68, en las costas soviéticas que se hallan frente a los fiordos habitualmente empleados por estos desdichados animalillos para lanzarse en su zambullida final, se detectó la presencia de un leminge, en apariencia sobreviviente del holocausto. El leminge daba muestras de gran excitación y hasta podía interpretarse que estaba contento. Se dedujo que tal vez festejaba el haber salvado la vida, pero el profesor Tapio Lappeenranta de la Universidad de Estudios Naturales de Jyväskyla (Finlandia) llegó a una conclusión más afortunada: dicho leminge celebraba el hecho de ser el ganador de una competencia. O sea, el tropel de leminges que año a año se abalanza como catarata incontenible por los bosques y campiñas noruegas no lo hace con una intención suicida, sino con un sano espíritu competitivo en una justa de cross-country, que incluye el cruce a nado hasta la Rusia Comunista.

El importantísimo descubrimiento mereció muy poco centimetraje en los diarios, pues se produjo el 14 de mayo de 1968, día en que, como todos sabemos, el hombre posó por vez primera sus pies en la luna.

Por lo tanto, la tendencia autodestructiva de los cuises es algo que aún está por verse. En el Centro de Ayuda al Suicida, por ejemplo, durante los largos 20 años de su funcionamiento, no se halla registrado ni un solo caso de llamados de cuises en trance de quitarse la vida. Hay asentados tres de loros, en cambio, uno de los cuales pudo ser disuadido a último momento de ingerir dos píldoras de un activo raticida.

Todo esto me conduce a pensar que los motivos que llevan a los cuises a cruzar sobre el ardiente macadam son muy otros. ¿Simple curiosidad, tal vez? Es posible, el cuis es un animal inquieto, ansioso de acumular conocimientos. Pero, a mi juicio, el impulso principal radica en las ambiciones imperiales del animalejo en cuestión. El deseo, natural al fin, de conquistar nuevas tierras, de anexar territorios. La ambición de escalar a niveles de mayor grandeza. De lograr, en el terreno militar, lo que ya tienen en el rubro científico.

No nos extrañemos si, el día de mañana, la figura del cuis campea en las banderas de guerra, en los estandartes o en los escudos heráldicos.

Tal vez el humilde roedor de nuestros campos esté llamado a reemplazar con su efigie a la vulgar águila o al mismo león, bestias de dudosa prosapia.

¡Quién sabe si no llegará el día en que, así como ahora mencionamos al "Oso Ruso" o al "León Inglés", seamos conocidos, por el orbe todo, como "El Cuis Americano"!

MALOS AUGURIOS

He conocido infinidad de toreros y sé que todos son muy supersticiosos. Pero ninguno como Manolo Fermín Ordóñez, "El Cortijo", apodado así por su baja estatura. Es por eso que nunca podré olvidar su rostro, aquella mañana de domingo, cuando lo encontré desayunando en el restaurante del hotel Martorell Mayorga, en Lima, Perú. Tan sólo una vez, años antes, lo había visto así. Fue en una oportunidad en Zaragoza, cuando, a la hora de la verdad, debió confesarle a "Pequeñajo" (un miura del tamaño de la Cibeles), que era adoptivo.

A Manolo se lo veía demacrado y macilento, más que lo habitual. Era un joven de expresión casi anciana y nadie hubiese acertado su edad (apenas 23 años), bajo el desgaste lógico de todo aquel que cada quince días juega su vida frente a los pitones de un toro. Mantenía siempre el ceño fruncido, con ese gesto propio de los vascos, de tanto recibir en los ojos el reverbero del sol sobre sus gaitas. Su boca era un tajo a la sombra de la nariz pronunciada y la barba teñía con un tono verduzco las mandíbulas. Debía afeitarse cada dos horas, de lo contrario invadía las mejillas sumidas el crecimiento de unos pelos duros como púas. En las faenas, solía afeitarse entre toro y toro: si no lo hacía, al reaparecer en el ruedo solían confundirlo con otro.

69

No era común en él la palabra. Hablaba sólo un puñado de ellas durante la temporada taurina y algo más en el receso del verano.

Lo ponía locuaz el alcohol, pero como era abstemio, muy pocas veces se manifestaba. Solía charlar bastante, eso sí, luego de comer guiso de habas con salchichón colorado, comida que lo sumía en una suerte de embriaguez. Por eso me sorprendió encontrarlo tomando una manzanilla cortada con un cuajo de leche. Nunca bebía el día de una corrida. Manolo estaba solo en el restaurante desierto y, a pesar de ser las ocho de la mañana, ya se había puesto el traje de luces. A veces, incluso, dormía con él.

Desde el día anterior lo veía preocupado a Manolo. Quizás era porque sabía a ciencia cierta que en la corrida de aquella tarde se jugaba muchas cosas. Venía de una mala temporada en España, donde había sido corneado en ocho oportunidades en una misma tarde, desafortunada tarde, en las corridas de San José, en Valencia, y era consciente de que un buen espectáculo en el ruedo de Lima podría brindarle la posibilidad de un buen contrato en Perú. Quizás su desasosiego obedecía a que conocía a su primer toro de aquella tarde. Era una bestia enorme y negra como una carroza fúnebre, viciada de mañas y maligna. Le llamaban "Monaguillo", era crédito de las ganaderías de don Piñón Corcuera y paraba en la pieza 307 del mismo hotel Martorell Mayorga.

No obstante, no quise preguntarle nada a Manolo. Sabía que se adentraba en sí mismo las horas previas a toda corrida, como concentrándose en la lid cercana. Por eso me sorprendió cuando, con un gesto austero, me invitó a tomar asiento junto a él.

—Oye Gringo —me dijo—, he soñado algo horrible.

Lo miré fijamente, pensando que tal vez terminaría allí su confesión.

—Yo estaba en el ruedo —prosiguió, no obstante—

en el trance de matar. Recuerdo que el toro era roano, alto de patas, de lomo y morrillo enormes y agresivo como pocos. Yo esperaba su arremetida y el bicho se me venía. Me enganchaba con uno de sus cuernos por la ingle y me arrojaba hacia arriba, como aquella vez que me cogió "Machaquito". Yo daba unas vueltas en el aire y, al caer, el toro me ensartaba una de sus astas en el vientre, me hacía girar y otro de los pitones me perforaba el cuello, rajándome luego el pecho hasta vaciarme la arteria femoral. Ya en el suelo, yo sentía que el bicho me ensartaba por la espalda, bajo el omóplato, me revoleaba por los aires y me estrellaba contra el burladero, donde yo daba con la nuca. Nadie venía en mi ayuda, todos miraban. El toro volvía sobre mí y me pisaba la cabeza con sus pezuñas, como quien baila por peteneras. Yo hacía esfuerzos por salir del trance, pero el animal volvía a incrustarme los pitones en el pecho y así, empalado, me paseaba por todo el perímetro de la arena, ante la ovación del público. Antes de despertarme, veía los chorros de sangre, mi sangre, empapando a la gente, a los banderilleros, la banda de música, el palco presidencial. La sangre brotaba y brotaba e iba cubriendo primero la arena, luego las gradas. Al final, la plaza toda era un enorme plato hondo, una olla repleta de sangre. . . mi sangre tibia. . .

Manolo quedó en silencio. Lo miré y vi que transpiraba. Las últimas palabras las había pronunciado con voz casi inaudible, como en un rezo.

—¿Hay algo que te inquiete? —le pregunté. Manolo tomó un sorbo enérgico de su bebida.

—Creo que se trata de una premonición —musitó.

—¿Qué te hace pensar eso? —le pregunté, procurando disipar su angustia.

—No sé —confesó—, pero hay algo en ese sueño que no me gusta.

—No deja de ser un sueño.

—Sí. Pero el torero era yo. Me reconocí por la cara.

—¿Y qué piensas? —le dije.

Su expresión se había tornado más adusta.

—Pienso en la corrida de esta tarde.

—¿Por qué?

—El toro del sueño era "Monaguillo" —afirmó, cerrando un puño.

—Oye, Manolo. . . —reí, procurando aflojar la tensión— . . . todos los toros son iguales. Comprendí, al punto, que aquél no era un argumento valedero para un diestro.

—Sí —asintió— . . . pero éste tenía grabado en el lomo un número: 307.

Era el número de la habitación que compartía la bestia con su cuidador, don Piñón Corcuera.

—Creo que no es mi día —concluyó, elevando su copa.

— ¡Vamos, hombre, ánimo! —lo alenté, dándole una palmada en el hombro.

Mi golpe hizo estrellar su cetrino rostro contra el cristal, que se quebró, hiriéndolo largamente en la nariz. Un surtidor fino de sangre manchó la mesa.

—Perdona —atiné a decirle. No había sido mi intención. Manolo no se inmutó casi, sacó un pañuelo de un bolsillo de su chaqueta y lo oprimió sobre su nariz.

—Es que hubo algo más —prosiguió su relato, sin advertir mi confusión— . . . cuando desperté de aquella pesadilla, completamente sobresaltado, el corazón me latía como a punto de reventar y tenía la garganta reseca. En la oscuridad manoteé el vaso con agua que siempre dejo sobre la mesita de luz y, sin quererlo, golpeo la imagen sagrada de Santa Miguela Rosa de Tenerife, patrona de las Olivicas, que siempre llevo conmigo desde que me la regaló un convicto a cadena perpetua recluido en la penitenciaría de Badalona. La estatuilla cayó al suelo y se hizo polvo; tú sabes, estaba esculpida sobre un turrón de Jijona.

Manolo quedó en silencio, abismado.

—Hace seis años que me acompañaba —agregó luego,

siempre con la voz distorsionada por el trapo que le apretaba la nariz.

—Oye, Manolo —comencé, procurando ser convincente— eres un torero experimentado. Comprendo que seas algo afecto a las cábalas, los amuletos y las supersticiones. Pero no llegues al punto de que cualquier cosa te desaliente en el momento de salir al ruedo. Si nos empeñamos, podemos hallar signos negativos en todo cuanto nos rodea. Pero un hombre maduro como tú, razonable, con la experiencia que te han dado cientos de corridas, no puede atemorizarse frente al primer indicio de mala suerte que se le cruce.

Manolo no me miraba, sus ojos permanecían clavados en un punto abstracto y, de tanto en tanto, contemplaba el pañuelo con que procuraba detener la hemorragia de su nariz.

—Por otra parte —procuré usar sus mismos argumentos— tú bien sabes que hay formas de contrarrestar los malos efluvios.

Manolo no me contestó, desplegó con curiosidad el pañuelo, mirando las manchas de sangre y dijo:

—Mira. Ha formado una cruz.

En efecto, caprichosamente, las gotas rojas se habían cruzado sobre la seda del pañuelo. No le di importancia y proseguí.

—Tú tienes que conocer más de un conjuro para alejar los malos augurios.

—Por supuesto —por primera vez en el rostro de Manolo se esbozó una sonrisa—, aquí mismo, bajo la mesa, he prendido una vela a la virgen de la Macarena.

Me sonreí también. Manolo parecía tranquilizarse. Pero, de pronto, su rostro se crispó. Miré en la dirección en que él miraba y vi a don Piñón Corcuera entrando al comedor seguido por "Monaguillo". Sin duda alguna nos habían visto pero fingieron no haberlo hecho. Preparador y bestia optaron por quedarse junto al mostrador del amplio salón. Pero Manolo no soportó lo tenso del momento.

—Me voy —me dijo, levantándose.

—Vamos —lo secundé.

—Llévame la vela —me dijo en voz baja— no quiero que me vean con ella.

Disimuladamente, me metí bajo la mesa y algo me me estremeció: la vela estaba apagada. Sobre su cilindro de cera, todavía tibio, y en torno a su pie, había aún gotas de sangre húmeda. La sangre que había escapado por la herida en la nariz de Manolo, al caer, la había apagado. No quise inquietar más a Manolo. Le conté lo de la vela, pero diciéndole que, sin duda, no era de buena calidad.

Si bien aquella fatídica mañana no ocurrió nada más, consideré atinado acompañar a Manolo en un corto paseo por el parque que circundaba el hotel, para aplacar los nervios y distender los músculos. También me pidió que lo hiciera, don Gustavo Alchorría, consejero y casi padre espiritual de Manolo. Don Gustavo Alchorría era hombre de puro linaje taurino, minucioso conocedor de las historias privadas de los más famosos estoques españoles e, incluso, había sabido mezclarse en encierros y novilladas, capote en mano. En verdad, su suerte de torero se había frustrado una tarde de marzo, en Pamplona, cuando, convertido en espectacular "espontáneo", saltó a la arena en el mismo momento en que ejecutaba su faena Marcial Faustino Barajas "Fontanero II".

Don Gustavo no tuvo suerte ya que cayó con tan mala fortuna sobre la arena que se fisuró malamente un tobillo, lo que le impidió escapar con la velocidad suficiente de la carga de Marcial, quien, exasperado y molesto, lo molió a puntapiés hasta que pudo ser apartado por los banderilleros, monosabios, picadores, un conjunto de furcados portugueses y hasta la banda municipal de Pam-

74

plona. Desde aquel malogrado intento, don Gustavo Alchorría mostraba una acentuada renguera, por lo que me pidió que fuese yo quien acompañase a su protegido en el paseo, aduciendo el agobio del calor imperante y la dificultad de su paso dolido. Nunca pude negarme a un pedido de don Gustavo. No debe olvidarse que don Gustavo fue maestro de Palomo Linares y de Fidel Badañes "El Piturrito", para ser más preciso, maestro de Química y Contabilidad, materia esta última en que Palomo (según contaba el propio don Gustavo) era una calamidad, lo que lo ha llevado en más de una corrida a torear más o menos toros que los indicados.

Lo cierto es que nos dispusimos a salir a caminar con Manolo, tras un frugal almuerzo. Pero en las mismas puertas del hotel, sobre la vereda de la calle nos esperaba otra sorpresa: extendidas cuan largas eran sus alas, muerto, yacía un petrel negro de las islas Gdón, enclavadas en las mismas aguas que bañan las costas de Alaska. Confieso que nos sobresaltamos. El ave en cuestión pesa alrededor de 97 kilos y sus alas desplegadas pueden rozar los cuatro metros quince. Los pocos viandantes que circulaban por la calle a esa hora debían cruzar a la otra vereda para continuar la marcha.

¿Cómo habría ido a dar allí un pájaro propio de latitudes tan distantes?

Sin duda lo habían vencido el cansancio o el sueño, en una de sus tantas migraciones.

—Oye, es bastante común —procuré explicarle a Manolo—, a mí también me ha sucedido que, viajando, me diese sueño. Y lo que es más riesgoso, conduciendo mi coche. Pero, claro, yo he tenido la precaución de detenerme a la vera del camino y echarme una siesta. Cosa que no ha tenido en cuenta este pobre animal que ha venido a reventarse la cabeza aquí mismo. Se entiende, son especies de instinto muy fuerte, pero poco inteligentes.

Nada de esto pareció calmar a Manolo. Le noté una palidez atemorizante y como a punto de devolver la comida. Sin decir palabra dio media vuelta y se dirigió a su habitación.

Una hora después me encontré, vagando sin rumbo por uno de los pasillos del piso cuarto, a Francisca, mujer de Manolo, a quien llamaban "La Parca" por ser, también, de pocas palabras.

—Le diré a Manolo que no toree hoy —me dijo, con los ojos llenos de lágrimas—. Son demasiadas cosas que se juntan. Son demasiados anuncios del Destino.

—¿Dónde está él ahora? —le pregunté, cambiando la conversación.

—En su habitación, rezando.

Sabía que Manolo era muy devoto. Había improvisado en uno de los placares de su cuarto un modesto altar, con una imagen de la Virgen del Interinato, patrona de los choferes de coches de alquiler. Allí, arrodillado sobre el cajón inferior, donde habitualmente guardaba su ropa interior, oraba largamente, perdido su rostro entre las manos y su cabeza entre sacos y corbatas de hechura a mano. Pensé que aquello sería bueno para él, un bálsamo de fe entre tanta circunstancia funesta que parecía empeñada en agrietar su moral. Abandonó su habitación cuando ya el coche de don Gustavo se hallaba en la puerta del hotel, dispuesto para partir hacia la plaza de Miraflores. Advertí su aspecto cadavérico y sus ojos enrojecidos.

—¿Mejor? —me atreví a consultarlo.

—El escapulario —me dijo. Miré hacia su pecho, allí faltaba el habitual escapulario que siempre pendía de su cuello mediante un cordel, atesorando un puñado de pelos de la cola de "Mariquita", el primer toro que Manolo había matado.

—¿Qué pasó? —le dije.

—Se me quemó —su voz era un hilo—, estaba rezando,

inclinado, y tomó fuego de una de las velas. Casi me abraso la cara.

Advertí algunos hirsutos pelos de la barba, chamuscados. A Manolo se lo veía más macilento que nunca, casi traslúcido y, tal vez, resignado.

Ahora, a la distancia, comprendo que no debimos dejarlo torear aquella tarde a Manolo Fermín Ordóñez. A pesar de mi sajona resistencia a creer en maleficios y premoniciones, debo admitir que lo de ese día fue demasiado.

Llámese Dios, o un algo superior, le había concedido al diestro más advertencias que las que, habitualmente, suele dispensar.

Lo cierto es que Manolo toreó esa tarde como pocas veces lo había hecho. Fue eficaz, sobrio y elegante. Fino en los pases y, a la hora de matar, exacto. Se ganó el aplauso del público y el reconocimiento de los jueces. Pero no pudo escapar a una espantosa insolación que lo devolvió al hotel desvariando, con un dolor de cabeza inflexible, chuchos de frío y una tenaz diarrea que lo tuvo sin regresar a los ruedos por dos meses. Obviamente, el contrato no se firmó, la repercusión de su faena se desvaneció pronto y debió volver a España sin nada de dinero en sus bolsillos.

Recuerdo que lo encontré dos años después y aún seguía sin volver a lo suyo.

EL CUENTO FANTASTICO

Jan Prokopvich Chliapnikov, si bien no puede considerarse como uno de los padres del cuento fantástico, ha sido catalogado por la crítica como un indicadísimo tutor o apoderado.

Esta calificación puede provenir, también, de que se hallaron en su poder algunos manuscritos de Isaac Asimov, de quien Chliapnikov fue admirador confeso y convicto.

Su acceso a la literatura resultó abrupto, pues sus comienzos se registran cercanos a la vocación por la pintura. En este rubro su primer obra aún se conserva en la ciudad de Klaipeda, junto al Báltico, donde Chliapnikov transcurrió su infancia: un enorme mural que cubre íntegramente una de las paredes del que fue humilde hogar de sus padres, operarios ambos de una hilandería.

El mural está trabajado con pintura al aceite, témpera, carbón, esmalte sintético, betún de lejía, jugos cítricos y toques de salsa tártara.

Chliapnikov lo hizo cuando tenía tan sólo cinco años y el crítico de arte moscovita Vassili Teodorovich aún recuerda: "Jamás olvidaré ese cuadro. Nunca he visto pegarle tanto a una criatura".

Las excusas que tras su recuperación expuso el pequeño Chliapnikov ante sus padres (les dijo que se trataba de antiquísimas pinturas rupestres) lo alentaron a adentrarse en la literatura fantástica.

El texto que reproducimos a continuación es el primer capítulo de su libro: *Joshep, que envejecía,* clara muestra de su dominio del género y una aguda reflexión sobre la armonía del Universo.

Joshep, que envejecía.

Una mañana como cualquiera, Joshep se miró en el espejo y comprobó algo que detuvo su respiración: estaba cambiando de color.

En su patilla derecha, que descendía bordeando moderadamente la oreja, y entre el matorral de su cabello grueso y oscuro, había un pelo blanco.

Tal descubrimiento lo llenó de pavor. Tomó el pelo entre sus dedos y lo apartó del resto. No había duda posible. El pelo era suyo y el color blanco no respondía a una mancha de pintura. Era, simplemente, un pelo que había trasmutado su originario color negro por el blanco.

Joshep no quiso cortarlo. Pero lo ocultó bajo los otros cabellos. No convendría contarle el hallazgo a Nadiuska. Sería, tal vez, alarmarla inútilmente.

Joshep se sentó en el inodoro y allí reflexionó. Quizás el problema no iba más allá de eso. Pero tampoco podía descartarse la posibilidad de que aquello fuese el comienzo de un cambio de coloración en toda su persona. Tal vez paulatinamente el cuerpo de Joshep iría variando su matiz, transformándose el tono de la piel, de los ojos, de los dientes, de las uñas, luego de que hubiese variado el color de su cabello.

Joshep sopesó la posibilidad de que su trabajo hubiese traído aparejada aquella transformación. Desde hacía diez años se la pasaba durante ocho horas diarias estudiando la conducta social de las amebas y nunca se había detenido a pensar en que aquello podría acarrearle trastornos físicos.

Salió del baño, desayunó con Nadiuska y tuvo un día normal.

Al día siguiente fue a lo del médico. Le dijo que su visita no tenía ningún motivo en particular. Que, simplemente, considerando su edad, había estimado prudente someterse a una revisación general. Dos horas duró el chequeo, tras el cual el médico felicitó a Joshep: se hallaba en perfecto estado.

Joshep había mantenido una obsesiva observación sobre el médico en tanto duró el examen, analizando sus reacciones y catalogando sus gestos y palabras. No obstante, no percibió nada extraño, nada sospechoso en el comportamiento del facultativo. Este, por otra parte, en ningún momento hizo mención al cabello blanco ni tampoco Joshep le preguntó nada al respecto.

Por lo tanto, Joshep salió bastante reconfortado, algo más tranquilo, sin el desasosiego con el que había llegado a la consulta.

Pero tiempo después, en su matinal enfrentamiento con el espejo del baño a los efectos de rasurarse, Joshep dio con dos nuevas anomalías: un nuevo pelo blanco en las inmediaciones del anterior y una profunda estría en el extremo externo del ojo izquierdo. Debió aferrarse fuertemente al lavabo dado que sus piernas se estremecieron. Le parecía mentira que no hubiese visto antes esa arruga. Una arruga no florece en una noche. También le sorprendía la asimetría del asunto, porque el ojo derecho no vislumbraba modificación alguna. Pero había cierta lógica: el ojo izquierdo era el que comúnmente cerraba al trabajar en el microscopio. Sin embargo, aquello era grave: en su piel se había impreso un gesto, se había recepcionado una marca. Había una sola explicación al fenómeno: en su cuerpo, dentro de su cuerpo, se estaba generando algo feroz y maligno. Aquellos eran los primeros síntomas de algo, quizás, definitivo. Tampoco esta vez dijo nada a Nadiuska. Pero optó por visitar a otro médico.

No debía ser muy confiable el primero al que había acudido si no había podido detectar aquella enfermedad que le roía las entrañas. ¿O la había detectado? ¿O la había detectado y no se lo había dicho?. Optó por no repetir el error y eligió un nuevo profesional.

El clínico lo sometió a una prolija y exhaustiva revisación, tras lo cual, hizo un gesto aprobatorio con la cabeza y dio unas palmadas en la espalda de Joshep.

—Está usted muy bien, amigo —le dijo.

Pero aquello no conformó a Joshep. O bien todos los médicos eran unos incapaces o aquello se trataba de una confabulación para no revelarle un secreto espantoso. No vaciló, entonces. Con manos temblorosas rebuscó en su patilla derecha y mostró al médico los dos cabellos blancos.

— ¿Y esto, doctor? —preguntó, desafiante. El hombre sonrió.

—Es el tiempo —dijo, sin dejar de acomodar sus papeles.

Joshep se marchó, confuso. Pero llegó a la conclusión de que, tal vez, se estaba torturando inútilmente con ideas pesimistas. Procuraría olvidar y abocarse de lleno a su trabajo.

No obstante, no pudo evitar el hecho de vigilar cada gesto, cada detalle mínimo del comportamiento de Nadiuska. Pero ella se veía jovial y animosa como siempre. Eso ayudó a Joshep a olvidar un tanto su angustia.

Hasta una tarde, en su laboratorio, cuando Joshep reparó imprevistamente en su mano derecha. Estaba haciendo anotaciones en un cuaderno, cuando sus ojos, sin quererlo, repararon en el dorso de su mano diestra. Fue para Joshep lo mismo que hallarse, de repente, frente a una araña peligrosa. Soltó el lápiz y agitó el brazo por el aire, como intentando que esa mano se desprendiese del cuerpo. Tardó unos segundos antes de comprender que aquella extremidad era su propia mano. Corrió a encerrarse en el baño, empapado en transpiración, y ante la sorpresa de Igor, su ayudante. Allí, en el pequeño recinto, atrapó la muñeca de su mano derecha con la izquierda y la puso frente a sus ojos, por el dorso. Vio, con horror, una piel ajada y con protuberancias. Unos dedos nudosos y faltos de flexibilidad. Algunas pequeñas manchas oscuras, el relieve nítido de las venas y los músculos endurecidos. Adivinó, también, la estructura ósea que moraba allí abajo, como puede adivinarse la sombra estremecedora de un pez maligno que se acerca a la superficie del agua. Soltó su brazo derecho y observó entonces el dorso de su mano izquierda. El mismo paisaje se mostró ante sus ojos.

Debió permanecer quince minutos en el pequeño baño antes de restablecerse, apoyado sobre los fríos azulejos de una de las paredes. Salió, aniquilado. Los síntomas eran inequívocos. Y nadie había podido detectarlos. Al parecer se trataba de una afección que no se manifestaba a los ojos de los demás. Un mal que incluía la tortura de ser sólo percibido por el sufriente.

Cuando llegó a su casa y notó el cansancio que le producía el simple acto de subir por la escalera, comprendió que no le diría nada a Nadiuska.

Después de todo, el proceso, si bien era inflexible, no era veloz. Entonces ¿para qué preocuparla?

Nota del Editor - Este cuento de Jan Prokopvich Chliapnikov fue, en cierta forma, una premonición sobre su propia vida. El galardonado escritor soviético murió también a los 83 años, víctima de una enfermedad desconocida.

EL PENANI

El que puso el dedo en la llaga fue, sin quererlo, el "Gamuza".

—Che, Penani —le preguntó—. A vos ¿Por qué te dicen Penani?

El flaco bajó la sexta que estaba leyendo, lo miró un momento y, encogiéndose de hombros, dijo:

—Qué sé yo.

— ¿Cómo no sabés, gil? —insistió el otro.

—No. No sé.

—Otario —se puso agresivo el Gamuza—. Te dicen Penani y no sabés por qué te dicen Penani...

El flaco dejó de prestarle atención, volvió a levantar el diario buscando la página de deportes.

—Qué se yo, Gamuza —concluyó—. No hinchés las bolas.

El Gamuza se levantó, riéndose, mirando hacia los demás.

— ¡Qué otario éste! —lo señaló—. Ni siquiera sabe por qué mierda le dicen así.

Pero, a pesar de la aparente indiferencia con que el Penani había tomado la pregunta, al día siguiente quedó demostrado que la cosa le había dejado una cierta preocupación.

—Vos sabés que el rompebolas de Gamuza —arrancó, sin aviso previo, el flaco en tanto masticaba aparatosamente unos saladitos— ayer me metió un dedo en el culo. . .

Guilloti lo miró, expectante.

—Me preguntó —siguió el flaco— por qué a mí me dicen "Penani". ¿Y vos sabés que es una buena pregunta? Mirá vos, mirá vos cómo son las cosas. A mí nunca se me había ocurrido preguntármelo. Mirá vos. . .

—O sea. . . —empezó Guilloti— . . .a vos te dicen Penani desde muy chico, me imagino.

—Siempre. Desde siempre —volvió a atacar los saladitos el flaco. —Y son esas cosas que vos ya las aceptás así. Que ni se te ocurre preguntarte por qué carajo son o de dónde carajo salen. Te llaman así y chau, a la lona, nadie entra a averiguar por qué. . .

—Claro —aceptó Guilloti— . . .como a mí Cacho.

—Bueno. . . Pero en el caso tuyo. . . nadie va a pensar que Cacho puede tener algún significado especial.

—Eso es verdad —aprobó Guilloti.

—No vas a ser un cacho de algo, un pedazo de alguna cosa.

—No —casi sonrió Guilloti.

—Qué joda ¿no? —el flaco se quedó pensativo. Cacho también. Pero a poco aportó lo suyo.

—Generalmente —dijo— esos apodos raros que vienen de muy pendejos, son por alguna palabra que decías mal, o que le llamabas así a alguna cosa, o. . . —a Guilloti se le terminaron los argumentos.

—Sí —consintió el flaco— . . . pero "Penani". . . ¿Qué sorete es "Penani"?

—La verdad. . . —admitió su ignorancia Guilloti.

—Puta. . . se me ha despertado la curiosidad —se estiró el flaco en su asiento rascándose la entrepierna.

—¿Y por qué no le preguntás a tus viejos? —le dijo Guilloti.

—Sí. Sí. Les voy a preguntar —anunció el flaco. Y se pusieron·a hablar de fútbol. Lo cierto, y para no hacerla larga, es que el flaco esa misma noche le preguntó a la

84

madre. La madre primero lo miró con extrañeza, luego se puso algo nerviosa y, finalmente, le dijo que ella tampoco sabía.

—Vieja —se enojó el Penani—. ¡No me vas a decir que vos me conociste cuando a mí ya me decían así!

Pero la madre se mantuvo en lo suyo. Le dijo que si lo sabía se había olvidado, que debía ser por alguna tontería y que posiblemente el que tenía conocimiento del asunto era su padre.

El flaco quedó muy preocupado, no sólo porque su padre había muerto cuatro años atrás al chocar con el Rastrojero, sino porque esa noche la madre no quiso cenar y estuvo lloriqueando durante todo el tiempo que se mantuvo mirando televisión. Al día siguiente, el flaco abordó a Brígida, la abuela. La anciana sólo le brindó una información somera.

—Nene —le dijo—, si siempre te han llamado así —justificó.

—Sí, pero quiero saber por qué me llaman así.

La abuela miró hacia todos lados, se asomó a la puerta de la cocina, y después le dijo:

—No sé, querido. Me olvido de las cosas. Vos sabés que no ando muy católica de la memoria.

Penani tuvo que contenerse para no pegarle. La vieja aquella tenía una memoria prodigiosa que le permitía recordar qué vestido había usado su prima Etelvina cuando el casamiento de tía Eloy, a mediados del año 27, o el número de teléfono de su hermana Ruth, en Saladillo, de donde ésta se había mudado hacia fines del 31.

Penani tomó férreamente a la vieja por un brazo y amenazó torturarla con un tirabuzón. La abuela chilló un poco, le rogó después que no la comprometiese y, finalmente, vomitó.

Aquello ya sacó de quicio al Penani. Al día siguiente no apareció por el taller. Se tomó un ómnibus y se fue hasta el instituto psiquiátrico de Oliveros, a ver a su tío Tomás, internado allí desde hacía algo más de 25 años, año más año menos. Nunca había quedado bien en claro si Tomás estaba realmente loco en el momento de la internación, lo que produjo a través del tiempo más de una controversia airada en la familia. Pero Penani sabía que el tío había vivido sus últimos años de cordura en su casa, cuando él era chico, y podía saber algo respecto de su apodo.

El recuerdo de su tío Tomás era muy borroso para el flaco. Recordaba una escena de una Navidad cuando él mismo, el flaco, tendría cuatro o cinco años, con Tomás levantando un fuentón con barras de hielo, y otra escena, con su tío peinándose frente al espejo del baño de servicio, con un tenedor de postre.

Penani fue a ver a Tomás ese día, y volvió ya de noche.

De allí en más su conducta cambió mucho. De común alegre y dicharachero, se tornó un muchacho serio y reconcentrado.

Un día antes que los compañeros de la barra lo abordaran para preguntarle qué le pasaba, hizo las valijas y se fue del barrio.

Al tiempo, se enteraron de que se había ido a vivir a Australia, que trabajaba en una curtiembre, arreglaba artefactos eléctricos y hacía otros trabajos menores.

PONCIO, EL PROFETA
(Prof. Eremías Galimba)

PROLOGO

Mi gran amigo, y respetable erudito, doctor Paulo Rafael
Montilla Montaña, quien con gran sensatez y acierto di-
rige esta colección, me ha pedido que tenga a bien pro-
logar el relato del profesor Eremías Galimba que en estas
páginas publica Editorial "Sol Nuevo".

De más está decir que yo no podría, bajo ningún aspec-
to, negarme a una requisitoria del doctor Montilla Monta-
ña y, menos aún, cuando se me concede el honor de
firmar, así se trate de pocas líneas, algo incluido en uno de
sus exquisitos volúmenes. Pero, con todo, nobleza obliga,
creo conveniente hacer alguna salvedad, dado que muchos
lectores podrían verse sorprendidos al hallar un trabajo
del profesor Eremías Galimba con prólogo mío, debido a
las opuestas concepciones filosóficas que me enfrentan
con tan distinguido catedrático desde hace muchos años.

Sin embargo, debo aclarar al lector que, no por el he-
cho de encontrarnos con el colega Galimba en veredas
enfrentadas, dejo de reconocer que nos hallamos ambos en
la misma calle conducente al enriquecimiento intelectual
y el esclarecimiento histórico.

Si bien la humana y sana variedad de conceptos ubica
a Eremías Galimba en líneas de estudio que no comparto,

debe saberse que profeso por él un profundo respeto y una sincera admiración.

En virtud de esto que señalo es que no sólo he aceptado realizar este prólogo, sino que me he tomado el atrevimiento de realizar algunas, no muchas, acotaciones marginales, que sólo pretenden ayudar al lector e introducirlo en el complejo pensamiento del profesor Galimba. Estas anotaciones se hallarán al pie de las páginas, junto a las iniciales N del P: Nota del prologuista.

Muchas gracias.

(Profesor José María Narval)

PONCIO, EL PROFETA

Esta historia fue narrada por Abdías, "El Arameo", a Eze-
quiel, hijo de Namia y un campesino de Sarepta, a cam-
bio de un odre conteniendo elixir de quinoto. Ezequiel
confió la historia a Pascual, "El Maronita", a quien tam-
bién llamaban "El cordero Pascual" por lo rizado de su
cabello.

Pascual, a su vez, la relató a Eremián de Massautis,
"El Sordo", y allí los hechos se perdieron para siempre.

Sin embargo, dos centurias más tarde, un hijo de Na-
dab halló en una caverna cercana a Galaad, trescientas
veintiocho enormes rocas en las cuales se encontraba,
tallada, la perdida historia.

Vulgario, que así se llamaba el hijo de Nadab, compren-
dió lo valioso de su hallazgo, y trasladó a su pesebre, no
sin esfuerzo, las rocas grabadas. Con el tiempo, difundiría
el texto de la maravillosa historia, en una edición de bol-
sillo, cincelada sobre un bloque de piedra pómez.[1]

Esta es, entonces, la narración que naciera de los labios
de Abdías, "El Arameo", continuase en boca de Ezequiel,
se divulgase en el dialecto de Pascual, se perdiese en el la-

---

[1] N. del P.: Notable acierto deductivo del profesor Galimba. La piedra
pómez es también nombrada por Lucas "el peluquero", natural de Galaad,
en el Corán, confundiéndola con un crustáceo.

berinto auditivo de Eremián de Massautis y terminase, como trozo de piedra pómez, en más de un baño público de la antigua Judá.

Poncio, el profeta, se arrastraba un día por un reseco sendero que iba desde el pueblo de Gibetón[2] hasta el desierto de Negep. Era propósito del profeta alcanzar la inmensidad del desierto, para allí, meditar. Meditar sobre el rumbo a seguir. Dos posibilidades se abrían frente a su escaldada cerviz: las arenas inmisericordes o el regreso a Gibetón, patria de Massah y Manaker, adonde había sido apedreado una vez más.

Poncio, natural de Ginzenia,[3] había dejado voluntariamente de caminar ante lo erróneo de sus últimas profecías. Era él quien había afirmado en la plaza de Gandul que el Mesías, aquel todopoderoso llamado Jesucristo, que pregonara su particular filosofía entre los desposeídos y los humildes, moriría a los 73 años, dueño de una importante sedería, y casado con una cortesana egipcia llamada Cleopatra.

El inexorable curso de los acontecimientos puso en evidencia lo distante que estaba la profecía de Poncio de la realidad.

En autoflagelación, Poncio quemó sus sandalias, quebró su bastón sobre las espaldas de un pordiosero, y comenzó a peregrinar reptando sobre el pedregoso suelo de Judá.

---

[2] N. del P.: Posiblemente cuando el profesor Galimba se refiere al pueblo de Gibetón se trata, en realidad, del pueblo de Gidelón, ya que Gibetón se halla en Jordania. Tal vez, la similitud de los nombres, a la que suele tornar aun más confusa lo dispar de las traducciones, indujo al profesor Galimba a este pequeño error.

[3] N. del P.: No era de Ginzenia. Poncio, el profeta (si a él se refiere el profesor Galimba) era natural de Sanbalat, patria de Gesem y Artajerjes. La confusión nace, seguramente, de que en Ginsenia vivió otro Poncio, pero era talabartero.

Avanzando así, quince años después, hacia el intratable Negep, fue sorprendido por los hechos que se narran.

Agotado, Poncio se había incorporado sobre sus magros brazos, atisbando el horizonte, a la espera de la presencia de algún camélido que le avisara de la cercanía del desierto.

Fue entonces que se elevó, frente a sus asombrados ojos, un remolino de tierra, guijarros, arena y ripio. Y de repente, una gran bola de luz pareció llegar desde el cielo para quedar suspendida frente a él. El sol de aquel día era tan enérgico y furioso como el de todos los días, sin embargo, la bola de luz era más clara y luminosa que el sol mismo.

Poncio, azorado, pensó primero en una alucinación, pero luego una voz profunda y clara llegó a sus oídos.

—Poncio —dijo la voz—. Soy yo.

Poncio irguióse de rodillas, aterrado. No tenía ni remota idea de quién era el que así lo interpelaba, pero había percibido tal confianza en el timbre de aquella voz, que le pareció descortés desconocerla.

Frente a sus ojos, en el núcleo luminoso de la bola, se había corporizado la figura de un hombre alto, delgado, de mirada levemente estrábica.

—Quiero que seas tú, Poncio, el hijo de Ginat, quien lleves a todos los hombres del mundo, la verdad y claridad de mi doctrina —anunció la figura.

—Ocozías.[4]

—¿Cómo?

—Ocozías era mi padre.

—Ocozías, tu bien lo dices —admitió el aparecido—.

---

[4] N. del P.: Es dudoso que Poncio haya sido hijo de Ocozías. Ocozías fue muerto por un perro y era bien conocido entre los sodomitas. Quizás el profesor Galimba tomó prestado este dato del libro "Enfermedades íntimas en Sión", del ítalo-turco Antonino Makarios, sobre cuya seriedad pueden abrigarse muchas dudas.

Eres de fresca mente y tu memoria no ha sido mellada por la dureza del tiempo. Eres el elegido para profesar mi palabra.

—¿Yo? —Poncio notó que el temor iba haciendo abandono de su cuerpo.

—No veo a nadie más por acá —ironizó la imagen—. Serás tú quien difunda mi pensamiento en la Tierra.

Poncio estrelló su frente contra el suelo, cubriéndose luego la cabeza con sus manos.

—Oh, desconocido —clamó—. No me comprometas. No pongas en mi boca ideas o conceptos revulsivos. No hagas que mi lengua propale o difunda mandatos inquietantes. ¿Qué clase de doctrina es? Ten la virtud de no comprometerme. Los romanos, tú sabes, no perdonan esas cosas.

—No temas . . .

—Fácil es decirlo. Pero. . .

—Debes confiar en mí.

Poncio se atrevió, entonces, a depositar su mirada en los ojos de la aparición.

—Pero. . . —balbuceó—. ¿Quién eres tú? Creo conocerte de algún lado. Tal vez nos hayamos visto en la feria de Gandul. Admito que los nobles rasgos de tu rostro severo me resultan familiares, pero tu nombre, en este momento se niega a venir a mi mente . . .

—No mientas —cortó, tonante, el llegado del cielo—. No me conoces. Soy un Dios.

—¿Un Dios? —se extrañó Poncio—. ¿Es que hay muchos?

—Bastantes. ¿Has oído hablar de los griegos? —preguntó el Dios—. Pues bien. . . —prosiguió sin esperar respuesta— . . . ellos tienen dioses para el Amor, la Caza, el Fuego, la Guerra. Tienen dioses para todo. Pero. . . —agitó una mano dentro de la bola— . . . no perdamos tiempo en esos especialistas. Yo soy un Dios y te he elegido para que difundas mi prédica.

—Ha habido otros —dijo Poncio.

92

—Lo sé. Reconozco que me he retrasado en mi labor, pero no podía obtener esta luz que me rodea.

—¿Quién te la concede? —en la pregunta de Poncio había un atisbo de duda.

—Olvídalo. Soy yo quien habla. No puedo usarla por mucho tiempo. Está decidido. Serás tú quien imponga a los hombres de mi filosofía.

—Eso es peligroso, mi señor —arguyó Poncio—. Recuerda lo que le sucedió al Nazareno. Tan joven.

—Tú no hablarás —desestimó la aparición—. No harás milagros. No...

—¿Cómo los hacía? —imploró, avido, Poncio, alargando sus brazos hacia la luz—. ¿Cómo los hacía?

—Algún día te lo diré. No es difícil. La mano es más rápida que la vista.

—Vi devolverle la movilidad a un inválido...

—Tú no harás nada de eso... —cambió de conversación el Dios—. No tenemos tiempo para ese tipo de tareas. Yo necesito algo más interesante. Algo que sacuda el corazón y la razón de los hombres. Algo que sea comentado en los mercados de todas las ciudades. No tengo tiempo para una campaña extensa.

—Cristo contaba con apóstoles que lo seguían. Que lo ayudaban —argumentó Poncio.

—¿Cuántos piensas que necesitarías?

—¿Para qué zona?

—De aquí hasta las mesetas del Jezreel. Por ahora.

Poncio calculó mentalmente.

—Con cinco me apaño —dijo.

—Ni pensar —pareció enfadarse la aparición—. Lo harás tú solo. Lo nuestro tendrá otro tono.

—Dime cuál es tu pensamiento, mi señor... —procuró ayudar Poncio—. Tal vez se me ocurra algo...

—No puedo dictártelo ahora. No he tenido tiempo de corregirlo. Te adelanto que trata, más que nada, sobre lo moral. Pero, te repito...

La duda tornó a la cabeza de Poncio.

—¿Eres, en verdad, un Dios? —articuló, casi a pesar suyo. Pero antes de finalizar la pregunta comprendió su error. La sola visión de aquella imagen celestial, flotando suspendida frente a sus ojos, a casi una vara del suelo, envuelta en una bola de luz, era una respuesta más que suficiente.

—Te repito... —prosiguió la aparición, sin dar crédito a la curiosidad de Poncio— ... tu labor será otra. Deberás terminar con el Faucetorio del Nilo.[5]

Ante la simple enunciación de aquella orden, Poncio tornó a estrellar su arrugada frente contra el suelo. El Faucetorio del Nilo era un espantoso animal compuesto por un tercio de cocodrilo, otro tercio de camello y el tercio final de choza de barro. Moraba en las riberas del gran río mesopotámico y se contaba que había devorado tribus enteras de prestamistas. Su sola visión, enloquecía.

—¡No! ¡No! —imploró Poncio.

—Tú puedes hacerlo.

—Me mandas a la muerte. ¿Qué puede hacer un miserable como yo, tan sólo débil carne y hueso frágil, frente a la perversidad secular de ese azote? Me destrozará. Me envías a la muerte, señor.

Por primera vez, el Dios estiró su brazo hacia el trémulo Poncio. Una mano cálida, pero firme y segura, oprimió un codo del profeta, y éste sintió su cuerpo invadido por una sensación noble y beatificante.

—Tú puedes hacerlo, Poncio —la voz del Dios era calma y convincente—. Tú puedes hacerlo. Si vences al Faucetorio del Nilo serás amado y famoso. Ya no te apedrearán en las plazas, ya no deberás arrastrarte como una serpiente

---

[5] N. del P.: Puede que el profesor Galimba, en su apasionada prisa por sacar el libro a la venta, confunda un dromedario con el Faucetorio del Nilo, engendro que no figura en tratado alguno.

dañina y ya no alejarán a los niños ni a los lechones ante tu presencia.

—Por tu nombre, podrá expandirse mi nombre en la mente de los hombres, como se expande el aroma a nabo por las aguas de un lago. Además, no temas a la muerte.

—Por sostener ideas extrañas fue Cristo a la muerte —insistió Poncio.

—¿Olvidas que él resucitó a los tres días? —lo tranquilizó el Dios—. Si la muerte llegase a sorprenderte en las fauces del Faucetorio, mandaré un ángel por ti, y te devolverá la vida. Una y mil veces si es necesario.

—¿Lo harás? —urgió Poncio.

—Si no viene al tercer día, lo hará al cuarto. Tú no temas. A veces hay muchas cosas que hacer. Pero vendrá por tí, y volverá el alma a tu cuerpo.

Poncio contempló la imagen con gesto atónito.

—No temas —repitió ésta.

—¿Por qué yo? —susurró el profeta—. ¿Por qué me eliges a mí para tal distinción?

—Pues haz fallado: Eres despreciado y vilipendiado. Y deseo darte una oportunidad. Gruesas lágrimas rodaron por las mejillas del hombre de Ginzenia.

—Ahora... —continuó el Dios— ponte de pie. Arrastrándote, no vencerás al Faucetorio.

Mucho costó al pobre Poncio sostener incluso el poco peso de su devastado cuerpo sobre sus pies, abandonados de ejercicio desde hacía tres años. Pero, finalmente, pudo erguirse frente a su Dios e, incluso, practicar algunos pasos del Jorám,[6] la antigua danza de los amonitas.

—Para vencer al Faucetorio —recomendó la aparición celestial— sólo necesitarás una cosa: tener fe en mí. Pero

---

[6] N. del P.: El Jorám no era una danza. Se trata de una fruta carnosa, muy pequeña, de la cual se extrae el azogue, el queso de cabra o el color índigo, indistintamente.

además debes adiestrar tu magro cuerpo para la lucha, fortificar algo tus brazos y pegarle fuerte donde más le duele.

Poncio asintió con la cabeza, ensayando algunos quites y amagues con sus escuálidos hombros.

—Una cosa más... —puntualizó la imagen, en tanto ya se elevaba hacia las alturas.

— ¿Qué, mi señor? —levantó sus ojos Poncio.

—Lávate un poco las rodillas.

Tres plagas de langosta más tarde,[7] cuando ya el infernal estío se batía en retirada dando paso al abrasador invierno, una multitud se apiñaba sobre una de las mesetas que bordean el río Jordán. Había comerciantes fariseos de tras las dunas, camelleros agarenos[8] llegados desde los aduares que bordean el Tigris, mujeres, niños, y hasta hombres de pieles de coloraciones extrañas venidos de regiones tan lejanas que su sola mención sabía a patraña.

Durante cientos de días con sus noches, Poncio a voz en cuello había anunciado que desafiaría a duelo mortal al Faucetorio del Nilo. Lo había hecho en los mercados de Gensa y Fatilú, en las ferias de Hasabías y en los abiertos y habladeros públicos de todo Judá. Dijo a quien quisiera oírlo, que obraba bajo un mandato divino, al influjo de la protección de un Dios cuyo nombre aún no podía confiar a nadie, con el respaldo de un Alguien superior que llenaba su pecho de fuego y sus brazos de fuerzas inauditas, y aseguró que el Faucetorio no le soportaría ni media hora de combate.

Dos cosas hicieron que, finalmente, sus escépticos

---

[7] N. del P.: Mentira.

[8] N. del P.: Otra mentira. El pueblo agareno recién conoció el camello con la llegada de Lawrence, a través de un sorteo que hizo éste del noble animal, a los efectos de obtener fondos con que adquirir su pasaje para volver a Inglaterra.

oyentes le creyesen. Primero, el hecho de ver a Poncio andando sobre sus dos pies, actitud que infundió un sentimiento de respeto entre los que lo rodeaban. Y luego, los sucesos que ocurrieron al amanecer del día elegido para la mortal lucha. Cuando recién las sombras de la noche se marchaban, las áridas tierras de Judá temblaron, el cielo se tornó violáceo y los asnos corrieron a esconderse entre los telares de las ancianas. Todos comprendieron que aquello estaba relacionado con la lid próxima, y algunos cayeron de rodillas, aterrados. Otros, cruzaron apuestas. Hubo quienes, empero, ni aun así confiaron en las predicciones de Poncio, tal era el desprestigio que cargaba el profeta de Gensania sobre sus espaldas, a raíz de sus profecías sobre el futuro de Cristo y otra más, la que lanzara al viento diciendo que el pueblo palestino jamás tendría problemas en hallar tierras donde aposentarse. Pero incluso éstos fueron a la ribera del rio Neftalí, con el interes lógico que despierta en todo ser humano la posibilidad de asistir a la horrible muerte de un semejante.

En la ladera de la meseta, la inmensa boca de una caverna, atraía las expectantes miradas. Se decía que dentro de aquella cueva umbría, moraba el implacable animal.

Por la otra ribera del río Neftalí[9], seco totalmente desde hacía dos mil años, apareció Poncio. Armado tan sólo de un cayado de higuera, cubierto apenas por un lienzo arrollado a la cintura, se adelantó hacia la boca de la caverna. Allí bramó:

— ¡Faucetorio del Nilo, hijo del cocodrilo y la mano de obra, cruel alimaña que avientas tu sed de sangre en los hombres, mujeres, niños y haciendas de esta región, llegó tu hora. En nombre de mi Dios, conocerás la muerte

---

[9] N. del P.: ¡Afirmación de absoluta falacia! El río Neftalí es tributario del Moab, en Mozambique. Sólo un loco o alguien que supone una absoluta ignorancia en sus lectores puede sustentar tal infamia.

por vez primera y tu imagen será por siempre escarnecida, maldecida y vilipendiada. Mandato superior me ha concedido, a mí, Poncio de Ginsenia, el profeta, la representación en la tierra de un Dios superior y enorme, mejor a cuanto otro se haya conocido, o tengas tú o quien me escuche, referencia. En su confianza abrevo mi osadía en desafiarte en lucha. Ni siquiera mi muerte detendrá mi propósito, ya que de ser así, vendrá un ángel por mi cuerpo yerto y un hálito vivificante me devolverá la vida. Y volveré por ti, una y mil veces si es necesario, hasta que logre liberar al pueblo ismaelita del azote maldito que tú representas! ¡Sal, si eres, de por sí, perverso y amistoso del riesgo!

El legendario monstruo salió de la cueva como un rayo y destrozó la cabeza del profeta de una sola y definitiva dentellada.

Bajo el sol de fuego, el cuerpo de Poncio reposó dos largos días, con sus noches, sobre la tierra. Pero ni los buitres, ni las demás aves del cielo, se acercaron a él. Tampoco cuando el beneficio del sol se retiraba, y llegaba la noche silenciosa y oscura, se atrevían a hincarle el diente los perros salvajes, las ratas del desierto, las hienas ni los caimanes que pululaban por doquier.

Al cuarto día, el cielo se puso rojo como una gran llaga. El sol pareció arrugarse y se silenció el canto de las chicharras y el zumbido de las moscas. Cayeron las espinas de las zarzas y el agua de las charcas fue despedida hacia lo alto, como repentinos manantiales. Los pobladores ismaelitas elevaron sus ojos al cielo, atraídos por un ulular quejumbroso que llegaba desde lo alto. De repente, una gran bola de fuego comenzó a acercarse desde la luz del sol, como nacida de ella misma. Pronto, se advirtió que dicha luz era tan sólo un ángel, quien, poco después, castigó el suelo con su cuerpo desparramando vaporosas plumas en todas direcciones.

Tomándose un codo con la otra mano, el ángel se

reincorporó. Sin fijar su vista sobre los pobladores que se habían acercado a contemplarlo, se acercó al cuerpo inerte de Poncio, "el profeta". La celestial imagen se detuvo a unos pasos del caído, contemplándolo. Allí pareció detenerse, asimismo, la naturaleza toda. Los escasos pájaros que osaban cruzar el cielo hirviente del desierto, paralizaron su vuelo. Las alimañas que pululaban en el fresco resguardo de las rocas dirigieron sus oblicuas miradas hacia la escena, y hasta los mulos, tan poco propensos a interesarse por nada, quedaron pendientes del cercano acto de la resurrección.

El ángel, grave, estiró uno de sus pies hasta introducirlo bajo el peso exánime de Poncio. Luego, con un sensible esfuerzo de su pierna, hizo girar el cuerpo del falso profeta hasta dejar a éste boca arriba.

—Está muerto —se oyó pronunciar a la criatura alada. Y con estas palabras, antes que nadie saliese de su asombro, se elevó hacia las alturas con la velocidad de un relámpago.

Entonces sí, recién comenzaron a aproximarse al cuerpo de Poncio, los perros del desierto, las hormigas y los buitres.

Sólo a metros de allí, erguidos sobre un promontorio calcáreo, contemplaban los hechos, cabizbajos, Esternón "el piróscafo" y su hijo Hilcías,[10] el arameo.

—¿Cómo explicar tú, padre —inquirió Hilcías—, que quien ordenase a Poncio tamaña tarea, no haya cumplido su promesa de resurrección y apoyo?

---

[10] N. del P.: Es lamentable tener que llegar a cierta edad para tener que soportar la lectura de datos que cualquier viejo imbécil dispara a diestra y siniestra con total falta de respeto por sus pares. Hilcías, el arameo, no fue contemporáneo de Poncio, el profeta. Vivió en la década del 50 (1950) y era atleta de lucha libre en una troupe de transhumantes que recorría Siria y Jordania. Quiero creer que es la arteriosclerosis y no la pura, simple y desfachatada deshonestidad lo que mueve al profesor (¿?) Galimba a escribir estas barrabasadas propias del infeliz que siempre ha sido.

Esternón, quien sabía que su hijo se hallaba en la etapa de preguntarlo todo, suspiró, paciente, y dijo:

—Así como existen falsos profetas, hijo mío, se me da en pensar que pueden existir falsos dioses.

"YO CONOCI A YATASTO"

Hoy me voy a referir, mis estimados radioescuchas, a una carrera que se disputó hace ya una punta de años, para ser más precisos, un lejano 14 de julio de 1952, en el legendario hipódromo de Maroñas, orgullo de nuestros hermanos orientales.

Y no será un capricho el hecho de que yo retrotraiga mi memoria a aquella justa del año 52, a aquel premio "Isidoro Busico" que hoy ocupará el espacio central de mi programa, de su programa, querido oyente. Pero ocurre que me ha escrito un amigo de mi audición, el señor Idalino Manuel Montoya, haciendo algunas consideraciones que, a mi juicio, son erróneas y me siento en la obligación de responderlas.

El querido amigo Montoya, quien —no creo equivocarme— ya ha escrito otras veces a mi programa, me adjunta, con su simpática misiva, los restos, los trozos, los pedazos de cuatro boletos a ganador que él mismo, Idalino Montoya, jugó a patas de "Principiante", en la posta de potrillos del día domingo 25 de octubre de 1951, carrera disputada en nuestro circo palermitano. Y dice el amigo Montoya que, en aquella oportunidad, ese caballo, hijo de "Nabucodonosor II" y "Pandereta", con la monta de Benjamín Nardiello, el "Yuyo" Nardiello, resignó su posibilidad de llegar primero al disco de sentencia debido a que fue encerrado y desplazado por Yatasto.

La carta del amigo Montoya concluye así... paso a leer sus últimos párrafos... "lo que viene a poner en claro que Yatasto, cuando se trataba de obtener la victoria, olvidaba todo tipo de consideración o sensiblería para con sus adversarios y en forma guapa y corajuda se alzaba con las glorias del ganador, como un verdadero campeón".

Muy bien, muy bien amigo Montoya... Ahora me voy a permitir hacer algunas consideraciones sobre su simpática esquela. Primero voy a detenerme en algunos detalles de su carta, que, sin modificar el espíritu de la misma son, de cualquier forma, erróneos. Primero, en aquella carrera, que tuve el gusto de presenciar, Yatasto no ganó 2' 3" 3/5, sino que lo hizo en 2' 1" 2/5. Y si bien el segundo puesto correspondió a "Principiante", como usted dice, el cuarto lugar fue para "Incruencia Bella", un hijo segundo de "Carcasón" y "Miriñaque", y no para "Androcles", como usted lo consigna. Posiblemente, amigo Montoya, la memoria le ha hecho una pequeña trampita y le hace recordar cosas que no han sucedido así. Pero ahora vamos a lo que usted quiere significar con su carta y que resume tan bien en los últimos párrafos que he leído.

Puedo asegurarle, mi estimado amigo Montoya, Idalino Montoya, que a través de los largos años que estuve al lado de ese fenómeno que fuera Yatasto, jamás, jamás lo vi recurrir a tales recursos para obtener una victoria. Yatasto era un animal noble y un crack tan formidable que no necesitaba, en absoluto, apelar a tales triquiñuelas para alzarse con una victoria, de las cientos y cientos que obtuvo. Y es por eso que vuelvo a mencionar, que vuelvo a traer a colación aquel magnífico premio "Isidoro Busico", en el Maroñas, en el año 52, y presten atención, estimados oyentes. Recuerdo que en ese año habíamos viajado a Montevideo, Yatasto, don Ismael Cano, Luisito Vera, aquel sensacional jockey chileno que ganase la Doble Caupolicán en la monta de "Patitieso", Gabriel Saldías, periodista del diario Crónica que seguía paso a paso las carreras de la maravilla, Esteban Segura, quien esto les cuenta y cuatro o cinco peoncitos cuyos nombres no recuerdo. Me acuerdo bien de aquella oportunidad pese al inflexible paso de los años, ya que yo no iba a viajar a Montevideo debido a que acababa de ser operado de un molesto flemón que me aquejaba.

Pero el día anterior al viaje me llamó a mi casa don Ismael Cano y me pidió encarecidamente que viajase, ya que así se lo había hecho saber Yatasto con gestos inteligentes y miradas más que elocuentes. Yo no podía rehusarme a un pedido de aquella naturaleza, máxime proviniendo de un animal que había hecho de la amistad una profesión de afecto y respeto.

Recuerdo que llegamos a Montevideo y desde el mismo puerto, donde nos aguardaban alrededor de ocho mil personas como siempre que arribaba Yatasto, nos fuimos para el stud de Ezequiel Wolfang Sanducero, un caballerazo en toda la línea bajo cuyo mecenazgo había florecido el "Círculo de Criadores de Pursang" de Canelones. Las veces que saltábamos el charco y nos trasladábamos a la vecina orilla nos alojábamos siempre en el stud del barón de Matambrino a los efectos de eludir a la prensa y quitar, en parte, a Yatasto de la vista de los admiradores, los curiosos y las yeguas. Ustedes saben bien, mis queridos amigos, que si algún humano defecto tenía la maravilla era su debilidad por el sexo opuesto. Yo siempre sostengo que sólo su excepcional capacidad física, su exuberante resistencia pulmonar y aquel aguante que hiciera exclamar al príncipe Fabiolo "¡Qué animal!" en ocasión del premio "Maestro mayor de obras Remigio Almeida", permitían a Yatasto vencer una y mil veces en las pistas a despecho del exagerado gasto que de su virilidad hacía en la penumbra de los studs.

Pero volvamos al meollo de la anécdota que deseo relatarles. No olvido que Yatasto se hallaba en esos días previos al gran premio de magnífico humor, plácido y distendido como siempre. Era número puesto para el "Isidoro Busico" y los diarios y revistas especializadas lo daban como seguro ganador e incluso llegaban a anunciar que lo de Yatasto sería un paseo en la arena montevideana a pesar de la presencia, en la misma justa, del crédito uruguayo, el tordillo "Francachela". Pero el día anterior a la carrera, el sábado, Yatasto volvió de los aprontes serio y reconcentrado. Prácticamente no relinchó en todo el día y sólo se limitó a salir a saludar a su público que, a grito vivo, lo reclamaba a las puertas del stud. En cualquier parte del mundo, vale consignarlo, cuando Yatasto paraba en algún stud, la gente hacía guardia día y noche frente a las puertas para verlo, hablarle o tocarlo. Yatasto, pese a su apariencia suficiente, ganadora, de orejitas paradas, pese a esa dentadura luminosa que solía lucir en centenares de tardes ganadoras, era un caballo tímido y humilde, con bastantes problemas de comunicación. Sin embargo, sabía, a ciencia cierta, la devoción que por él profesaba su público y, aunque fuesen sólo cinco minutos, nunca dejaba a sus fanáticos sin la alegría de verlo.

Recuerdo que cuando regresó de cumplir con ese requisito social y afectivo me miró como diciendo: "Traeme la comida, Adolfo". Tras tantos años de convivencia, de más está decir que entre él y yo bastaba y sobraba una sola mirada para entendernos. No obstante, casi no probó el grano y me devolvió el forraje con otra mirada como diciendo: "Demasiado verde para mi gusto". Después se tiró a dormir. Un par de horas más tarde viene Luisito Vera y me dice: "Yatasto está rengueando". Corrimos a verlo. En efecto, la maravilla cojeaba de una de sus manos delanteras y parecía dolerle bastante. Estábamos todos sorprendidos. Según Saldías, en los aprontes no parecía haber sentido nada. Media hora después llegaba el doctor Avelino Méndez Gurrucha, un eminente cardiocirujano uruguayo, íntimo amigo de don Ismael Cano, quien lo había llamado de urgencia sacándolo del quirófano donde apuraba una mesa de póker.

Méndez Gurrucha revisó la pata de Yatasto y no constató nada. Se cubrió dejando en claro que ésa no era su especialidad y se ofreció a permanecer con nosotros toda la noche en prevención de cualquier cosa. Recuerdo que le dimos a Yatasto una batería de antiinflamatorios y acordamos esperar a la mañana siguiente para decidir si correría o no en la tenida de la tarde.

A la mañana siguiente fui a ver a la maravilla y él me miró como diciendo: "Me sigue doliendo la pata". Así era nomás, cuando intentaba caminar, rengueaba una barbaridad. No podíamos arriesgar su futuro. Consideramos que lo mejor era volver y ponerlo en manos de su veterinario particular, el neurocirujano Esteban Etchemús, que lo trataba desde potrillo. ¡Para qué voy a contarles la decepción del público en Montevideo! Pero no se podía hacer otra cosa.

El premio "Isidoro Busico" se corrió y lo ganó, sobre una distancia de 2.500 metros, "Francachela", el tordillo uruguayo, hijo de "Menefrega" y "Torta Pascualina", en 2' 36" 1/5. Hasta allí, la anécdota que cuento no parecería tener sabor ni sentido, mis queridos oyentes, pero...
¿Qué ocurrió dos días después, estimados radioescuchas? A los dos días leímos en la edición de la tarde del diario Crítica, de Buenos Aires un pequeño sueltito que nos traía una triste noticia: en la ciudad de Montevideo, tras una corta pero fulminante dolencia, había muerto "Torta Pascualina", madre de "Francachela", el ganador del "Isidoro Busico". No nos fue difícil atar cabos: Yatasto, el grande, el maravilloso Yatasto, había intimado con "Francachela" en los aprontes de Maroñas, se había enterado del drama que envolvía al crack montevideano y había decidido borrarse, no correr, fingiendo una supuesta lesión en una de sus patas extraordinarias.

¡Ese era Yatasto! ¡Ese era el animal maravilloso y sensible, de corazón inmenso, tanto para imponerse en las pistas como para brindarnos un ejemplo de generosidad, de amor por sus semejantes, de grandeza y, en suma, de renunciamiento!

Por eso es que quería contarles, queridos radioescuchas, aquella anécdota en el Maroñas, anécdota que había mantenido en el silencio hasta el día de hoy. Pero no quería que se tomase como cierta la presunción, quiero creer que se trata de una presunción bienintencionada, del señor Idalino Manuel Montoya, con respecto a que cualquier recurso era utilizado por Yatasto con tal de consagrarse ganador de una carrera. Yo sé bien que entre los enemigos de lo nuestro, entre los permanentes denostadores de nuestros ídolos, acecha siempre la falacia malévola, muchas veces disfrazada de elogio o de reconocimiento. No quiero pensar que esté en eso el distinguido oyente que me ha remitido la carta en cuestión, pero, fiel a la defensa de una imagen y de un amigo maravilloso como Yatasto me veo en la necesidad de dejar bien en claro las cosas. Y por si esto fuera poco, puedo acercarles un detalle mínimo que completa la anécdota de Maroñas. Dos meses después del premio "Isidoro Busico", Yatasto y "Francachela" volvieron a toparse, ahora en San Isidro, y el crack montevideano ni figuró, perdido en la nube de polvo con que hizo desaparecer nuestro ídolo al resto de los competidores. La misma nube de polvo, queridos amigos, con que el piadoso olvido cubre a todos aquellos que procuran destruir los genuinos valores de nuestros ídolos populares con la mezquina y envidiosa furia de los iconoclastas.

106

PINTURA: EL PREMIO IVERNS MEX

Aquellos que, en el día de ayer, se vieron sorprendidos ante la noticia de que la mayor distinción del jurado noruego había recaído en el rionegrino Octavio Póstula, sin duda no conocen en profundidad la obra y la lucha de este gran pintor. Pero quienes, como este crítico, han logrado abismarse en la visceral cosmogonía de sus espacios cromáticos, no se sintieron impactados ni mucho menos.

Durante largos 35 años Póstula ha sido, por sobre todo, un infatigable buceador en las posibilidades de la materia, un explorador ansioso y voraz de la textura y un artista que desdeñó, sistemáticamente, el facilismo y lo convencional. Basta mirar sus manos para comprobarlo. "Esas manos que parecen talladas en piedra pómez", dijera una vez la siempre ocurrente Matilde Goyenaochegen, en el taller del desaparecido Nicasio Fedra. Porque esas manos, pesadas como tortugas, que Póstula mueve con lentitud de mal sueño, muestran el desgaste y el castigo del trabajo con la pintura. Allí están, sobre la palma derecha, el azul cadmio de Venecia y el tierra de Siena tostado, el negro betún de lejía que ha atrapado definitivamente el pulgar de su diestra, y el rojo prísmalo de Mauritania enquistado tercamente bajo uñas quebradas, anchas y carcomidas. Pero lo que más impresiona de las generosas manos de Octavio Póstula es el dedo índice de la mano iz-

107

quierda, estragado hasta el hueso por el ácido fosfórico del "verde inconcluso de Saigón", su máximo orgullo, hoy llamado con justicia Verde Póstula.

"Quise lograr un color primario y lo logré", me diría muchos años atrás, desde la asepsia de su cama de hospital Octavio, mostrándome las vendas que cubrían sus brazos descomunales. Había mezclado azul de ultramar con verde índigo, a esa mixtura le había agregado clavo de olor, medio teléfono de baquelita machacado, excremento común de perro (su perro Miró) y cal viva. El resultado había sido un tono maravilloso, que no podía emparentarse con ningún color conocido por la vista humana hasta entonces.

"Hacía tiempo que buscaba otro color primario", me confió esa tarde Octavio, ya en el Instituto del Quemado, en tanto una enfermera le untaba las amplias espaldas con una brocha embebida en merthiolate. "Había alcanzado a entreverlo", continuó "casi como en una ensoñación, en el reflejo que el sol, al atravesar la cúpula semitransparente de rocas, imprime sobre el agua en la laguna Azul, en Capri. Lo volví a detectar en el interior de un choclo recién cortado, en uno de aquellos antológicos pucheros a la española que cocinaba mi madre. Y se fijó definitivamente, no ya en mis retinas, pero sí en mi cerebro, una tarde de 1954, en la veladura oscura que produjo la sombra de un pájaro migratorio al pasar fugazmente por sobre el toldo de un kiosco de golosinas, en la esquina de Sarmiento y 3 de Febrero."

Confieso que cuando yo tuve oportunidad de contemplar, por primera vez, con mis ojos azorados, aquel color increíble inventado por la sensibilidad de Octavio, las lágrimas rodaron por mis mejillas como un torrente. Recuerdo que Isabel de Previa Lugones se hallaba a mi lado y me preguntó: "¿Por qué llorás, Mona?" Y sólo pude contestarle: "No sé". Pero creo que sí lo sabía; era la emoción de haber tenido el privilegio, como ser humano, de asistir al nacimiento de un nuevo color, engendrado por un amigo dilecto que enriquecía hasta lo infinito el espectro visual de los mortales y extendía un certificado de "incompleto" al policromático arco iris. No faltaron, por supuesto, los detractores. Desde aquellos que dijeron, con petulante estupidez, que se trataba, simplemente, de "un marrón más", hasta los que lo calificaron de un "naranja de turbio pasado".

Hoy, por fin, se lo reconoce. Y, bien lo sabemos unos pocos, el logro de Octavio Póstula no es casual. No es la coincidencia feliz de mezclar colores y agotar pomos de óleos para conseguir, sin proponérselo, un resultado maravilloso. No. Octavio, me consta, invirtió las mejores horas de su vida buscando el "nuevo tono", "el nuevo color" que lo librase de la asfixiante prisión de moverse tan sólo con los cromos preexistentes.

Practicó hasta el hartazgo el collage, reluciendo en sus obras, algunas de dimensiones inconmensurables: chapitas, cartones, muñecas de goma, resortes, sapos disecados, higos abrillantados, cerámicas, pollos parrilleros, cables, cajitas de antihistamínicos, medias de lana, documentos de identidad y hasta piletas pequeñas de plástico rígido. Pero no era eso lo que buscaba. Como un poseso, se lanzó a la investigación de la materia. Realizó dos memorables exposiciones en Galería Krass, en el año 1959, con chapas de zinc trabajadas a color con emplastos de brea, carbonilla, aceite de lino mezclado con carne picada, soda solvay y hojaldre. Todo sobre un enduido plástico espolvoreado mediante un soplete autógeno. Las imágenes eran en extremo figurativas, casi hiperrealistas y delineaban, con delectación, caballos abrevando en una laguna, caballos pastando en los arrabales, caballos con otros caballos y caballos mirándose entre sí. La crítica quedó atónita, en especial la crítica de turf.

Luego vino su "época azul", cuando, tras aquella hermosa muestra en Galería Princess (1962), trabajada por completo sobre acrílico con un compuesto de nitrato de sal, magnesio, rojo magenta y minio, Octavio quedó cianótico por intoxicación de la piel y debió recluirse en una casa de reposo en Tanti.

Es por eso que el mundo de la pintura no puede asombrarse ahora, cuando la Fundación Iverns Mex, subsidiaria de la Fundación Braque, distingue a Octavio Póstula con el mayor premio que puede conferirse a trabajador de arte alguno.

Sin embargo, estoy segura de que la sobria estatuilla de oro del premio "Mex" (la estilizada figura de un hipopótamo en el divino acto de caminar), el Gran Premio Iverns Mex a la Química 1984, no distraerá al gran pintor rionegrino en su búsqueda incesante de nuevas dimensiones cromáticas.

LA SEÑORA DE PELOURINHO
Y EL LADRILLO

Fui notificado del caso de la señora Do Almeida el mismo día en que regresé de mi forzada estadía en México.

En rigor de verdad, mi intención había sido viajar a Italia, adonde había sido convocado para estudiar otro apasionante suceso: la prodigiosa memoria del calabrés Armesto Quinccimanni. Un desgraciado hecho había acaecido semanas atrás en el estadio del Roma. Desde una de las cabeceras del imponente complejo deportivo, repleto de gente, había sido disparado un "ratzo", una bengala marina, que había terminado su brillante trayectoria incrustándose en la cabeza de un tifoso de la Firenze, en la tribuna opuesta.

Dada la enorme cantidad de público asistente a aquel match, la policía, en primera instancia, descartó la posibilidad de dar con el ejecutor del disparo homicida. Pero no contaban con la retentiva visual de uno de los porteros, que hacía las veces de control en la puerta de acceso a las graderías destinadas a los locales.

Ante la sorpresa del comisario inspector Ricciardi, Armesto Quinccimanni, calabrés de 54 años, se ofreció a rememorar los rostros de todas y cada una de las 18.000 personas que habían poblado el sector desde el cual había partido el cohete asesino.

Con paciencia provinciana y lujo de detalles, contando

además con la inestimable ayuda de un dibujante de la policía romana, Quinccimanni fue describiendo los rostros que, por miles, habían pasado fugazmente frente a sus ojos en aquella trágica jornada deportiva. Suministraba, además de los rasgos fisonómicos más destacados (color de ojos, longitud de la nariz, orejas desplegadas), indicios de vestimentas o costumbres muy precisos: gorritos partidarios, diferentes tejidos de las bufandas, detalles de comportamiento como masticar goma de mascar, modales poco cuidados, uñas sucias, aliento pesado, etc.

En primera instancia, se supuso que el calabrés informante era un mitómano. Pero a medida que se iban realizando detenciones a partir de los datos aportados por Quinccimanni, se iba constatando que las características de los detenidos coincidían plenamente con los identi-kits pergeñados por el dibujante a instancias del memorioso portero.

De inmediato mi colega, el profesor sardo Mauro Rosetti, telegrafió solicitando mi presencia. Desde que yo tuve la suerte, o quizás la pericia, de desenmascarar al fraudulento levitante de Ciudad del Cabo, la Asociación Internacional de Fenómenos Parapsicológicos me ha elevado a la envidiada condición de "Juez". Somos tan sólo tres los jueces que actualmente ejercemos en el mundo, y la confirmación de mi ascenso tomó mayor relevancia cuando, a pocos días de mi ya mencionado descubrimiento, el levitante de Ciudad del Cabo se precipitó a tierra, tras estrellarse contra un morro en las cercanías del aeropuerto de Lisboa.

En principio no logré explicarme el porqué de mi elección para resolver un caso fuera del área sudamericana, pero una comunicación telepática con Hinsa Piattini, la vidente sueca, despejó mis dudas. Dadas las diferencias horarias, Hinsa siempre se contacta conmigo a altas horas de la noche, lo que ocasiona las iras, y tal vez los celos, de mi mujer cuando me incorporo en mi lecho, hablando en sueco y con el cabello completamente erizado. Hinsa me comunicó que el restante juez, el tibetano Lobsan Ttú se hallaba internado en una clínica de Barcelona tratándose el amenazante astigmatismo en su tercer ojo y que ella misma, Hinsa, debía volar al día siguiente a una de las islas del atolón de los Kouriles, donde había aparecido un singular tótem de piedra calcárea que contestaba preguntas pueriles, solucionaba problemas de reglas de tres simple y vendía timbres de sellado postal. El contacto telepático con Hinsa fue cortado cuando irrumpió en nuestra "aura" una conversación entre dos personas, una de ellas presumiblemente muerta ya que su voz no sonaba muy convencida.

Al día siguiente debía embarcarme en un vuelo rumbo a Roma, pero volvió a sucederme lo que ya en un par de ocasiones me ha perturbado sobremanera. Conduciendo mi coche hacia el aeropuerto de Ezeiza, sentí que mi máquina era atrapada en un halo de luz y comenzaba a elevarse. Luego me desmayé. Cuando recuperé el sentido me hallaba en pleno desierto de Toronjas, una depresión rocosa y yerta a mil quinientos kilómetros de la ciudad mejicana de Totoplatexco. De mi auto no había ni rastros, pero en torno de mí, sobre el áspero y rugoso suelo, se veían manchas circulares de quemazones, y franjas de arena apisonadas ferozmente como si alguien hubiese estado bailando la "raspa". No me sorprendí: era la tercera vez que me ocurría. Una hora después, en efecto, aparecía Manuel, el jinete nativo que me había descubierto en las dos ocasiones anteriores. Manuel se había impresionado mucho en la primera oportunidad, no tanto cuando le mostré mis documentos argentinos y una foto de mi mujer en malla, cuanto cuando las cámaras de la televisión mejicana lo reclamaron para comentar el extraño suceso. Ya en la segunda oportunidad me recibió con más frialdad y en esta tercera se limitó a un: "¿Qui hubo, doctor?"

Sin comentar nada a nadie, regresé a Buenos Aires

en el primer vuelo que pude conseguir. Ya de regreso, ya que Armesto Quinccimanni se hallaba preso e incomunicado. Había reconocido a sólo 17.500 personas de las 18.000 que había habido esa tarde en el sector controlado por él, y se lo acusaba de encubrimiento.

La segunda: desde Brasilia me llamaban para estudiar el increíble caso de una mujer que mantenía una extraña relación con un ladrillo.

Sin hesitar volé a la futurista capital brasileña. Allí me esperaba Jurandyr Candela, profesor de Ciencias Ocultas de la Universidad de San Pablo, quien en un Land Rover me transportó hasta la pequeña ciudad de Fados Blancos, distante 240 kilómetros. Durante el viaje me dio algunos detalles sobre el caso, las inquietantes aptitudes de la señora Do Almeida y dejó entrever, sin presionarme, que sospechaba encontrarse frente a una nueva superchería.

Jurandyr Candela, pienso interesante consignarlo, había obtenido cierta notoriedad en una promocionada controversia con el padre Karras luego del sonado asunto con la niñita endemoniada, respecto del cual mi amigo paulista sostenía que todo se reducía a una fiebre intestinal. La señora Do Almeida se me presentó como una mujer de unos 67 años, silenciosa, apagada, con ese síndrome de agotamiento físico que todos los pobladores de la paupérrima región mostraban, y sin mayores signos de detentar poderes extrasensoriales. Sólo ofrecía Macaca (como llamaban a la mujer) una desconcertante facilidad para comunicarse mediante un idioma dulzón y musical que luego Jurandyr me explicó que se trataba del portugués.

El mismo día de mi llegada, fuimos con la señora Do Almeida hasta un cobertizo semiabandonado donde se hallaba el ladrillo en cuestión. Debo reconocer que, pese mi escepticismo, la situación me alteró profundamente. El ladrillo, un ladrillo común y silvestre, descansaba sobre una mesa de madera. La señora Do Almeida se acercó a él y comenzó a hablarle en voz baja. Quince minutos después el ladrillo estaba totalmente transpirado y hasta podía decirse que crujía. Luego la señora Do Almeida se alejó unos metros de la mesa para ir a sentarse sobre una silla. Desde allí volvió a hablarle al ladrillo.

De pronto, éste pegó un salto y cayó de la mesa, luego comenzó a arrastrarse acercándose a Macaca. De allí en más, la extraña pareja me sorprendió con nuevas suertes, algunas de ellas francamente desconcertantes, como entonar a dúo "Casita Pequeñita" de Leo Belico. En todo momento, el ladrillo respondió sin euforia pero con conmovedora obediencia las órdenes de la señora Do Almeida.

Al día siguiente, procedía a estudiar, revistar y entrevistar exhaustivamente a la mujer. La sometía a algunas pruebas menores como adivinar las cartas que iban apareciendo de un mazo de naipes, detectar tumores epiteliales con el solo tacto y comunicarse mentalmente con un sensitivo adiestrador de elefantes de Nueva Delhi, quien se halla constantemente a la espera de dichas comunicaciones ya que se trata de un radioaficionado.

A nada de esto respondió satisfactoriamente la señora Do Almeida. En procura de no perder más tiempo, redacté un informe sumario, atribuí el sortilegio que la mujer ejercía sobre el ladrillo a causas relacionadas con la carga de energía estática que la humedad confería a la región y di por terminado el asunto.

Unos años después, sin embargo, la lectura de un breve suelto periodístico me retrotrajo a aquella anécdota y me devolvió mi cercanía con el concepto de la pavorosa pequeñez del conocimiento humano ante lo desconocido.

En un pequeño teatro de Lucca, ciudad mediterránea de Italia, se había presentado, ante la curiosidad de los presentes, un ladrillo proveniente de Brasil, que realizaba una serie de pruebas de captación mental, adivinaba cifras de seis dígitos pensadas por los espectadores y curaba, o al menos aliviaba temporariamente, enfermedades menores como varicela o pie de atleta. La nota agregaba que se lo consideraba un mentiroso, un objeto más que se unía a la larga lista de falsos santones y que el ladrillo continuaba su gira hacia Austria y Países Bajos.

De la señora Do Almeida no decía nada.

¿CON QUIEN HAY QUE HABLAR?

Anselmo Ginarte entró apresuradamente, bordeó la larga mesa de directorio esbozando un gesto de disculpa con su cabeza cana, y se sentó en la cabecera.

—Perdónenme, che —dijo, acomodándose los faldones del saco—, pero tenía que atender a este señor, de la Flánagan . . .

Alberto, su yerno, se encogió de hombros, restando importancia a la demora. Mara, hermana de Anselmo, ya no prestaba atención. Estudiaba unos papeles en tanto golpeteaba la mesa con un lápiz.

Sólo Eugenio, hijo de Anselmo, ofreció una alternativa.

—Si estás muy ocupado —dijo— no te preocupes. Esto lo terminamos rápido.

Alberto le echó una mirada, inquieto.

—No, Eugenio, no —fue cortante Anselmo—. Emplearemos en esto todo el tiempo que sea necesario. Si es preciso estar. . .

—Sí, Anselmo. . . —interrumpió Mara— pero tampoco nos vamos a eternizar acá. Vos tenés muchas cosas que hacer, nosotros también, Alberto. . . —señaló a éste.

—Mara. . . —cortó Aselmo poniendo ambas palmas de sus manos sobre la mesa y eligiendo una voz calma pero contundente—. . . esas cosas las decido yo.

Se hizo un silencio.

—Tráigame un té, Villoldo —pidió Anselmo a su asistente, que esperaba, en posición de firme casi en el otro extremo del salón—. Mara. . . —suavizó el tono—. . . estas son cosas importantes.

—Pero no dejan de ser cosas familiares —dijo Mara. Eugenio aprobó con un gesto.

—Error —puntualizó Anselmo, señalando a su hermana—, gran error. Errónea apreciación la tuya, Marita. Y te voy a explicar por qué.

Alberto abrió los brazos, reconfortado.

—Esto no es sólo una cuestión familiar, Marita —siguió Anselmo—. ¿Por qué abogo yo, y lucho yo, por una familia numerosa? ¿Por qué? No sólo porque me gusta, como me gusta, y vos lo sabés, vos también Eugenio, ver la mesa familiar rodeada de hijas, sobrinos y nietos. No sólo por eso. Es que esos sobrinos, esos nietos, esos yernos —acá señaló a Alberto— . . . bien pueden ser luego quienes ocupen puestos importantes en la empresa, en esta empresa o en la empresa de Tito, o en la misma de Gabriel. ¿Qué mayor tranquilidad puedo tener yo que saber que cuento, en los puestos clave de mi empresa, con gente de mi propia familia, con chicos que yo he visto crecer desde que se hacían pis en los pañales? ¿Qué mayor tranquilidad puedo tener yo, o vos, o vos, o vos Eugenio?

Todos aprobaron con la cabeza.

—El próximo nacimiento de un miembro más de la familia —retomó Anselmo— . . . no puede tomarse como un hecho cualunque o doméstico solamente, Mara.

—Oíme, Anselmo —Mara encendió un cigarrillo y lanzó, casi con fastidio, el humo por la nariz, lo que agravó su voz— se trata de mi hija, te imaginás que a mí también me preocupa. Soy la primer interesada. Ocurre, simplemente, que. . .

—Yo también —hizo valer su jerarquía Anselmo— . . . tengo, dentro de poco tiempo una entrevista con Harry Foster, del Osaka Bank, de Japón. De más está

decir que no voy a dejarlo plantado ni voy a concederle solo un cuarto de hora por discutir esto. Lo que quiero decirte, Marita, lo que quiero decirte para tu tranquilidad de futuro padre, Alberto —tomó por el brazo a su yerno— ... es que volveremos sobre el tema todas las veces que sea necesario hasta llegar a una decisión. Y si tenemos que interrumpir, la semana que viene, por mi viaje a Suiza, lo retomaremos cuando vuelva —Anselmo, satisfecho de haber aclarado las cosas, palmeó sonoramente el roble de la mesa y, sin solución de continuidad, prosiguió:
—Muy bien. ¿Llamaron ya a Feldman?
—Ahora viene —anunció Eugenio. Como si hubiese escuchado la convocatoria, la pesada puerta del despacho se abrió dejando paso a un hombre cuarentón, delgado, con aspecto de eficiencia y una abultada carpeta. Saludó a todos con un movimiento de cabeza, se sentó al lado de Eugenio, desplegó con destreza sus anteojos y comenzó a rebuscar dentro de la carpeta.
— ¿Tiene todo, Feldman? —preguntó Anselmo.
—Casi todo, señor Ginarte —se disculpó Feldman—. Imagínese. Es un tema tan amplio.
—Comprendo, —entendió Anselmo— amplísimo.
Feldman había separado unos prospectos.
—Pero quiero adelantarle algo, Feldman —sugirió Anselmo—, que tal vez se me pasara por alto la vez pasada. Vamos a obviar por ahora lo referido al cristianismo y al judaísmo.
Feldman detuvo unos papeles en el aire, mirándolo con seriedad comprensiva.
—Dado que son ejemplos cercanos y creo yo. . . —Anselmo miró a sus familiares— . . . medianamente conocidos por todos. Vamos a las otras propuestas.
Feldman asintió, pero haciendo una salvedad.
—Como usted quiera, señor Ginarte. De cualquier manera, acá, en estos otros sobres, están. Después, si desean verlo, están acá.

—Por supuesto —apuró Anselmo—. Después, en todo caso.

Quedaron en silencio, esperando que Feldman, que contemplaba unos papeles con enfermiza fijeza, comenzara su exposición.

—Podemos empezar con el hinduismo —propuso Feldman.

—Adelante —acordó Anselmo, acomodándose en su sillón presidencial—. ¿Me hizo un resumen? —tornó a interrumpir.

—Acorté —esbozó Feldman—, quité lo superfluo...

—Sí, porque si no... —Anselmo golpeteó dos o tres veces con el dedo índice sobre su reloj. Luego, con su mano derecha hizo un par de enérgicos gestos para que Feldman continuase.

—El hinduismo... —comenzó Feldman con tono impersonal— ...es profesado actualmente por más de 300 millones de seres humanos en la India y casi 15 millones en otras partes. Ha influido en pensadores de muchos países a través de los siglos. Pero sigue siendo aún un gran rompecabezas para Occidente.

Feldman consultó los rostros de los presentes.

—Adelante, adelante... —ordenó Anselmo.

—El sublime objetivo del hinduismo es dejar atrás este duro mundo material y unirse a Dios. Esta unión se logra no sólo con las oraciones y el ritual sino mediante los ideales de la vida hindú: pureza, ecuanimidad, veracidad, no emplear la violencia, caridad y la más honda compasión hacia todas las criaturas.

Anselmo resopló quedamente.

—Al final del camino espera Brahma... —siguió Feldman— ...el Dios Universal de quien las antiguas escrituras, las Upanisadas, dicen: "Tú eres mujer. Tú eres hombre. Tú eres la abeja azul oscura y el loro de ojos rojos. Tú tienes el rayo por...".

120

Anselmo Ginarte amagó ponerse de pie pero se mantuvo sentado.

—Señor Feldman... —dijo—, señor Feldman, está bien que a usted le guste la poesía —Feldman negó con la cabeza— ... pero no es esto lo que yo le pedí, lo que nosotros le pedimos...

—Procuro darles una visión... —comenzó Feldman— ...más amplia...

—Está bien —aceptó Anselmo—. Comprendo su voluntad, su buena voluntad, y conozco perfectamente la eficiencia suya y sé de la profundidad de sus informes. Pero esto no es economía pura, Feldman. Esto es otra cosa, mucho más vasta, lo que haría eterno pretender aprehenderlo en toda su extensión. Lo que yo quiero...

—Concréteme su pedido, señor Ginarte —reclamó, cautamente, Feldman.

Anselmo aspiró hondo antes de empezar su exposición.

—Alberto... —señaló a su yerno— ...y su esposa, Laurita, mi sobrina, hija de Marita, están esperando un hijo. Muy bien. Muy bien. En un hijo, usted lo sabe, señor Feldman, uno invierte una serie de cosas invalorables: amor, cariño, dedicación, tiempo, desvelos, salud, dinero incluso. Muy bien. Muy bien. Estamos estudiando, simplemente, qué religión, qué religión, nos brinda o, mejor dicho, le brinda a este pequeño que está por nacer, mejores condiciones, a largo plazo. Eso es todo.

Feldman lo miró, concentrado y comprensivo.

—No son tiempos, amigo Feldman... —continuó Anselmo, alisándose la corbata gris perla— ...como para moverse por simple simpatía o inclinación. Usted lo sabe. Se requiere estudio, cálculo, datos y devoción, incluso.

—Usted desea saber —aventuró Feldman— qué religión puede brindar mejores dividendos al pequeño durante su vida.

—No, Feldman... —sonrió Anselmo, elevando su dedo

índice—. . . . Es buena su pregunta, o su apreciación. No. Bien sabe usted que no soy partidario de las inversiones a corto plazo. Yo deseo saber, deseamos saber, qué religión, qué creencia incluye en sus planes, mejores retribuciones a largo plazo. En la otra vida.

—Entiendo. Perfecto —acordó Feldman. Y se abocó a buscar entre sus sobres. Finalmente abrió uno con mano conocedora.

—El hinduismo. . . —anunció, acaparando la atención de los demás— . . . ofrece la reencarnación.

Alberto frunció el ceño, Mara y Eugenio se miraron entre sí, Anselmo apretó los labios en gesto entre conocedor y dubitativo.

—Les explico —prosiguió Feldman—. Los viejos sabios hindúes han examinado el hecho de que todas las cosas, aun el granito de las montañas y las propias montañas, desaparecen. Les llamó la atención, también, la reaparición de la vida: la vida de la oruga termina, pero reaparece como mariposa. La mariposa muere, pero sus huevos incuban y pronto salen más orugas. Cualquier partícula de vida debe nacer una y otra vez. Igualmente un alma humana o uno mismo. Tiene que pasar de vegetal a animal, de animal a hombre, de un cuerpo humano a otro, hacia arriba, hacia abajo. Y detrás y dentro de este cambiante mundo material debe hallarse la fuente invisible de la vida y de todas las cosas: espíritu puro e inmutable.

Feldman detuvo la lectura y observó a sus oyentes.

—Reencarnación —dijo, como para sí, Eugenio.

—No me suena muy convincente —dudó Mara. Alberto se rascó la barbilla.

—Deme más detalles, Feldman —urgió Anselmo.

—Según los hindúes —obedeció Feldman— se volverá a nacer en una vida futura de acuerdo con la conducta que se ha llevado en esta vida. Este expediente de conducta durante vidas anteriores es el "karma" de una persona. Un hombre sube de casta a través de vidas sucesivas, o de reencarnación tras reencarnación, a medida que su "karma" prueba sus aumentos de virtud.

—Un currículum —simplificó Eugenio—. No es problema. Eso se consigue.

—Pero una casta más alta entraña también mayor responsabilidad —advirtió Feldman—. Los delitos de un brahmán son mucho más graves que los de un intocable. Un brahmán avaro, por ejemplo, puede teóricamente descender tan bajo y reencarnar en un cerdo.

El rostro de Mara tuvo un rictus de repugnancia.

—No me gusta —dijo—, para eso, prefiero el Paraíso.

— ¿Cómo es eso de las castas? —se interesó Anselmo—. Porque un descendiente nuestro no va a ingresar en una casta muy baja, eso está claro. Si nos interesamos en los beneficios a largo plazo, Feldman, es porque tenemos en claro que durante su vida, cualquier hijo o nieto nuestro lo va a pasar muy bien.

—Hay muchísimas —se conflictuó Feldman, masajeándose la frente—. Los brahmanes, de la casta sacerdotal. Los chatrias, los vaiyas, los sudras... Pero hay muchas subcastas... más de 3.000.

—Y... —pareció despreocuparse Anselmo— habrá que buscar por las casta altas.

—Por los brahmanes —asesoró Feldman—. O los chatrias, guerreros de la casta dominante.

—Esos, ésos —se entusiasmó Anselmo.

—No debe ser difícil el ingreso en una de ésas —dijo Eugenio—. ¿Con quién hay que hablar?

—Eso de convertirse en cerdo... —se preocupó Mara— ... no me parece como para entusiasmarse.

—Te diré... —sopesó Anselmo— ... que las sucesivas reencarnaciones en diversos animales, por ejemplo, no dejan de ser un buen ejercicio.

Lo miraron.

—Yo siempre he sido contrario —prosiguió Anselmo— al encasillamiento en una sola actividad. Al hombre que se pasa toda la vida en una sola especialización, en un solo trabajo. Y el método yanqui me da la razón. Para los yankis no es ningún orgullo haber permanecido 35 años en una sola empresa. Al contrario. Acá, nosotros, tomamos como dato sospechoso que un fulano haya pasado por muchísimas empresas. Para los americanos eso es una demostración de versatilidad, de capacitación, de. . .

—Sigo pensando que, hasta ahora, el Paraíso es lo mejor —insistió Mara, despectiva y refractaria a los argumentos expuestos.

—Ahora, digo yo. . . —continuó Anselmo sin hacer caso a la consideración de su hermana—. ¿Quién está al frente de todo eso? ¿Quién se hace responsable? ¿Quién convalida la propuesta?

Feldman pasó velozmente las hojas.

—Hay un Dios, Brahma, que es el espíritu eterno —explicó—. Pero hay asimismo 330 millones de dioses suficientes para que cada familia pueda tener su dios favorito en el altar doméstico.

—Humm. . . —arrugó la nariz, Anselmo— . . . mucha gente para decidir. Yo prefiero la cabeza única, aunque me sindiquen de autocrático o totalitario. Opinar, que opinen todos. . . —aclaró, como gentileza hacia sus familiares— . . . pero en el caso de tener que haber una última palabra, tiene que haber uno solo que decida.

—Los filósofos modernos —intentó aclarar Feldman— opinan que estos miles de dioses son, únicamente, los infinitos aspectos del Brahma.

—No me convence —persistió Anselmo.

—Cooperativas —refunfuñó Eugenio.

—Como tampoco me convence mucho. . . —siguió Anselmo— . . . eso de las sucesivas reencarnaciones. Esa refinanciación del espíritu. No me parece un sistema práctico.

—Por algo los indios están como están —desdeñó Eugenio.

124

—Las sucesivas reencarnaciones no son infinitas —especificó Feldman—. Todas ellas quedan atrás cuando uno llega al "moksha"'

—Ah, ah, ah. . . —sonrió Anselmo, como si hubiese previsto tal información.

—El "moksha" —silabeó Mara, con disgusto.

—El "moksha" —explicó Feldman— es la liberación de una larga serie de reencarnaciones. Es la meta de todo hindú. Cuando uno ha llegado al "moksha" el mundo se evapora. Las personas en este estado se han fundido en la unidad de las cosas, es el estado de paz y tranquilidad en el seno de Brahma.

—Paz y tranquilidad —acordó Eugenio.

—Una especie de Paraíso —sintetizó Anselmo.

Se quedaron en silencio, pensando. Alberto garabateaba dibujos en un block.

—No sé, no sé. . . —dijo Mara—. ¿Qué quieren que les diga? A mí. . .

No completó la frase, ni era necesario.

—También hay otras religiones menores —procuró retomar el ritmo, Feldman— como el. . . —No alcanzó a terminar.

—Mire, Feldman —lo interrumpió Anselmo—. Yo sé que hay gente que sostiene que "little is beautiful", pero yo prefiero las cosas sólidas, establecidas.

—¿El budismo? —preguntó, de pronto, Eugenio. Feldman no necesitó, tan siquiera, consultar sus papeles.

—Ofrece casi lo mismo —asesoró—. Reencarnación. Y tras sucesivas reencarnaciones se llega al Nirvana. Una especie de Paraíso —rebuscó en la carpeta y levantó un pequeño papel—, Suttanipata dijo: "Donde ninguna cosa existe, donde nada se toma, esa es la Isla del No Hay Más Allá. Yo llamo a Nirvana la extinción total del envejecimiento y de la muerte".

—No envejecimiento, no muerte: el Paraíso —concluyó Anselmo—. También aquí el Paraíso. Qué extraño.

Se los veía ligeramente desalentados. Eugenio consultó su reloj, lo que motivó el mismo gesto en su padre.

—Bien —dijo de pronto enérgicamente Anselmo, poniéndose de pie—. Ya casi tengo que ir a encontrarme con mister Harry Foster —se restregó las manos— y el imbécil de Villoldo no me trajo el té. Debe ser la reencarnación de una tortuga —bromeó. Luego apoyó los puños sobre la mesa y se puso serio—. Alberto —reclamó—, te ruego que estudies el informe de Feldman. Nosotros haremos lo mismo. Veremos los diferentes planes, las condiciones, las facilidades. No será fácil la elección, pero lo fundamental es que el chico no salga ateo. La convicción en un algo superior es primordial. ¿Laura está bien?

Alberto aprobó con la cabeza e iba a comenzar a hablar cuando Mara lo interrumpió.

—Muy bien —dijo—. Fui con ella al médico ayer. Le hicieron la ecografía.

—¿Es uno nomás?

—Sí, el médico desestimó totalmente que fuesen mellizos.

—Qué lástima —se rascó el mentón Anselmo—, es diferente ofrecer uno que dos. Siempre ofertando el doble se puede exigir mayor retribución. En fin. . . en fin. . .

Eugenio, Mara y Alberto se pusieron de pie, recogiendo sus cosas. Feldman hizo lo propio.

—Usted quédese, Feldman —lo señaló Anselmo, mostrando un signo de preocupación en el rostro—. Ustedes pueden irse, chicos —liberó a los demás—, pasado mañana Feldman nos traerá más información sobre el taoísmo.

Cuando sus familiares se hubieron marchado, Anselmo volvió a sentarse.

Feldman lo imitó.

—Las retribuciones son muy similares, Feldman —dijo Anselmo, más sorprendido que contrariado—. Muy similares. El "moksha" ése que usted dice, el Nirvana, el Paraíso. . .

—El Paraíso aparece también en el islamismo, señor Ginarte.

—¿También? —se alarmó Anselmo.

—Con huríes, vino que nunca se acaba, hermosos jardines. . .

Anselmo se pellizcó repetidas veces el labio inferior.

—Búsqueme más información —ordenó— y llame también a Bonifaci. Que se comunique con la sucursal de Utah.

Hizo un silencio dramático.

—Mucho me temo, Feldman —dijo luego— que bajo la apariencia de cosas diferentes, estemos ante una misma organización. Ante una misma mano que, oculta, maneja todo.

—Un trust, dice usted.

—Un trust, una cadena, algo así —Anselmo caminó algunos pasos sobre la mullida alfombra, la cabeza baja, las manos entrelazadas sobre los glúteos—, una organización muy poderosa que. . . no sé hasta qué punto es saludable investigar a fondo.

—¿Siente usted algún temor, señor Ginarte? —indagó Feldman.

—No sé. . . no sé. . . —dudó Anselmo—, lo cierto es que, meter las narices en cosas parecidas, le ha costado la vida a mucha gente, Feldman —terminó diciendo.

LOS VENCEDORES DE PISCO

El que llevó la noticia a la mesa fue Augusto. Había ido al baño (se debía pasar por la cocina para ir al baño) y cuando regreso a su asiento le dijo a Marcelo:

— ¿Sabés quién es el ayudante de cocina?

— ¿Quién? —Marcelo lo miró. Se le notaba en los ojos la pesadez de la comida. Y la hora: eran ya casi las dos.

—Gorostiaga. ¿Te acordás de Gorostiaga?

Marcelo fruncio el ceño.

—Gorostiaga —insistió Augusto pegándole con la palma de su mano derecha en el brazo a Marcelo—. Gorostiaga. Que estudió con nosotros hasta sexto grado.

— ¡Ah! —se asombró Marcelo—. Carlitos. Carlitos Gorostiaga. ¡Claro! ¡Cómo no me voy a acordar! Gorostiaga ¡Qué loco era ese! ¿No?

Pero Augusto no lo oía, ya se había dado vuelta hacia Méndez que estaba terminando la casatta y le repetía lo del descubrimiento. Casi desde la otra punta, Mauricio también se entusiasmó.

— ¿Y qué hace en la cocina? —dijo.

—Qué sé yo —se encogió de hombros Augusto—. Ahora viene.

—Claro, claro, que venga. Decile que venga —se apresuró Marcelo.

—No, no, si ahora viene —aseguró Augusto—. Ahora viene. Me dijo que venía.

La mesa había recuperado, en un instante, la turbulencia de los primeros momentos.

El grupo, como todos los años, había sido gritón y jubiloso al reencontrarse.

Luego, con la comida había ido perdiendo empuje, y ya sobre los postres, antes del café, caía en un lógico estado somnoliento propio de los efectos de la bebida, la edad, y la curiosidad agotada con las primeras preguntas.

—Che, que lástima que se fue el profe —se afligió Armas—. Le hubiese gustado verlo.

—Quién sabe si se acuerda —dudó Mauricio.

—¿El profe? —pareció ofenderse Augusto—. Con la memoria que tiene, ¿cómo no se va a acordar?

—¿De Gorostiaga? —Marcelo dibujó una sonrisa despectiva—. Con lo quilombero que era Carlitos.

—Lástima que se haya ido —repitió Armas—. ¿Se sentía mal, che? ¿Estaba jodido?

—No —desestimó Artemio, que recién empezaba con la casatta, ya que había acompañado hasta su casa al profesor Nava—. Le dolía un poco la cabeza. Nada más.

—Y estaba cansado —agregó alguien.

—Y estaba cansado. Y...

—No es un pendejo como nosotros —explicó Fiori, y casi todos se rieron.

En ese momento se acercó hasta la mesa Gorostiaga. Entró al gimnasio cubierto quitándose el delantal por sobre la cabeza, sonriente, entre la sorpresa y la diversión. Tras los saludos, los abrazos afectuosos, y las miradas escrutadoras en procura de registrar los cambios impresos por el paso de años, le hicieron lugar en uno de los costados de la mesa, entre Augusto y Marcelo en una silla que acercó Armas desde atrás de la tarima del escenario. Allí quedó Gorostiaga, algo confundido al sentirse centro de las miradas de los casi veinte comensales, casi extraños para él a pesar de los años de infancia transcurridos juntos. Se pasaba repetidamente la palma de la mano derecha sobre la calva, saltando ·sus ojos por los rostros de sus ex compañeros, procurando adivinar, bajo adiposidades y arrugas, las caras frescas de sus antiguos amigos. Se hizo, entonces, un silencio molesto.

—Gorostiaga, carajo —se rió Bruno.

—Miralo a éste —señaló Gorostiaga a Pessoa—. Está igualito.

Pessoa se sonrió, modesto.

—Lo que es yo, no te hubiera reconocido —confesó Vega, desde la punta— ¿Cómo hizo éste para reconocerte? —preguntó después señalando a Augusto.

—Porque nosotros nos vemos año a año —explicó Armas—. Cada 365 días nos vemos las caras, pero a vos. . . ¿Cuánto hace que no te vemos?

— ¡Uhhh! —ululan varios.

— ¡Qué sé yo cuánto hace. . .! —se echó hacia atrás en su asiento Gorostiaga—. No. Yo a Augusto no lo había reconocido. Para nada.

—Yo lo reconocí —se ufanó Augusto, tocándose con el pulgar izquierdo el pecho—. Apenas lo vi me di cuenta de quién era.

—Y eso que yo estaba disfrazado de cocinero —puntualizó Gorostiaga.

—Y. . . —argumentó Orlando, siempre ocurrente— delantal blanco. . . guardapolvo blanco—. Se rieron.

— ¿Y qué hacés de cocinero? —apuró Bruno—. ¿Sos cocinero?

Gorostiaga bajó la cabeza, inclinándola un poco, como disculpándose.

—Y. . . sí. . . —dijo. Marcelo iba a preguntar algo más, pero Gorostiaga se le adelantó—. Una changa, ¿viste?

—Sí, porque el año pasado no estabas acá. ¿No estabas, no?

—No, no, no. . . Esto fue una casualidad. Me llamaron porque se había enfermado no sé quién. Necesitaban uno más en la cocina. Pero. . . no. . .

—Mirá qué casualidad —se rió Guzmán—. Qué suerte, ¿no?

—¿Y ustedes? —pasó a la ofensiva Gorostiaga—. ¿Qué hacen?

—Todos los 24 de marzo nos reunimos acá —tomó la palabra en representación del grupo, Bruno—. Todos los años, desde hace como cuarenta años...

—Cuarenta y dos —corrigió Marcelo.

—¡Cuarenta y dos años! ¡Qué bien, qué bien! —Gorostiaga los miraba, francamente asombrado por la constancia—. Está bien, porque así el grupo no se pierde ¿vieron? Porque a veces es una lástima cuando un grupo de muchachos, de estudiantes, después de tantos años juntos, tantas cosas lindas que uno ha vivido, se separa, se van cada uno por su lado, y chau. No se ven más. Bueno... que fue lo que me paso a mí.

—Y... esto se lo debemos más que nada al profe. A Nava —reconoció Humberto señalando vagamente hacia la puerta, significando que el mencionado Nava ya se había marchado.

—¿Quién es Nava? —Gorostiaga consultó a Augusto, a su lado.

—El profesor de Historia. ¿No te acordás?

Gorostiaga enarcó las cejas. No se acordaba.

—¿Y por qué los 24 de marzo, che? —preguntó de pronto—. ¿Es el cumpleaños de alguno?

Marcelo lo miró, regocijado, unos instantes.

—No... el 24 de marzo. El 24 de marzo —explicó. Gorostiaga le mantuvo la mirada, luego paseó la punta de la lengua tras los labios, dudando, tal vez repasando la efemérides.

—24 de marzo... —musitó, con un amago de sonrisa.

—¡24 de marzo! —repitieron varios.

—No me vas a decir que no sabés qué es el 24 de marzo —Bruno fue más directo.

Gorostiaga metió la cabeza entre los hombros y adelantó el labio inferior, en señal de ignorancia. Todos se rieron.

—No te hagás el boludo. Se hace el boludo —chancearon algunos.

—24 de marzo. . . —repitió como para sí Gorostiaga, en tanto se golpeaba una clavícula con la punta de los dedos de la mano derecha.

—La fecha patria. . . —se arriesgó a ser obvio Mauricio.

—¿Qué fecha pat. . . —giró su cabeza Gorostiaga hacia él, para interrumpir la pregunta y reír francamente—. Me están agarrando para la joda.

Dejó de reírse cuando advirtió cierta confusión en los rostros de sus amigos, algunas miradas extrañas, como buscando en él algún desequilibrio.

—¿Qué fecha patria? —se animó, sin embargo, a completar la pregunta.

—Mirá. . . —había cierto tono de advertencia en la voz de Bruno— si vos no la celebrás es cosa tuya.

—Suerte que no está Nava. . . —agregó alguien.

—Pero nosotros. . . —siguió Bruno— los 24, al mediodía celebramos con las familias. Pero a la noche, desde hace 40 años, nos juntamos acá, en el colegio y festejamos juntos.

—Lo que pasa. . . —articuló, quizás tanteando, Gorostiaga— . . .es que no todos lo hacen. . .

—No importa, no importa —desestimó Bruno—. Por supuesto que no todos lo hacen. El nuestro es el único curso que lo hace. El único. Todos los años. Desde que terminamos el secundario.

—Sí, sí. . . —se refregó la cara Gorostiaga—. Lo que yo no entiendo. . . digo. . . la fecha. . .

—Goro, Goro. . . —llamó su atención Mauricio—. Te explico. Por supuesto que no es fácil de entender que casi veinte tipos, grandes ya, abuelos casi todos, tengan la voluntad, la constancia, la persistencia de reunirse año a año sin faltar uno solo, en el festejo del 24. Pero la cosa se entiende a través del profesor Nava, que ha mantenido viva esta tradición. Entonces, 24 de marzo, victoria de las tropas españolas sobre las argentinas en Pisco, nosotros nos reunimos y, por supuesto, homenajeamos a Nava. . .

Gorostiaga lo miró larga y profundamente, amagó una sonrisa.

— ¿Victoria en dónde? —se adelantó en su silla hacia Mauricio.

—En Pisco —abrió sus manos, asombrado ante la pregunta, éste.

—Victoria. . . de las tropas. . . españolas —fue rememorando Gorostiaga— sobre. . .

Mauricio hizo un gesto desdeñoso.

—No te hagás el boludo —dijo.

—No, no —se apresuró, casi desafiante Gorostiaga—. ¿Cuándo?

— ¿Ah, no te acordás la fecha? —desafió Marcelo—. Yo tampoco.

—Yo nunca he sido muy fuerte para las fechas —confesó Mauricio— 1800. . . —calculó.

—1824 —agregó, desde la otra punta, Zárate, que se había mantenido callado o semidormido hasta ese momento—. 24 de marzo de 1824.

— ¿1824 ó 25? —pareció sorprenderse ante su propia duda Augusto.

—Suerte que no está Nava —dijo alguien.

—1824 —reafirmó Zárate.

—Sí —Marcelo pegó con el índice sobre la mesa—. Porque en diciembre de 1823 fue Ayacucho. Luego, en enero del 24, Hernández reagrupa las tropas, el combate de Picaderas fue en febrero, y la derrota total de las fuerzas de San Martín y Bolívar es el 24 de marzo del 24. Sí, es en el 24, en Pisco.

—Un momento —vaciló Armas—. ¿Cuándo es fusilado Bolívar?

—26 —dijo Bruno—. Fines del 26. Meses antes de que San Martín fuese llevado prisionero a Madrid.

Gorostiaga hizo resbalar su mirada por los rostros de todos, buscando alguna sonrisa socarrona, al menos un guiño cómplice, una mandíbula apretada reprimiendo una risa. Sólo vio gestos serios, atentos algunos, desentendidos otros, somnolientos varios.

—Pero... —volvió a pasarse la mano por la calva.

—¿Qué? —fue agresivo Mauricio—. ¿Te parece mal?

—¡No! —se apresuró Gorostiaga, sin saber bien qué negaba—. ¿Qué...?

—¿Te parece mal? —insistió Mauricio.

—¿Por... por qué?

—Si te parece mal, decilo.

—No... es que... ustedes dicen...

—Le parece obsecuente —se dirigió Armas a los demás. Se hizo un silencio pesado. Algunas expresiones se tensaron.

—Sí, viejo... —repitió Armas, como para sí—. Le parece obsecuente.

—¿Te parece obsecuente? —se enfrentó Bruno con Gorostiaga. Este había adquirido una expresión espantada. Meneó la cabeza, negando.

—Nava no es como los demás, Goro —dijo Augusto—. No es como los demás. El mismo nos lo ha dicho. El no se aprovecha. No se aprovecha. Siempre nos ha tratado bien. Casi igualitariamente. Nos permite cosas. Es distinto.

—Y eso que podría ser muy diferente —se apresuró a agregar Mauricio—. El nos lo ha dicho. Hay otros que no tienen ninguna prosapia y sin embargo se aprovechan. Pero él no. El no porque es un verdadero señor. Si venimos todos los años acá a homenajearlo, puede ser un poco a instancias de él, pero ya no es obligatorio como los primeros años. Te digo que lo hacemos por una cuestión de cariño, también. Tomalo como quieras.

—Yo... yo... —Gorostiaga se puso una mano sobre el pecho.

—¿Vos sabés quién es Nava? —le preguntó Bruno.

—Sí —se encogió de hombros Gorostiaga—. El profesor, el profesor de Historia.

—No —se fastidió Bruno—. Te digo. ¿Sabés de quién desciende? El es Fermín Nava de Henares. Y el general Ismael Hernández Garañón, era Ismael Hernández Garañón y Nava. Fijate vos.

—Fijate vos si podría exigir —agitó su mano derecha en el aire Marcelo.

—Descendiente directo del general Hernández.

—El general Hernández. . . —Gorostiaga tanteó con su índice derecho, como siguiendo una línea dibujada en el aire.

—El 24 de marzo de 1824. . . —se armó de paciencia Mauricio— . . .el que vence a Bolívar y San Martín en Pisco es el general Hernández Garañón y Nava que después es Emperador de Chile y el Río de la Plata.

—No. . . no sabía —murmuró Gorostiaga.

—Bueno. . . —accedió Mauricio, condescendiente—. Hay muchas cosas que uno se olvida. Mirá yo, que me había olvidado la fecha.

Sin duda, para Mauricio, no se le podía pedir a un hombre cuyo destino lo había llevado a terminar de ayudante de cocina, el nombre completo del vencedor de Pisco.

—Yo te digo. . . —comenzó Bruno, casi a modo de confesión frente a Gorostiaga— que vengas sin ninguna vergüenza.

—Por supuesto. Ninguna —dijeron varios.

—No se trata de intentar quedar bien con el poder —continuó Bruno—. Ni chuparle las medias a alguien que pueda conseguirme un crédito, o un puesto acá o en Madrid. Es una cosa de afecto, nada más. Un reconocimiento hacia alguien que, pudiendo hacernos sentir todo su poder, o su influencia, sólo se ha preocupado por que conozcamos nuestra historia, que apreciemos a nuestros próceres, etc. . . nada más. . .

—Te digo más... —se tornó confidencial Augusto—. No nos cobra ni las regalías. Ni las regalías.

—No digas nada de esto —solicitó Marcelo. Gorostiaga negó con la cabeza.

—¿Qué nos exige? —adelantó Armas—. Que le paguemos la cena todos los años. Mirá vos. Y no tiene ni que decirlo. Lo haríamos de cualquier manera.

—No es obsecuencia, no —negó firmemente Bruno.

—Te imaginás que con sus contactos, Nava podría hundirnos, si quiere —siguió Armas.

—Si no, preguntale a Schapira —se sonrió, memorioso, Augusto.

—¿Te acordás de Schapira?

Gorostiaga volvió a negar con la cabeza.

—Bueno... dejalo ahí —cortó Mauricio.

—Sí. Dejálo ahí. Mejor —aprobó Marcelo.

Gorostiaga los miró a todos e irguió el torso.

—Bueno, muchachos... —se puso de pie—. Tengo que seguir trabajando— algunos se pararon, otros aprovecharon para desperezarse—. Muy lindo. Muy lindo. Me alegra mucho haberlos visto.

Hubo quienes se quedaron sentados, mejor dicho, repantigados en sus asientos y saludaron a Gorostiaga con la mano desde allí. Augusto, Marcelo y Bruno lo abrazaron. "Chau Goro, chau", gritaron otros, desde lejos.

Gorostiaga caminó hacia la cocina, se paró antes de llegar a la puerta y se volvió para mirar hacia el grupo. No contestó a los últimos saludos. Mostraba una expresión turbia en la cara. Luego siguió su marcha y se metió en la cocina.

—Che... —reclamó atención Mauricio— este Gorostiaga... —se pegó con la punta de los dedos de la mano derecha en la frente— duro... ¿eh?

—Y... por algo largó —disculpó Aurelio. Pidieron el café.

LOS SOBREVIVIENTES
DEL "CARLA PISTOIA"

El capitán Tulio Lipari extrajo con cierta dificultad su reloj por debajo del chaleco salvavidas naranja y controló el cuadrante.

—20 minutos y medio, —dijo, ante la mirada atenta de los restantes tripulantes del bote—, no está mal.

—Nada mal —aprobó Carbagni, el maestrante—. Hay que considerar que hemos hecho un solo simulacro desde que salimos de Santos.

—Así es. Así es —pareció dudar Lipari— pero en el próximo debemos alcanzar los quince minutos. En un cuarto de hora todo el mundo debe estar en los botes.

—Capitán —interrumpió Ademhir Saldanha, pasajero de primera—. ¿No le parece que el barco se aleja demasiado?

El "Baronesa Carla Pistoia" se empequeñecía en el horizonte. Una sombra de preocupación oscureció el rostro de Lipari.

—¿Quién quedó a bordo del buque, Carbagni? —preguntó.

—Nadie, señor —se apresuró a contestar éste—, usted dijo que todos abandonásemos el barco.

El capitán Lipari observó su nave perdiéndose a la deriva en la lejanía, paseó luego su vista, primero, sobre los otros catorce botes salvavidas atestados de pasajeros que flotaban en el mar tranquilo, después, por los rostros confundidos de quienes lo rodeaban en el bote por él comandado.

—Caramba —musitó. Se hacía de noche.

A pesar de que el día se presentaba luminoso, los otros botes no se veían. El mar seguía tranquilo y la enorme mesa, invertida, oscilaba levemente por el discreto oleaje, sus cuatro macizas patas hacia el cielo.

—Roble —certificó Arturo García Vedia deslizando uno de sus dedos por la madera—, del bueno.

Domingo Zappia lo miró apenas. Desde hacía rato contemplaba el infinito procurando detectar los otros botes. Cansado, al parecer, se sentó entre los bultos que se amontonaban sobre una de las ovales cabeceras de la mesa.

—Si nos apurábamos hubiéramos podido agarrar uno de los botes —dijo.

—Es cierto —exclamó García Vedia—, pero la charla estaba interesante.

—Yo no oí la alarma —confesó Zappia.

—Yo la escuché, pero no creí que fuese tan urgente. —Se quedaron en silencio. García Vedia había sacado su pipa del bolsillo del saco—. Después de todo era nada más que un simulacro de naufragio.

—Por ahí en un bote hubiésemos tenido alimentos, o comida. No sé. . . galletitas —aventuró Zappia. García Vedia, recostado elegantemente sobre una bolsa de dormir, frunció la nariz, desaprobando.

—Yo alcancé a traer varias cosas —señaló vagamente los bultos—. La mesa es amplia. . . Recuerde que almorzábamos allí casi veinte personas.

—Sí —acordó Zappia—, pero nos habían dicho que tirásemos al agua solamente los botes. Tengo miedo de que el día de mañana. . .

—¿Qué?

—Nos quieran cobrar la mesa. No teníamos autorización para tirarla.

— ¡Por favor, Domingo! —desestimó García Vedia haciendo un gesto de desdén con su mano derecha que sirvió, al mismo tiempo, para alejar, en parte, la primera bocanada de humo que escapara de su pipa.

—Es una mesa cara... —insistió Zappia—. Usted mismo ha dicho... Roble.

— ¿Domingo es su nombre, no? —se interesó García Vedia.

—Sí. Domingo.

—Domingo —repitió García Vedia—. ¿Puedo llamarlo Domingo, no? —Zappia aprobó con la cabeza—. Mire Domingo. No sé si no estamos mejor acá, en esta mesa, solos, con mucho espacio para los dos... Usted vio los botes: una multitud en cada uno. Agrupados allí... como ganado. En cambio acá... ya ve... no estamos nada mal.

—Temo que refresque mucho. —Zappia se había dedicado a reacomodar algunos bultos, distribuyendo mejor el peso para facilitar el equilibrio de la mesa invertida. García Vedia no contestó. Fumaba, enfrascado en sus pensamientos.

—No me traje mucha ropa —siguió Zappia—. Claro... ¿Quién iba a pensar? Aparentemente, no íbamos a estar más de una hora en los botes.

— ¿Sabe? —salió de su ensimismamiento García Vedia—. Me quedé pensando en eso que usted me decía...

Zappia dejó de acomodar las cosas y lo miró.

— ¿Qué le decía?

—Lo que me decía sobre Renoir.

— ¿Renoir? —el gesto de Zappia denotó rebuscar en su memoria ese nombre.

—Sí. Lo que usted me decía sobre Renoir, allá arriba, durante la sobremesa, antes de que sonara la alarma.

—Ah, cierto. Cierto —acordó, como perturbado, Zappia, volviendo a sentarse.

—En verdad. . . —García Vedia se arrellanó un poco más, balanceando sus hombros, contra las frazadas que había doblado prolijamente tras sus espaldas, apoyadas contra una de las patas de la mesa— . . .no le voy a decir que comparto plenamente su concepto, pero tampoco lo invalido, pero creo conveniente recordar dos hechos importantes en la vida de Renoir que pueden explicar con bastante exactitud esas vacilaciones que usted menciona. . .

Zappia se levantó las solapas del saco, miró a García Vedia y prestó atención.

—Pruebe —García Vedia estiró el pedazo de pan hacia Zappia—. Está bastante bueno. —Zappia lo tomó, mirándolo con desconfianza.

—Ni sabía que había pan en ese bulto —se sinceró García Vedia—. Cuando salimos corriendo agarré las puntas del mantel y me traje todo lo que quedó adentro. Hasta una sopera hay.

Zappia masticó largamente la masa gomosa. García Vedia, en tanto, procedió a destapar la botella de whisky y servirse un trago generoso en un vaso de plástico. Se acomodó luego mejor contra su respaldo de frazadas, rascándose la cabeza.

—Fíjese que ahora —entrecerró los ojos contemplando la infinita extensión de agua que los rodeaba— que miro al mar, revalorizo un poco a las "marinas". No debe ser nada fácil pintar, digamos, atrapar la movilidad del oleaje, el brillo de la luz en el agua, la espuma, fundamentalmente la espuma. . . Es cierto que son, generalmente, cosas horribles las que uno ve, pero admito que no debe ser una empresa fácil sentarse frente al mar, con un pequeño caballete, la tela en blanco y decir "Voy a pintar esto tal cual lo veo".

Zappia asentía con la cabeza, aún masticando.

—Yo expuse una vez con un amigo. . . —comenzó— . . .que pintaba "marinas".

140

—No me diga —se iluminó el rostro de García Vedia—. Es cierto que usted me había dicho que había expuesto.

—Sí —en la cara de Zappia se dibujaba una sonrisa de disculpa— hace ya bastante. Dos años, casi. En una galería del barrio. Pero linda, linda galería. Qué sé yo...

—¡Qué interesante! —lo alentó García Vedia, haciendo girar en círculos leves su vaso plástico como extrañando el hielo.

—No. Sí —se contradijo a modo de prólogo Zappia—. Era ¿vio? la primera vez que me animaba. Yo había estado yendo a una academia de por ahí, y el profesor nos animó a mí y a este otro muchacho, Candia se llamaba, a exponer los trabajos. No sé, se ve que le habían gustado.

—Lógicamente —aprobó García Vedia—. ¿Cuál era el nombre del profesor?

—Bueno. No es un pintor conocido. Mendoza se llama, un hombre mayor ya. ¿Lo oyó nombrar? —García Vedia primero fingió pensar con un gesto concentrado en el rostro, luego negó con la cabeza, como asombrado de su ignorancia.

—No, seguro que no lo conoce —comprendió Zappia—, no es conocido. Pero me quedaba cerca y... yo quería que alguien me enseñara algunas cosas... ¿vio?... matices, digamos, color... Dibujar las manos, por ejemplo.

—Las manos...

—Sí —se animó Zappia—. Porque yo con el color me las rebusco más o menos bien, pero con las figuras se me complica. Ya es más difícil. Cuando tengo...

—Es un colorista más que un dibujante —definió García Vedia, concluyente.

—Sí. Eso. Pero cuando tengo que dibujar figuras la cuestión de las manos se me hace cuesta arriba. Yo veo, por ejemplo, cómo dibuja las manos Alonso y... ¿vio cómo soluciona las manos Alonso?

—Por supuesto —entrecerró los ojos García Vedia.

—¿Lo conoce... digo... lo conoce personalmente?

141

—Zappia se había incorporado un poco, echando el cuerpo hacia su interlocutor.

— ¿A Carlitos? Por supuesto. Gran muchacho.

—Bueno —se emocionó Zappia—, para mí es... no sé... Un monstruo.

García Vedia sonrió ante el arranque emotivo de Zappia.

—Sí —admitió, arrastrando un tanto la "ese" inicial—, es meritorio. Se esfuerza. Digamos que no es para tomar como medida patrón...

Zappia tornó a recostarse contra el atado de manteles que le servía de apoyo.

— ¿Cómo...? ¿Medida patrón...?

García Vedia se apresuró a sonreír, consciente de la tribulación que sus palabras habían causado en Zappia. Hizo un gesto veloz con la mano derecha extendida hacia su compañero.

—Pero esa es otra cuestión —rió—, para otro momento. Pero, siga, siga con lo que me estaba contando de la muestra, que es muy interesante...

Sin embargo, Zappia parecía haber perdido el interés en hablar del tema. Agregó un par de banalidades sobre la exposición, señaló que su nombre había salido mal escrito en el catálogo de la galería y luego calló, para quedarse contemplando el sol que caía hacia el oeste.

Era el cuarto día en que ambos hombres navegaban a la deriva. Sólo habían visto, aparte de la invariable línea del horizonte, nubes pesadas que no terminaron de concretarse en lluvia y los saltos intempestivos de los peces voladores.

—Es curioso pensar —volvió a la carga García Vedia— que la tonalidad del agua, específicamente, ese azul del agua, no existe. Es tan sólo la superposición del líquido lo que obtiene el color.

—Notable —coincidió en voz baja Zappia, por decir algo.

—Y fíjese que eso es algo de lo cual sólo cae en la cuenta el amigo Tyndall —remarcó enfático y divertido García Vedia, señalando a Zappia con su pipa.

—Tyndall.

—Efectivamente. John Tyndall —García Vedia pegó un par de chupadas enérgicas.

—No he visto nada de él —reconoció Zappia.

—No —rió el otro, procurando sin embargo no ser ofensivo—, no se trata de un pintor. Tyndall fue un físico irlandés que, simplemente, descubrió que la coloración azul o azul verdosa del mar está dada por la superposición de las aguas. Que las aguas, de por sí, son incoloras, como cualquiera sabe.

Zappia frunció los labios, adelantando el mentón y enarcando las cejas, impactado por el informe.

—Vea usted —siguió García Vedia— qué tontería, en principio. Simplemente, un tipo que descubrió eso. Cosa que, imagino, muchas otras personas debían conocer, pero quizás él fue el primero que la enunció. Que la verbalizó como descubrimiento. Es curioso, sin duda alguna.

—Notable.

—Y vea, sin embargo. . . —García Vedia dio la impresión de que se abismaba en sus deducciones entrecerrando los ojos ante el humo de su pipa y lo reflexivo de su conducta— . . . cómo de allí puede extraerse una interesante similitud con el proceso de "veladuras", en el quehacer pictórico. En esa. . . —inclinándose hacia Zappia, García Vedia simuló expandir algo con el dorso de su mano derecha sobre la palma de la izquierda— . . . acumulación de tenues películas, esa superposición de tintes con los cuales, especialmente, los renacentistas obtenían esa atmósfera densa, dimensional, digamos, esa corporización de la luz. El Tiziano, por ejemplo, en su "Presentación de la Virgen en el Templo". . . no sé si usted se fijó, Domingo, la carnadura lumínica. . .

—Bueno. . . en el caso de. . .

—Cuando usted aprecia. . . —García Vedia procuraba graficar con sus manos, en el aire, un ámbito— . . . esa mixtura de planos que da. . .
—No vi mucho del Tiziano —se sinceró Zappia.
—No vio mucho del Tiziano —corroboró García Vedia, retomando, tal vez desalentado, su posición de reposo—. El Tiziano y Holbein, el Joven, son imprescindibles.
—He visto algo de. . . —intentó recomponerse Zappia.
—Pero ¡hombre! —fue más rápido García Vedia— si va a Italia ¿Qué problema tiene? Mire, se va a Firenze. A Florencia. Se va al Museo de los Oficios y allí tiene lo del Tiziano que no está en el Museo del Prado y hasta algún Holbein. En todo caso pregunta por Genaro Semprini. ¿Se va a acordar? Genaro Semprini —García Vedia había vuelto a adelantar su torso hacia Zappia, dibujando un círculo con la unión de sus dedos pulgar e índice de la mano derecha—. Si quiere se lo anoto.
—No. Está bien. Me acuerdo.
—Se lo anoto, —García Vedia hizo caso omiso de la consideración de su interlocutor, rebuscando una libretita en el bolsillo interno de su saco—, Genaro es muy amigo mío. Me invitó hace dos años a la Bienal de Venecia.
—No sé si tendré tiempo de ir a Florencia —calculó en tono de disculpa Zappia, pero García Vedia continuaba anotando.
—Incluso es posible —prosiguió García Vedia— que yo lo encuentre ahora en la Muestra de Milán. El siempre va. Si lo encuentro le adelanto que usted irá por el Museo. No me ofrezco a acompañarlo porque luego quiero pasar por París y el diario no creo que se avenga a correr con más gastos de estadía.
—Bueno, si puedo. . . —Zappia estiró su brazo para tomar la pequeña página arrancada de la libretita de direcciones—. Pero. . . no sé. . . es difícil.
—Dígale que va de parte mía —agregó García Vedia, en tanto guardaba de nuevo su libreta.

—Porque yo voy a Palermo. Voy a ver a mi padre. Está viejito ya.

—Verá usted, Domingo, en Holbein... —García Vedia volvía a mordisquear, pensativo, su pipa— ... un particular dominio del retrato, en "Erasmo escribiendo", por ejemplo, muy de la escuela de Augsburgo. Lejos de las maricconadas del otro Holbein, el Viejo, a quien el gótico alemán le había cagado el cerebro y...

Zappia había terminado de plegar el papelito que le diese García Vedia y ahora masticaba una galleta marina procurando hacer el menor ruido posible.

García Vedia acercó la botella de whisky vacía a las demás.

—Diez botellas. Una por día —contó, divertido—, no está mal. Y eso que usted no toma.

—Bueno... tomo poco... a veces, en alguna ocasión. Un casamiento...

—Fíjese qué curioso... —enunció García Vedia, de nuevo en su lugar, apoyado en las frazadas— ... qué curioso o qué afortunado golpe del destino, que seamos justamente usted y yo los que, por imperio de las circunstancias, porque no se lo puede llamar de otra manera, estemos compartiendo esta embarcación, tan, tan extraña... ¿no? Tan particular.

Zappia se rió. No lo hacía con frecuencia.

—Es así —admitió.

—Pero, mire, Domingo —estaba alegre García Vedia— que, justamente un pintor como usted y un crítico de pintura como yo hayamos venido a caer los dos en una misma embarcación, entre cientos y cientos de tripulantes, ¿no? pasajeros de ese transatlántico, formidable, ¿no es cierto? No deja de ser una suerte.

—Bueno... —se animó a aventurar Zappia— ...no creo que haya sido sólo casualidad. Ya a bordo, a través de la pintura, habíamos tenido algunas charlas. También por eso, para hablar de pintura, fue que nos sentamos juntos a la mesa. . .

—Usted tiene razón, Domingo —acordó García Vedia—. Muy justa su apreciación. Es cierto. Las casualidades no existen. Está claro que yo me acerqué a usted cuando lo vi tomando apuntes sobre el puente. Aquellos bocetos. . .

—Sí. Yo siempre, bueno. . . me gusta llevar siempre un bloquecito y bosquejo. . .

—El arte siempre presente.

—Así me doy una idea, ¿no? Si después tengo tiempo. . .

—Hasta en las cosas más nimias. . . —caviló García Vedia.

—Lo paso a la tela.

—Lleva usted siempre consigo su valija de pintor, quiero creer —casi amenazó García Vedia.

—Sí. Por supuesto. Me gusta. . .

—Lógico, lógico. Muy bien. . . la inspiración no espera. Me imagino que la tendrá ahora acá —el rostro de García Vedia se iluminó con la pregunta.

—Sí. Sí. —Zappia señaló vagamente entre los bultos—, la agarré de pasada. Por ahí anda.

—Ahá —respiró aliviado García Vedia—. Es algo que un pintor no puede olvidar nunca. ¡Nunca! Como un soldado no debe desprenderse de su arma.

Zappia hizo un gesto humilde, abriendo los brazos.

—Bueno. . . "un pintor". Yo no me considero un pintor. Soy un aficionado, nada más.

—No se quite méritos —lo tranquilizó García Vedia—. El exceso de profesionalismo, la comercialización, tienen sus bemoles también. Se lo digo yo, que hace casi veinte años que ando en esto. Conozco el paño. No sé si ha leído alguna vez mi columna. . .

—Por favor. . . —pareció ofenderse Zappia— . . . por supuesto que la he leído. No siempre la leo, pero la he leído mucho. Yo no soy alguien que viva de mi pintura, pero sé perfectamente quién es el crítico de arte más cotizado del país.

—Uno de los más cotizados, Domingo —reconvino García Vedia—, le agradezco. Sin embargo ¿De qué me ha valido eso?

—Le confieso que a veces no leo sus críticas porque... no sé... no las entiendo —aventuró Zappia.

—No hay que entenderlas —exclamó García Vedia—. Le gustan o no le gustan, eso es todo. Por eso le decía: "¿De qué me ha valido eso?" Ser tan cotizado. Mi renombre.

El crítico meneó la cabeza con la vista perdida sobre las olas.

—Peleas. Querellas. Enemistades —dijo, con un tono de tristeza.

—Bueno... Suele ser muy duro usted a veces.

—El caso de Ismael Gastaldi, por ejemplo —señaló García Vedia—. Ahí tiene. Amigos de toda la vida.

—Un maestro —puntualizó Zappia.

—No sé, no sé... —dudó García Vedia, procurando no ser tempranamente cruel— no sé... Antes, puede ser. Cuando empezó y todos decían que era un perro. Pero ahora está convertido en un viejo pelotudo. Su última muestra es una verdadera basura. Y yo se lo dije.

—Sí. Yo leí la crítica.

—Cinco años para presentar esa bazofia. Un tipo de un nombre como Ismael. Que se deje de embromar —García Vedia volvió a depositar su vista sobre el mar—. ¡Y se me enojó! ¡Se me enojó por eso!

—Y... —Zappia abrió un poco más sus ojos, como abismado— yo leía la...

—Le cayó mal que yo pusiera: "masturbación intelectual plagada de imágenes fetichistas propias de un mundo interior pútrido...". ¡Hay que embromarse!

—Y... —Zappia se encogió de hombros, sin proseguir la frase.

— ¡Que se vaya a la mierda! Si todavía fuese alguien valioso. . . —también se encogió de hombros García Vedia. Ambos quedaron en silencio, contemplando la inmensidad.

—Qué hermosa coloración toma el horizonte a esta hora —observó García Vedia de pronto, como distendido y olvidado de la charla anterior—, índigo.

—Hum —aprobó Zappia.

— ¿Por qué no saca sus telas y se anima, Domingo? —lo urgió de repente y animado García Vedia.

— ¿Ahora?. . . No. . . Está oscureciendo. . . No vale la pena.

—Para mí le falta algo de añil —dijo el crítico, volviendo a mirar hacia la lejanía.

La figura de Zappia se fue agrandando lentamente hasta llegar al lado de García Vedia, quien se había quitado los zapatos y fregaba distraídamente sus pies sobre la arena.

— ¿Nada? —preguntó el crítico. Zappia hizo un gesto de desconcierto.

—Nada —dijo—. Di toda la vuelta a la isla y nada. Es chica.

—Qué lástima —suspiró García Vedia—. En estas islas suelen darse civilizaciones indígenas realmente interesantes. De un concepto artístico más que atractivo para nosotros, tan penetrados por deformaciones intelectuales.

—De haber gente —explicó Zappia— hubiese encontrado huellas. O cosas tiradas. Qué sé yo. No sé, restos de fuego.

—No. No hay nadie.

—Me metí un poco incluso entre las palmeras. Nada.

—Bien. . . —García Vedia caminó hacia la invertida mesa depositada sobre la playa—. Mientras haya whisky.

Minutos después volvía con una botella sin abrir, el vaso de plástico en la mano.

—Yo no sé hasta qué punto, Domingo. . . —enunció en tanto se abocaba a destapar el "White and Black". Zappia lo miró, desinteresado— . . . se puede llamar "naif" el arte indígena. He visto pinturas rupestres en España, he estudiado por años las molas en Colombia y. . .

Zappia volvió a mirar hacia el mar. La marea estaba subiendo.

—Realmente, se puede considerar usted un tipo afortunado, Domingo —dijo García Vedia. Con unas frazadas sobre el montículo de arena había improvisado una almohada y descansaba cuan largo era bajo el protector que habían levantado con el simple recurso de cuatro palos y una lona a manera de toldo.

— ¿Por qué? —Domingo estudiaba un caracol.

—Mire usted los esfuerzos, los escándalos, las idas y venidas que tuvo que sobrellevar Gauguin, por ejemplo, para ir a parar definitivamente a la isla Marquesa, y usted de un día para otro, casi sin proponérselo, se encuentra acá, en este Paraíso, en este Edén, con todo el tiempo del mundo, sus telas, sus pinceles, sus óleos. . .

García Vedia dejó desmayar su elocución como para permitir que el concepto penetrase en la conciencia de su compañero.

—Es verdad —aceptó Zappia con una sonrisa. Tiró el caracol sobre la playa y se limpió las manos sobre los fundillos de sus pantalones.

García Vedia se reincorporó en parte, apoyándose sobre uno de sus codos.

— ¿Cuándo va a comenzar a pintar, Domingo? —fue directo.

— ¿Cómo? —Zappia seguía quitándose la arena de las manos, mirando lejos.

—Que cuándo va a empezar a pintar.

—Bueno. . . No sé. . . Hay tiempo. . .

—Mire que el arte es una práctica cotidiana —advirtió García Vedia, volviendo a su postura de reposo—. Es una cosa. . . respiratoria. Una realimentación constante.

Zappia aprobó con la cabeza.

—Aproveche, Domingo —insistió García Vedia—, usted, que tiene ese privilegio.

—No. No. Sí... —se rebatió a sí mismo Zappia, con una sonrisa— si voy a empezar. Por ahí, mañana... Sí, sí.

Había pasado una semana. Zappia no había abierto su caja de madera marrón oscuro. García Vedia lo había reconvenido en más de una ocasión. Finalmente, al octavo día, el crítico se decidió a recorrer el perímetro de la isla para estirar las piernas. Volvió por el mismo rumbo por el que había partido, desalentado porque las distancias eran mayores a lo que había calculado. Al regresar, observó que Zappia estaba dibujando una figura humana sobre la arena, con la punta de un palo.

—Ah, caramba, caramba. Parece que nos hemos decidido —se alegró García Vedia, apresurando el paso. Zappia, sorprendido, se apresuró a borrar con su pie derecho, parte de las líneas.

— ¡No! No lo borre... —reclamó García Vedia, en tanto buscaba descifrar la figura antes de que Zappia la eliminase—. ¿Qué es...?

—No... no... —se disculpó, confuso, Zappia—, nada, estaba... —Tampoco deseaba que fuese demasiada explícita su premura por borrar el dibujo.

—Algo figurativo —musitó García Vedia—. Línea sensible.

—Me salió mal la cara —se quejó Zappia y con el talón desbarató las últimas líneas profundizadas en la arena húmeda.

— ¡Pero! —se molestó García Vedia. Zappia tiró el palo lejos y volvió a refregarse las manos.

—Lo hice por hacer... —dijo. García Vedia masticó su fastidio un par de minutos, dando profundas chupadas a su pipa. Luego recapacitó, considerando que la cordialidad era preferible.

—Me hace acordar, esto... —comenzó, con una sonrisa— .. .a un hermoso cuento de Bradbury. Muy cortito. Yo no soy devoto de Bradbury, lo noto un tanto. .. infantil. .. para mi gusto. O comercial, digamos, pero ese cuento era muy bonito. No recuerdo bien la trama, que era muy simple, pero un tipo, un hombre común, anda caminando por una playa de veraneo, una playa desierta y de repente se encuentra con Picasso.

— ¿Con Picasso? —Zappia entrecerraba los ojos, ante el brillo del sol.

—Con Picasso, fíjese usted. Picasso, que se encontraba también veraneando se supone. Y Picasso estaba haciendo, igual que estaba haciendo usted, un gran dibujo en la arena, con un palito. Pero claro ¡estaba haciendo un Picasso!

— ¡Lógico, un Picasso!

—Entonces este hombre, el protagonista del cuento, este turista, cuando Picasso termina, se va y todo eso, este turista se desespera porque sabe que es el único testigo —le repito que la playa estaba completamente desierta— de aquella obra única. El había tenido el privilegio de contemplar su realización y además, de aquí la desesperación del tipo, sería quien iba a contemplar, con seguridad, su destrucción, ya que la marea estaba subiendo.

— ¡Ahh! —se regocijó Zappia, ante el viraje del relato.

—Entonces este hombre sale corriendo hacia su hotel, desesperado, en busca de una cámara fotográfica, algo con qué retener, inmortalizar esa obra, ese Picasso único dibujado en la playa. Pero cuando llega, la marea ya lo ha borrado.

Los dos hombres se quedaron en silencio.

—Qué bien ¿no? —aventuró Zappia, tras un instante.

—Una maravilla —dijo García Vedia—. Casi demasiado bueno como para ser de Bradbury.

—Yo no he leído. .. —comenzó Zappia.

—Pero. .. ¡Muy bien!. .. ¿eh?. .. ¡Muy bien! —cortó García Vedia.

— ¿Qué?

—Muy bien lo suyo —clarificó el crítico—. Muy bien su decisión de retomar la línea. De romper la inercia. Por supuesto que entiendo que para todo artista no es fácil, tras largo tiempo de inactividad, volverse a enfrentar con sus telas, con sus fantasmas...

—Y...

—¿Recuerda "El escritor y sus fantasmas"?

—¿Cómo?

—De Sábato. "El escritor y sus fantasmas" —documentó García Vedia—. Bueno, en este caso es "El pintor y sus fantasmas".

—Bueno —se encogió de hombros Zappia—, algo de eso hay.

—No —desestimó, optimista, el crítico—, pero usted ya rompió el hielo. No. Muy bien. Muy bien. Ahora es sólo cosa de que no se quede. Seguir adelante. No, Domingo, lo de hoy suyo ha sido muy importante. Muy importante.

Dos meses después, Zappia se encontraba acostado boca arriba en la playa, las manos cruzadas bajo la nuca, abierta la camisa, los ojos entrecerrados. García Vedia, tras media hora de caminar en círculos, fumando, unos veinte metros más allá, se acercó a él. Previamente, se había desviado hasta los palmares, de donde tomó un pedazo de tronco caído, poroso y liviano, que le haría las veces de asiento. Lo depositó junto a Zappia y se sentó en él. Zappia entreabrió los ojos.

—Qué tal —dijo.

—Mire, Domingo —adoptó un tono solemne García Vedia—, tengo que hablar con usted.

Zappia frunció el ceño y prestó atención.

—No voy a volver a repetirle lo de su función de pintor y esas cosas —tranquilizó García Vedia—. Indudablemente, mis argumentos en torno a la conveniencia para su carrera de que usted retome sus óleos y sus pinceles es algo que usted tendrá que consultar con su conciencia, preguntarse qué pretende de su futuro artístico y obrar en consecuencia. Yo no puedo inmiscuirme en la relación "autor-obra", por supuesto. Eso es algo que tendrá que manejarlo usted. Vaya a saber qué tipo de resortes, qué tipo de condicionamientos están presionando para que usted no haya tenido, hasta este momento, la voluntad, el poder de decisión, o incluso el coraje de retomar sus telas. Pero sí me veo en la obligación de comentarle esto... —García Vedia detuvo la frase en ese punto, como apretándola entre sus dedos índice y pulgar de la mano derecha, oscilante frente a los ojos de Zappia.

—Yo soy crítico de arte —continuó García Vedia, obtenida ya la total concentración de Zappia—. Altamente profesional. Eso quiere decir que mi vida, la totalidad de las horas que componen mis días de trabajo, e incluso de holganza, usted lo habrá notado, están destinados a ejercer mi función natural. Vivo y respiro para mi trabajo, una verdadera vocación aun admitiendo que yo sea el más cotizado, la firma más cara, la columna más onerosa de la crítica de pintura del país. Por lo tanto, la ausencia de actividad repercute en mí malamente como una enfermedad o como una privación insoportable. La crítica es mi alimento cotidiano. Si durante un tiempo prolongado no puedo ejercerla, mi organismo, y más aun, mi psiquis, corren serios riesgos de alterarse hasta puntos de no retorno.

García Vedia se quedó en silencio.

—No sé si comprende lo que quiero significarle, Domingo —concluyó García Vedia, con un acento de dramatismo en la voz.

—Sí. Sí —aprobó Zappia—, entiendo.

Zappia había puesto el caballete casi en la parte húmeda de la playa, las tres patas levemente enterradas en la arena. Ahora estaba desplegando la simple tijera de su banquito con asiento de loneta rayada. La valijita de madera ya estaba abierta y se veían adentro una multitud de pomos de colores, retorcidos algunos, manchados otros. Zappia estaba abocado, de pie, a despojar ciertos restos de pintura afincados en la base de la cerda de uno de los pinceles mediante un sucio trapito con thinner.

Seis metros más atrás, más cerca de la sombra proyectada por los palmares, García Vedia también se había sentado sobre una vieja mochila mirando hacia el caballete. Estaba cruzado elegantemente de piernas y había encendido la pipa.

Zappia finalizó de limpiar su pincel favorito. Acomodó los frascos con aguarrás, dejó el trapo sucio dentro de la valija y luego revolvió entre los colores. Se lo veía distendido. Finalmente eligió un tierra siena tostado. Silbaba quedamente cuando depositó unos tres centímetros de óleo sobre la paleta. Antes de humedecer el pincel, giró la cabeza y observó a García Vedia. Este, sonriendo, le obsequió con una inclinación de cabeza que podía interpretarse como un saludo o como un signo de aprobación.

Zappia empezó con su trabajo.

VIAJE AL PAIS DE LOS NANINGA

El 5 de mayo de 1977 el profesor Jacques Cousteau me encomendó una difícil tarea. Debería yo remontar el río Orinoco, atravesando lo más intrincado de la selva amazónica, hasta alcanzar la zona de asentamiento de la tribu Naninga.

La misión no era, esta vez, un nuevo capricho del renombrado oceanógrafo. Se trataba de una de las fases más importantes del trabajo vial quizás más ambicioso y monumental en la historia de la Humanidad: la construcción de la carretera Río de Janeiro - Quito.·

La Clermont Ferrand, empresa francesa adjudicataria, había solicitado la colaboración de Cousteau. Y ahora, el profesor Cousteau me confiaba a mí, Jean-Baptiste Duprée, el encargo antedicho.

Lógicamente, mi misión no se completaba con el solo hecho de alcanzar las remotas tierras de los Naninga. El quid de la cuestión iba más allá: yo debería hacer uso de todo mi poder de convicción para explicarles a aquellos salvajes, presuntamente antropófagos, que la carretera Río de Janeiro - Quito iba a pasar, exactamente, por el sitio donde estaban edificadas sus míseras chozas.

¿Por qué me había elegido a mí el profesor Cousteau? Por tres razones fundamentales. Primero, soy un estudioso de las tribus aborígenes de América del Sur. Segundo, el profesor Cousteau conocía mi amplio dominio de lenguas y dialectos indígenas. Tercero, el profesor Cousteau me odia.

Mi primer paso fue acumular documentación sobre los Naninga. Acudí a la biblioteca de la Universidad de Tempe, Arizona, y encargué un informe lo más exhaustivo posible sobre la tribu amazónica. Una semana después habíamos obtenido un dato en verdad estremecedor: nadie sabía absolutamente nada sobre ella. Aquella vacuidad de conocimientos no podía, en manera alguna, detener mi tarea. Obtuve del gobierno brasileño una pequeña embarcación, en buen estado, para remontar el Orinoco. La aprovisioné de todo lo necesario y seleccioné el personal que me acompañaría: Antoine Puyseguin, joven arqueólogo francés; Chico Boto, un fornido marinero bahiano que se encargaría de los trabajos pesados; Joao, un simio macaco del tipo "aranha" que bien podría servirnos de intérprete, y el doctor Paulo Moscoso Filho de Aragao, abogado, quien habría de ocuparse de cubrir la parte legal en las seguras discusiones con los Naninga. A último momento incorporé a Tatiano Maiore, un conocido pianista, especialidad que, reconozco, no parecía tener mayores razones para ser incluida en el operativo. Pero tengo sobre mis espaldas innumerables viajes de este tipo y sé que en cualquier momento pueden necesitarse las disciplinas más impensadas.

El 15 de enero de 1978 mi seleccionada dotación ya se encontraba lista para partir y el mismísimo Chico Buarque de Hollanda se hizo presente en el muelle para despedirnos. Pero lo que realmente me emocionó fue advertir enrojecidos los duros ojos del profesor Cousteau al abrazarme. Comprendí entonces dos cosas: que muchos de nosotros no volveríamos al punto de partida y que el célebre oceanógrafo había estado practicando caza submarina sin sus antiparras.

No abundaré en detalles sobre el viaje. Fue muy largo: catorce meses y veintitrés días. En el último tramo del periplo el ánimo de la tripulación se perturbó. Hasta ese momento nuestro comportamiento a bordo era bueno, salvo algunos ataques de nervios en Tatiano Maiore, más que nada cuando desde los altos árboles de las riberas infinidad de monos nos arrojaban mangos, plátanos, vasos plásticos de yogur, guayabas y hasta preservativos. Este último detalle nos indicó, a las claras, que pasábamos por sitios donde había habido civilizaciones indígenas de evolución asombrosa. Algunos de esos preservativos estaban hechos de barro cocido; incluso, uno de ellos, que golpeó el hombro de Chico Boto, era de cerámica y Puyseguin lo reconoció como de uso real, privativo del cacique.

Pero lo que deterioró la moral de mi tripulación fue la certeza de que nos habíamos pasado 350 kilómetros del país de los Naninga, río arriba. La falta de puntos de referencia y lo intrincado de la selva nos habían hecho superar, con creces, el asentamiento indígena.

Otro hecho que alteró nuestra disciplina fue el impensado crecimiento de Joao, el macaco. Al zarpar, dicho mono no superaba los 35 centímetros de altura y su peso no alcanzaba los 17 kilos. Se alimentaba con raíces, frutas, pan disuelto en leche y castañas de cajú recubiertas de chocolate. Al mes de navegación, el animal había alcanzado una altura de 1,78 metros, sobrepasaba con holgura los 94 kilos, habiéndose, además, apoderado de la bodega. Lo más grave era que persistía en treparse a nuestros hombros como cuando era pequeño y esa conducta lo había llevado a aplastar en un par de ocasiones al doctor Paulo Moscoso Filho de Aragao.

Por fortuna el macaco era manso. Sin embargo, no admitía permanecer en cueros a pesar del calor sofocante que nos azotaba. Debo reconocer que habíamos sido nosotros mismos quienes lo habituáramos a cubrirse vistiéndolo, desde su más tierna edad, con un buzo deportivo Le Coq Sportif, firma francesa que solventaba parte del viaje a cambio de que Joao luciese su marca. Cuando ya no había medida de buzo (habíamos llevado tres) que le cuadrase a Joao, éste se encaprichó en vestirse con uno de los dos trajes que portaba el doctor Paulo Moscoso Filho de Aragao, ante el espanto del jurista. Se trataba de un terno en tono beige muy claro, de buen corte de tweed, algo tomado de cintura, que se completaba con camisa crema y una corbata habano. Debo reconocer, a pesar de las rabietas de nuestro abogado, que a Joao no le quedaba nada mal el conjunto e incluso su lucimiento cambió el carácter del macaco. Solía sentarse a proa, bajo el toldillo, cruzado de piernas y fumando, en muda contemplación de las amarillas aguas del Orinoco.

El único intento que hizo el doctor Moscoso Filho de Aragao de recuperar su traje llevó a Joao a un colapso histérico. Saltaba y chillaba sobre cubierta como un endemoniado y culminó mordiendo el timón y destruyendo a golpes el sextante.

Si no nos preocupamos en un primer momento por el destruido sextante fue porque debimos atender al doctor, ya que los golpes que Joao propinara sobre el instrumento de navegación habían sido dados con el cuerpo del propio letrado, a quien el macaco había atrapado por un pie.

Esto nos indujo a no tentar las iras del mono. Hasta ese momento no se había atrevido a usar su fuerza física contra nosotros y el suceso con el doctor era un mal presagio. De allí en más, Joao, siempre impecable en su traje claro, se retiró al camarote de la cubierta superior (una pequeña habitación que daba al puente junto a la torreta) y, prácticamente, se adueñó de las alturas. Era allí donde mejor se estaba por las tardes, el sitio ideal para tomar un gin-tonic o jugar backgammon, pero decidimos no provocarlo más. Desde cubierta, lo veíamos pasear serio y reconcentrado, atisbando hacia las malezas ribereñas. Cada dos días, mandaba el traje con Chico Boto para que Tatiano Maiore lo planchase. Más que preocuparme el amotinamiento del mono, me quitaba el sueño la incógnita sobre si Le Coq Sportif mantendría su respaldo publicitario ante el nuevo giro de la situación.

No me desvelaba tanto, en cambio, la posibilidad de emplear a Joao como intérprete (si era que los Naninga hablaban el lenguaje de los grandes monos) dado que yo mantenía aún intactas mis virtudes de mimo. Fue por ello que Cousteau me había seleccionado para tan difícil misión. En mi juventud, sobre los 20 años, supe ser alumno de Marcel Marceau. Mis estudios de lengua, semiótica y hermenéutica no me dejaban mucho tiempo para ensayar, pero nunca olvidaré el día en que el gran Marceau, tras verme transmitir tan sólo con mi cuerpo y mis gestos, la fría utilidad de un cenicero enlozado, me dijo: "Jean-Baptiste, lo suyo es la semiótica". Y me lo graficó como tan sólo él podía hacerlo, con un sobrio ademán: señaló la puerta de salida de su estudio oscilando levemente la palma de la mano.

Yo estaba seguro de poder explicar cualquier cosa a esos salvajes con mis gestos y visajes. Sin una palabra le había explicado un día a mi hija la Teoría de la Relatividad, lo que la llevó a que, aún hoy, permanezca encerrada en una casa de salud en Nantes.

Lo que me preocupaba, sí, por esos días del viaje, era la rotura del sextante.

Y mi temor se vio justificado después, cuando, efectivamente, superamos en tantos kilómetros el punto de desembarco. Para colmo de males, Chico Boto, el único de nosotros que conocía algo de navegación, cayó en un extraño trance. Natural de Bahía, era propenso a creer todo tipo de leyendas y practicar ritos ancestrales.

Ya lo veníamos notando algo extraño cuando superamos los primeros tres meses de navegación. Había noches en que su cuerpo comenzaba a temblar como presa de una fiebre tropical, sus ojos se volvían hacia adentro y giraba su cabeza hasta puntos en que parecía imposible que tuviese una columna vertebral que la contuviese.

Las primeras veces en que asistimos a aquellas impresionantes contorsiones suyas, supusimos que había caído víctima de la malaria. Pero él nos explicaba, al calmàrse, que se hallaba bajo el hechizo de Xangó Orixá, la hermosa diosa de los calamares bahianos, que emplean su tinta negra para escribir en el alma de sus prisioneros las primeras tres estrofas del himno del Club Atlético Minheiro. Cuando los calamares emplean su tinta roja, nos explicaba Chico Boto, significa que la falta cometida por la víctima no es de gravedad, ya que la tinta roja no es indeleble y la misma agua del mar que transitan los calamares la borra con el tiempo.

Tras varias noches en que Chico Boto nos llenó de pavor, (casi siempre estos ataques se le producían en horas de la cena) decidimos fingir indiferencia frente a sus convulsiones. Con el doctor Paulo Moscoso Filho de Aragao alentábamos la sospecha de que sólo se trataba de simulaciones del moreno ya que reclamaba para su cura algunos tragos de un vino francés que, él sabía, nosotros guardábamos en mi camarote.

De allí en más, por las noches, cuando Xangó Orixá caía sobre el pobre Chico Boto, nosotros continuábamos nuestras charlas como si nada sucediese. No era demasiado fácil en verdad, porque Chico Boto comenzaba con distorsiones faciales, rompía luego a babear copiosamente, sacaba una lengua de una extensión alucinante, berreaba como un ternero y terminaba lanzando cortos chorros de sangre por los oídos. Cuando se calmaba y emergía de abajo de la mesa (adonde generalmente caía) imploraba por una gallina para degollar y rociarse con sus vísceras. En general, no hacíamos demasiado caso a sus peticiones, le contestábamos con evasivas y seguíamos departiendo sobre buena música con Tatiano, o sobre huacos peruanos con Puyseguin.

Tengo la convicción de que nuestra actitud benefició a Chico Boto. Tras dos meses durante los cuales nos torturó con sus accesos, mantuvo 30 días de calma, luego de los cuales sólo volvió a sufrir un ataque. Una noche lo hallamos revolcándose sobre cubierta, gritando que Xangó Orixá lo llamaba y le pedía un acto de amor. De improviso pegó un salto, pasó junto a nosotros como una exhalación (yo había subido a cubierta junto con el doctor Paulo Moscoso Filho de Aragao) y se precipitó hacia los camarotes. Pronto sentimos gritos en el camarote de Tatiano Maiore.

Minutos después, Chico Boto volvió a aparecer en cubierta, empapado en transpiración, pero laxo y con la mirada extraviada. Nos repitió que Xangó Orixá lo llamaba, se lanzó al agua y nunca más lo vimos.

Quise aclarar este punto del viaje porque luego el gobierno brasileño estuvo importunándonos con preguntas al respecto. Espero que mi relato dé por terminado este fastidioso asunto.

Lo que nunca nos quedó bien claro fue lo que ocurrió en el camarote de Maiore. Este, de habitual locuaz y expansivo, se mostró reacio a contar lo sucedido, pero de allí en más lo apreciamos como ausente, con una sonrisa triste en los labios y la vista, por lo general, perdida. Se había tornado más recatado en su trato, de común eufórico y nos preguntaba repetidas veces por Chico Boto, resistiéndose a creer que éste se había lanzado por voluntad propia a las oscuras aguas del gran río amazónico. Deseo dejar constancia de que todo esto quedó asentado en el diario de a bordo. El diario salía a eso de las ocho de la mañana y nos lanzábamos sobre él para ponernos al tanto de las últimas noticias sobre el viaje.

Se llamaba "La voz del Bravata" ("Meritísimo Otoniel Bravata" era el nombre de nuestra embarcación) e incluía un par de suplementos. Los domingos era una edición realmente abultada y nos distraía hasta altas horas de la tarde. No puedo decir que era un gran diario, mentiría si lo hago, pero la crítica de cine no tenía nada que envidiar a la de "Le Monde". Nunca, reconozco, encontramos la sala de proyección en nuestra nave, pero aquello no le quitaba valor. No se puede pretender un periodismo a nuestro gusto y paladar. Lo único censurable era la tendencia de ese pasquín al brulote o al comentario mendaz. Esto hacía muy mal a Tatiano, por ejemplo, que se encontraba ante notas donde se lo sindicaba de comunista, snob, y su apellido siempre era antepuesto por la adjetivación "el muy suave". En esos casos la indignación del pianista itálico lo hacía reclamar al doctor Paulo Moscoso Filho de Aragao el inicio de un juico contra "La voz del Bravata", y nos costaba ímprobos esfuerzos convencerlo de que no era político echarnos encima toda la prensa.

Nuestro primer contacto con los Naninga tuvo lugar el 19 de mayo de 1979. Fue Antoine Puyseguin quien los descubrió al clavársele un dardo envenenado en su ojo derecho. Los Naninga eran caníbales pacíficos, pero a veces tenían esas reacciones extemporáneas. El joven arqueólogo sobrevivió seis minutos al impacto de la saeta que le dispararan desde la jungla. Me atrevo a pensar que la muerte fue preferible, para él, al terrible destino de quedar tuerto. El don de la vista es, para un arqueólogo, irremplazable. El veneno en que se hallaba impregnada la punta del dardo le evitó el tormento. Se trataba del temido "pincheiro-acá-mellhá", derivado del "curare", que paraliza las vías respiratorias y torna totalmente cano el vello que crece en las axilas.

Envolvimos al desdichado arqueólogo en una bandera y lo arrojamos a las aguas mientras entonábamos "La Marsellesa". Las pirañas dieron buena cuenta del cadáver en menos de cuatro minutos. Al atardecer, fuimos testigos del extraño comportamiento de estos feroces peces ante la ingestión de parte del veneno que contuviese el cuerpo de nuestro amigo: se asomaban a superficie, escupían hacia arriba, gritaban barbaridades o bien se trepaban con sus aletas a la costa llegando a atacar a un tatú cangheiro, armadillo de tamaño respetable.

Quiero dejar bien aclarados estos aspectos de la muerte del joven Puyseguin ante las continuas e inoportunas reclamaciones que hiciera luego el gobierno francés sobre el caso. A Puyseguin lo mató una saeta envenenada que se le clavó en el globo ocular derecho y sus restos mortales fueron devorados por las pirañas. Eso fue todo y espero que esto termine con tan inapropiadas requisitorias.

Cuando pusimos pie en tierra los salvajes nos rodearon, amenazadores. Pero pronto cambiaron en su actitud hacia nosotros. Más que el hecho de verse seducidos por las baratijas que llevábamos para deslumbrarlos, creo que los impactó la personalidad de Joao, impecable en su terno beige.

Les regalamos goma de mascar, que comieron con fruición, los clásicos espejos, artesanías nórdicas, sacapuntas, sellos de goma, tarjetas de Navidad y hasta un televisor color que no hallamos dónde enchufar. Confieso que no me fue fácil explicarles el problema de la autopista, la resistencia del macadám y la coincidencia de que pasase justo en medio de sus caseríos precarios. Lograron entender un poco más lo de las motoniveladoras, más que nada por los bufidos que yo producía y mi constante rodar por el piso. Hay que comprender que esa tribu se hallaba en un estadio levemente más adelantado que el de la Edad de Piedra. No tenían aún conocimiento del fuego, por ejemplo. Pero lo que nos llenó de asombro fue que sí conocían el humo, en cambio; sabrá Dios cómo diablos lo obtenían. Les regalamos nuestros encendedores Dupont, que fueron recibidos con conmovedora ingenuidad y gozo, para luego ser frotados enardecidamente unos contra otros en procura de lumbre.

Y al agua todavía la lograban exprimiendo una cacatúa muy verde a la que llamaban "Picota zé". Ni hablar de adelantos técnicos. Y mencionarles una canilla a esos pigmeos era agotarse en inútiles explicaciones.

No obstante, el cacique, cuyo nombre nunca pude deletrear con exactitud, tenía una choza de venta de antigüedades. Según él, ese era un negocio, que si bien no le aportaba demasiadas ganancias, lo alejaba un poco del aburrimiento de guerras tribales y cacerías. Nos mostró hachas de pedernal, huesos fosilizados de sus mayores y hasta una punta de flecha mocha que debía valer sus buenos cruceiros.

Las negociaciones parecían marchar viento en popa y todo hacía suponer que, en pocos días, los pigmeos aceptarían levantar sus magras posesiones y retirar la colonia varios kilómetros más adentro de la espesura para permitir el paso de la autopista. Pero se pusieron inopinadamente duros en un punto: deseaban ser ellos los beneficiarios del peaje en aquellos confines. Eso sulfuró al doctor Paulo Moscoso Filho de Aragao, quien los agotó leyéndoles carillas y carillas sobre derecho vial. La Clermont Ferrand no aceptaría bajo ningún aspecto repartir sus ganancias con cuanto salvaje pretendiese cobrar permiso de paso a los automovilistas.

No hubo nada que hacer. Los Naninga bajaron sus pretensiones a la mitad, pero ya las relaciones se habían tornado algo duras. Y la noche en que se comieron a Joao comprendimos que debíamos marcharnos. Reconocimos a nuestro elegante mono cuando el doctor Paulo Moscoso Filho de Aragao halló, entre los trozos de un supuesto pecarí de collar asado, uno de sus propios gemelos.

Es mi intención dejar bien en claro este punto porque, periódicamente, la Asociación Protectora de Animales me hostiga solicitándome informes y mayores detalles sobre la desaparición de Joao. Dicho mono fue comido por los Naninga y puedo aseverar que, a mi juicio, le faltaba cocción.

Guardo la esperanza de que con esto se me deje de importunar buscando en el referido hecho aristas ocultas o propósitos inconfesables.

Fue así como retornamos a Brasilia con la contrapropuesta de los Naninga, que sorprendió a los directivos de

164

la empresa francesa y al mismo profesor Cousteau. Allí terminó mi misión y me desvinculé del proyecto.

Dos meses después me enteré, por los diarios, que la tribu Naninga había sido arrasada en un bombardeo con napalm. Era una noticia escueta en la sección "sociales" de un diario de San Pablo. El progreso les había llevado, por fin, el fuego.

CINCO HOMBRES EN LA CABAÑA

Los cinco hombres vieron la cabaña al mismo tiempo. Entre la intensa nevisca, primero la confundieron con un oso, después con más lobos, pero luego, la inmovilidad de la precaria edificación y el detalle incontrastable de las ventanas, los convencieron del hallazgo.

London fue quien llegó antes hasta la desvencijada puerta, cruzando con sus grandes zancadas los casi cien metros que los separaban de ella, hundiéndose en la nieve hasta las ingles, maldiciendo desesperado. Pero de inmediato lo hicieron Summer, Maine, Earl y Pitches, aplastando al trampero contra los troncos de la entrada. Ante el embate de los cuerpos ateridos la puerta se abrió y el quinteto de cazadores fue a dar con sus huesos sobre el suelo de la cabaña en un enredo de brazos y piernas, cadenas, rifles y mochilas.

— ¡Cierra "Rostro", cierra! —gritó London, cuando pudo liberarse del peso de Pitches. "Rostro" Maine se lanzó sobre la puerta abierta, la cerró de un empellón y luego la trabó con un largo madero que halló tirado junto a la entrada. Fue algo providencial: de inmediato escucharon, sobrecogidos, el estruendo de cientos de cuerpos al estrellarse contra los leños que conformaban las paredes de la cabaña. Los lobos, en un número superior a setecientos, habían quedado afuera por milésimas de segundo.

Por fin, Earl pudo darse el gusto de encender su pipa. Habían recorrido palmo a palmo el interior de la cabaña y, a pesar de ser de un solo ambiente, la cantidad de muebles desvencijados, de mesas despatarradas y de catres vencidos, les había impuesto un trabajo exhaustivo para determinar sin riesgo de equivocación que aquello estaba deshabitado. Dedujeron que la casa se hallaba sin moradores desde hacía por lo menos dos inviernos, ya que encontraron un enorme hormiguero entre las cenizas del hogar y que podía haber pertenecido, dado el mobiliario, a una familia de lapones, a un buscador de oro, o a un dentista. Por último encendieron un buen fuego con un apolillado samovar que encontraron, pusieron a calentar café, cortaron a golpes de hacha algunas fetas de huevo duro, se quitaron del cuerpo a duras penas las hormigas enardecidas por el calor repentino y se sentaron frente a las llamas.

Comieron, ansiosos, durante largo rato. De pronto, Earl, rompió el silencio.

—Escuchen —dijo. Los demás prestaron atención.

—El viento —susurró Summer, dejando de masticar.

—No —desestimó Earl—, son ellos.

Se levantó, encaminándose hasta la ventana. Tras cuatro meses de tempestad había conseguido diferenciar a la perfección el aullido del viento del aullido de los lobos.

—Allí está —señaló, trémulo, a través del cristal empañado. Los demás ni siquiera se levantaron. Sabían a quién se refería: a Zeke, el lobo rojo, el jefe de aquella manada convertida en ejército famélico. Una bestia a la cual le faltaba el ojo derecho, parte de la oreja izquierda, las dos patas de adelante, la cola y el omóplato derecho, pero aun así, disminuido por las peleas y las trampas, se constituía en una fiera peligrosísima. Por su astucia, los cazadores le llamaban "Lobo Zeke, el zorro del Yukón".

—Nos vigilan —pareció maldecir Earl, volviendo a su mochila, que le servía de improvisado asiento.

—Hace tres meses que nos persiguen —farfulló London—. ¿Qué te hacía pensar que nos dejarían en paz?

—Hace mucho frío ahí afuera —argumentó Summer—, podrían irse a sus cuevas.

— ¿Quieres que les ofrezcamos entrar? —bromeó Maine.

Era cierto lo del frío. El día anterior, a Earl le había sucedido algo tremendo intentando orinar a orillas del río Ross. A golpes de culata de su rifle había tenido London que quebrar la pétrea cuerda amarillenta que se había formado al instante uniendo a Earl a un pequeño témpano que arrastraba la corriente del río. Y no todos los golpes cayeron sólo sobre el curvo y sólido barrote de orina.

— ¿Cuánto tiempo podemos aguantar? —se interesó Summer. London calculó mentalmente.

—Hay comida para un par de días —dijo—. No más.

Continuaron comiendo en silencio, cabizbajos. De pronto, Earl levantó la cabeza y olisqueó el aire. Al principio nadie le hizo caso, pero luego, el estruendo de sus aspiraciones llamó la atención de los otros.

—Algo huele mal —exclamó Earl, con rostro de desagrado. Los hombres se miraron entre sí, desconcertados y curiosos.

—Oye, Earl. . . —dijo Summer— hace tres meses que no nos bañamos, además. . .

—No es eso —negó con la mano, Earl—, no es eso. . . —y continuó olfateando.

Se volvió hacia Pitches, se inclinó hacia él, olisqueando como un perro de caza. Pitches, sobresaltado, procuró incorporarse y el movimiento arrancó un quejido de su boca. Todos lo miraron, con alarma.

— ¿Qué te pasa? —se le acercó London. Pitches se echó hacia atrás y se quejó de nuevo, larga y profundamente. Fue entonces cuando lo vieron; la pierna izquierda del ex minero de Dog Creek estaba atrapada en una trampa para osos. Todos se pusieron de pie como impulsados por resortes. Hubo gritos de asombro que se confundieron con el ruido de las escudillas metálicas al caer al suelo.

—¿ ¡Cuándo te atrapo!? —vociferó "Rostro" en tanto Summer se abalanzaba sobre la trampa procurando abrirla—. ¿Cómo pudo ocurrirte eso?

Pitches no contestó: echó hacia atrás su cabezota empapada en sudor, apretando los labios.

—Cinco días atrás —dijo—, cuando cruzamos los montes Ogilvie.

London quedó con la boca abierta. Summer y Earl, cada uno de un lado, se habían aferrado a las formidables mandíbulas dentadas de la trampa procurando abrirla.

—¿Por qué no nos dijiste, imbécil? —aulló London.

—No quería molestar —dijo el grandote. London golpeó con su puño contra la pared. No le extrañaba aquella actitud del ex minero. Era un hombre de pocas palabras, silencioso, como la mayoría de los nativos de la tierra de las zarigüeyas.

— ¡Un palo, una estaca, algo! —gritó Summer, abandonando el intento de desprender de la pierna de Pitches la dentellada feroz del mecanismo.

— ¡Un rifle! —gritó Earl, sacudiendo la mano en dirección a su mochila—. ¡Trae mi rifle, "Rostro"!

—Ahora entiendo lo que siente un oso cuando pisa una cosa de éstas —procuró ser ocurrente Pitches. Pero London estaba furioso.

— ¿Cómo pudimos no haberlo visto antes nosotros? —se preguntaba— ¡durante cinco días!

—Yo lo vi —confesó Summer, jadeando por el esfuerzo—, pero pensé que llevaba esa trampa allí porque le era más cómodo.

"Rostro" había regresado con el rifle de Earl y éste había introducido el cañón del arma entre los dientes de acero y la carne lacerada de Pitches.

— ¿Por qué no nos avisaste, Pitches? —le gritó "Rostro"

junto a la oreja en tanto se hincaba a sus espaldas, sosteniéndole la cabeza.

—La verdad... —Pitches elevó sus ojos azules hacia "Rostro"— temí que me abandonasen a los lobos.

—No vuelvas a pensar eso —rechinó sus dientes "Rostro"—. No vuelvas a pensar eso o te moleremos la cara a trompadas.

Earl, haciendo palanca con su arma, había logrado, finalmente, librar la pierna de Pitches del terrible mordisco metálico lo que arrancó un suspiro de alivio del minero. Cuando, junto con Summer, quitaron los siete kilos de fierro y cadenas, de la destrozada bota de Pitches se desprendió una docena de cristales rojos. "Rostro" tomó uno de ellos con curiosidad.

—Sangre —dijo London—. No perdamos tiempo —ordenó— pongamos a Pitches sobre la mesa.

Entre los cuatro tuvieron que esforzarse para elevar las 240 libras del minero hasta la mesa. "Rostro" acercó dos de los faroles. Earl sacó su cuchillo de caza y con un tajo cuidadoso cortó la tela del pantalón de Pitches que cubría la herida. Hizo lo propio con parte de la bota y London debió detenerle el brazo cuando ya intentaba cortarle el cinturón y un par de guantes. Con manos rápidas y nerviosas Summer agrandó la abertura cortada en la tela y dejó al descubierto la carne torturada. Una vaharada de fetidez espantosa se desprendió de los tejidos. La carne, en torno a los labios supurantes de las flagelaciones ocasionadas por los dientes de la trampa, se veía oscura y verdosa. Instintivamente, Earl y London se echaron hacia atrás, descompuestos. "Rostro", demudado, preguntó:

—¿Hay algún médico entre nosotros?

Lo miraron. Para aquel grupo de rudos hombres, donde sólo en una oportunidad ya lejana, Elías London se había visto frente a frente con un libro y había escapado gritando de horror, la pregunta era un despropósito.

—No necesitas ser médico para saber qué se hace en estos casos, "Rostro" —meneó la cabeza, contrito, Earl. Summer miró hacia Pitches, pero éste parecía haber caído en un extraño sopor. Earl se alejó unos pasos de la mesa, se detuvo y, abriendo los brazos, llamó a sus compañeros. —No hay tiempo que perder —les informó en voz baja apenas se hubieron acercado. Earl, por sobre el hombro de "Rostro", echó un vistazo hacia Pitches—. Hay que cortar esa pierna.

Los demás se miraron. Summer se tomó la cabeza. London se mesó la barba. En "Rostro" no se traslucía emoción alguna. Le apodaban así justamente porque años atrás, un zorrino le había orinado la cara, convirtiéndosela en una superficie rugosa y percudida, con sectores despellejados hasta el hueso y protuberancias que no correspondían a saliente ósea alguna.

Por el denso y ácido mal aliento que le había quedado desde aquella oportunidad, sus amigos suponían que, si bien el zorrino no lo había sorprendido dormido, al menos lo había sorprendido bostezando.

— ¿No vivirá algún médico cerca? —se desesperó Summer. Lo miraron. Aquella zona, según estudios de la época, era la de menor densidad habitacional del continente—. ¿Algún hospital, un sanatorio, algún especialista? —insistió Summer que parecía al borde del llanto.

— ¿Quién lo hará? —cuchicheó London. Su cabello erizado era palmaria muestra de que ya se había instalado en él, el preanuncio del horrible momento que les esperaba.

— ¿Algún pedicuro, al menos? —continuaba girando solo, en círculos, Summer. Los hombres se miraban entre ellos, agobiados.

—Podemos sortearlo —propuso "Rostro".

—No. Dejen —meneó la cabeza Earl—, lo haré yo. Supe tallar artesanías con el cuchillo, tiempo atrás.

"Rostro" se acercó a Earl y le depositó su manaza diestra sobre el hombro, apretando bravamente. London y Summer se veían también aliviados y agradecidos.

—Necesitaré fuego, trapos limpios, agua caliente —comenzó a enumerar—. ¿Hay whisky?

—Hay bourbon —informó Summer.

—Está bien. Es lo mismo —aprobó Earl con tono profesional. Luego paseó su mirada por la cabaña—. Las condiciones de asepsia parecen buenas. El frío colaborará. ¡Calienta agua! —ordenó, finalmente. "Rostro" y Summer pusieron manos a la obra. Desde la mesa, Pitches, incorporado sobre sus codos, los miraba con un acento de inquietud en sus ojos. London se acercó a Earl, lo tomó del brazo y le habló al oído.

—¿Le diremos a Pitches?

—Es imprescindible —aseveró Earl—, de una manera u otra, al final se enterará. Tras la amputación, cuando intente los primeros pasos se dará cuenta.

—¿Quién se lo dirá? —musitó London.

—Podemos sortearlo —se unió a ellos "Rostro", cuyo gusto por el juego era proverbial.

—Deja. Lo haré yo —aspiró hondo London. Tras el ofrecimiento de Earl para llevar a cabo la desgraciada operación, London deseaba recuperar, al menos en parte, su condición de liderazgo.

—Oye Pitches... —no vaciló London, llegándose hasta la mesa donde yacía el herido.

—¿Qué estaban cuchicheando? —preguntó éste, con una sonrisa congelada.

Summer y "Rostro" miraban la escena, suspendiendo sus tareas.

—Nada... nada... —hesitó London.

—Estaban allí hablando en voz baja —insistió Pitches—, los vi.

—Es que estando juntos... —argumentó London—... se siente menos el frío.

Los demás aprobaron con la cabeza.

—Oye Pitches —arremetió London—, debemos cortarte esa pierna —expresó de un tirón. Los ojos de Pitches se dilataron.

—Está muy mala —se apresuró a explicar London—. Está gangrenada. Si no la. . .

— ¿Cuál pierna? —se ofuscó Pitches.

— ¡Oh Pitches! Si no cortamos esa pierna morirás en pocas horas. Apuesto a que no pasas de esta noche.

—Doblo la apuesta —gritó "Rostro".

—Debes ser fuerte, Pitches —suavizó su tono London, depositando, paternal, su mano sobre la rodilla del herido, lo que provocó un respingo en éste—. Perdona.

Pitches se cubrió la cara con las manos. Pero fue sólo un instante. Luego dijo, con voz queda.

— ¿Volveré a caminar?

Los otros se miraron.

—Por supuesto. Sin ninguna dificultad —mintió London.

—Podrás participar en la procesión del Día de Gloria —procuró bromear Earl, desde atrás.

—Incluso ganarla —agregó "Rostro".

— ¿Me dolerá mucho? —la voz de Pitches temblequeaba. Earl asumió la respuesta ante las miradas inquisidoras de los demás.

— ¿Nunca te han cortado antes una pierna? —preguntó a su vez encogiéndose de hombros. Pitches pensó un momento, negando luego con la cabeza—. Lo aguantarás.

Los minutos siguientes fueron de tensos preparativos. Summer había puesto a hervir la escudilla más grande con agua, "Rostro" descorchó dos botellas de bourbon en tanto London cortaba trozos de tela con expresión reconcentrada y Earl afilaba su cuchillo de caza con el filo del hacha del propio Pitches.

Pitches, acostado largo a largo sobre la mesa, se había cubierto los ojos con el antebrazo y, a veces, se quejaba.

—Earl —London tocó el hombro del improvisado cirujano.

—¿Qué pasa? —preguntó Earl, sin dejar de prestar atención a su daga.

—Estaba pensando una cosa.

Earl lo instó a seguir con un movimiento de cabeza.

—Los lobos deben haber olfateado el olor de la pierna de Pitches —prosiguió London—. Ahora pienso que eso es lo que los debe haber atraído en tanta cantidad. Oye...

Earl seguía sin mirarlo. Ahora era el hacha el objeto de sus cuidados.

—Sé que suena mal... —se disculpó London— ...pero ...pero pienso que podemos matar dos pájaros de un tiro... Arrojemos la pierna a los lobos luego de cortarla.

Earl lo miró, severo.

—Oye... —se disculpó London— ...a Pitches ya no le será útil. ¿O tú la quieres de recuerdo?

—Nada de eso —Earl volvió a su tarea.

—Pues bien. Tiramos la pierna a los lobos. Eso los distraerá. Nosotros, en tanto, podemos huir por la puerta de atrás y ganar los metros necesarios para escapar. No olvides que deberemos cargar con Pitches y pesa más de 200 libras.

Earl volvió a mirarlo, más largamente.

—Es buena idea —dijo—. Coméntaselo a los otros.

Media hora después, todos estaban reunidos en torno a Pitches, que transpiraba profusamente. En rigor de verdad, los nervios, el temor y el horror mismo les habían hecho perder el frío.

—Escucha Pitches —habló, pausado, Earl—, no te contengas. Si te duele, grita.

—No gritaré —negó, enérgico, Pitches.

—Entonces... —Earl se dirigió a "Rostro"— ...alcánzale una madera, o un cuero, para que muerda. Summer... —ordenó después— ...acércame un leño con fuego.

Summer se aproximó con una tea. Earl la tomó y mantuvo su cuchillo sobre las llamas por varios minutos. Cuando se volvió hacia Pitches lo encontró con medio cuerpo tapado por una piel de castor, a la que mordía por uno de sus bordes, furiosamente.

— ¿Qué haces imbécil? —preguntó Earl.

—Dijiste un cuero —arguyó "Rostro", confuso.

— ¡Una tira de cuero, idiota! —estalló Earl, agitando la daga—. ¡Y no tienes que morderla desde ahora, Pitches. . .

—de un manotazo, Earl quitó la piel de castor que cubría al herido, arrojándola al piso— . . .espera a que empecemos!

Pitches, asustado, asintió con la cabeza, escupiendo los pelos que le habían quedado entre los dientes.

—Y no vaciles en pedir bourbon todas las veces que lo necesites —aconsejó Earl, tal vez arrepentido de haber sido rudo. Pitches volvió a asentir con la cabeza—. Acuéstate, ahora.

Apenas Pitches hubo apoyado su cabeza sobre la madera de la mesa, Earl hizo un gesto a Summer y London. Ambos se corrieron hasta uno de los extremos de la mesa y tomaron fuertemente los pies de Pitches, uno cada uno.

—Tú, "Rostro", átalo a la mesa.

"Rostro" ya tenía las sogas en la mano. Con destreza, rodeó el amplio tórax de Pitches, sujetándolo firmemente a la mesa. Primero Pitches contempló la escena con ojos levemente desorbitados. Luego comenzó a sollozar suavemente.

—Oh, Pitches —se quejó Earl.—. No nos lo hagas más difícil.

Pitches se mordió los labios.

—Fuerza muchacho —alentó London—, mira a lo que llegó Stanley Miller con un solo ojo.*

—No dejes nunca de luchar, Pitches —se sintió obligado a aportar algo "Rostro", que había terminado con las ligaduras—. Haz como Jesucristo que ni siquiera en la cruz bajó los brazos.

---

*N. del E.: Stanley Miller: famoso peregrino que, a pesar de tener un solo ojo y, más aún, un solo hijo, llegó a ser primera voz en el Coro Congregacional de Alberta.

—Sostenle quieta la cabeza, "Rostro" —señaló Earl, considerando conveniente interrumpir los consejos de su amigo. "Rostro" hizo caso, acercó a la boca de Pitches un cinturón, para que éste mordiese y luego depositó ambas manos sobre la frente del herido, apoyando su propio pecho sobre ellas, para evitar movimientos.

Earl los miró a todos, hizo caso omiso de los gimoteos de Pitches, se secó la transpiración de la frente con el dorso de la mano con que esgrimía el cuchillo, aspiró hondo y luego depositó el templado filo de la daga, una palma sobre la rodilla derecha de Pitches.

El grupo de hombres, a la vista de las primeras casas de Pelly Crossing, apuró el paso.

— ¡Oh, "Rostro", mira eso! ¡Qué belleza! —exclamó Summer, señalando el humo que se elevaba desde las chimeneas del poblado. "Rostro" no contestó nada.

—Sigue enojado —comentó Summer a London.

— ¿Sigues enojado, "Rostro"? —rió London.

—No debimos haberlo hecho, —dijo "Rostro", sin dejar de mirar hacia el caserío que aparecía, cada vez más nítido, en el valle— lo sigo sosteniendo.

Earl apretó el paso y se acercó a "Rostro".

—Oh, "Rostro" —dijo, con el tono de quien habla a un niño—, no hubiésemos podido engañar a Zeke. Nunca se lo hubiese tragado.

—Deberíamos haberlo intentado —se empecinó "Rostro".

—Y eso no es nada —continuó Earl—, hubiese sido absolutamente imposible escapar durante tanto tiempo, en medio de la noche, hundiéndonos en la nieve con el peso de Pitches.

"Rostro" meneó la cabeza, dubitativo, pero no contestó.

— ¡Ya me dirás cuando vendamos las pieles —aportó, gritando, London, desde más atrás— y nos repartamos el dinero entre nosotros cuatro, nada más! ¿Eh, "Rostro"?

—Ya me dirás cuando debamos explicar todo al sheriff Kimball —parafraseó "Rostro".

— ¡Hombre! —desestimó Earl—. ¿Para qué crees que he acarreado la pierna durante estos ocho días? ¿Te piensas que me alegra llevarla en mi mochila? ¿Crees que una pierna más me sirve para caminar mejor?

Summer prorrumpió en una risotada.

—No. No es así —continuó Earl, dirigiéndose a "Rostro", que permanecía serio—. Se la enseñaré al sheriff Kimball y pediré la opinión del doctor Fletcher. El doctor se dará cuenta perfectamente de que ningún hombre hubiese podido sobrevivir con una gangrena tan avanzada.

— ¡Pero Pitches sobrevivió! —por vez primera "Rostro" encaró a Earl, furioso.

—Es cierto —reconoció Earl—, pero estas cosas son muy traicioneras, "Rostro". Tú no entiendes, podía volver a infectársele la pierna, no sé. . . o tener una recaída, una cosa de ésas. . .

—Además —agregó Summer— . . . un hombre como Pitches, tan activo, no hubiese podido vivir con una pierna menos. Eso es seguro. Hubiese sido un calvario para él.

—Estoy seguro de que nos hubiese agradecido lo que hicimos —afirmó London.

— ¡Pero no se lo preguntamos! —vociferó "Rostro".

—Porque estaba desmayado, "Rostro" —explicó, convincente, Earl—. Bien sabes que se desmayó a poco de comenzar yo a cortar.

Siguieron caminando un rato en silencio.

—No sé. . . —retomó la discusión "Rostro"— no era eso lo que habíamos hablado antes de cortar esa pierna. No fue eso al menos lo que me dijo London que haríamos. ¿No es cierto, London?

—Es cierto, es cierto —acordó éste—, pero admíteme, "Rostro", que. . .

— ¡Hicimos exactamente al revés! —gritó "Rostro".

—. . . Debes admitirme que la pierna sola hubiese sido

apenas un bocado para los lobos —dijo London—. No les hubiese llevado más de cinco minutos devorársela. Esas bestias llevaban meses de ayuno.

—Al revés. Exactamente al revés.

—En cambio con Pitches... —abrió sus brazos London— estuvieron como dos horas comiendo. ¡Admítelo "Rostro"! Tú estás vivo, nosotros estamos vivos, simplemente por eso, porque decidimos cambiar las cosas en el momento exacto.

"Rostro" siguió con gesto adusto. London apretó el paso, se acercó a él y codeándolo lo acució, socarrón.

—Esta noche, cuando estés con una de las chicas de Ivonne, te olvidarás de todo.

"Rostro" esbozó una sonrisa, apenas.

—¿Eh, "Rostro"? —volvió a codearlo London—. La pelirroja.

"Rostro" mantuvo la sonrisa. Pero no se lo veía muy convencido.

LOS ULTIMOS "SALILEROS"

Nos persiguieron, señor, nos persiguieron. Mismamente que animales, no que cristianos. Nos echaron de todas partes, señor, nos quitaron todo. Usted nos ve ahora así, débiles y desparramados, señor, pero los salileros supimos ser fuertes.

Claro, no estábamos aquí, estábamos en otra parte, lejos de aquí. Y era un gusto vernos en los domingos de fiesta, señor, cuando había partido. ¡Así de gente los carros y los camiones llenos de salileros hacia la cancha! Con estos colores, señor, los que usted ve en la vincha. Y la cancha, señor. No sé si había alguna mejor en todo el país, vea lo que le digo, no sé si había alguna mejor. Y venían Boca y River y también San Lorenzo y se iban humillados, señor. Los grandes decían que eran, señor, los grandes, pero de ahí se iban con la cola entre las piernas. Y era una fiesta eso, señor.

Ahora nadie se acuerda de los salileros, nadie se acuerda de cuando éramos fuertes y llenábamos de banderas y trapos las canchas. Nadie se acuerda, señor. Ni saben por qué nos llamamos "salileros", señor, ni eso recuerdan las gentes. Venían River o Boca o San Lorenzo con esos equipos bárbaros y cuando se venían al ataque todos nosotros gritábamos " ¡salíle! ¡salíle!" a los nuestros, para que les hicieran cara, señor. Por eso nos decían los "salileros".

179

Ellos se venían con esas estrellas famosas que salían en las figuritas y en las tapas de "El Gráfico", señor, una vez por año venían, y ahí, en nuestra cancha se hacían pequeñitos, así quedaban los pobrecitos cuando nos veían a nosotros en las tribunas repletas, que cuando me acuerdo me vienen lágrimas a los ojos señor. Y siempre la justicia en contra. Siempre la justicia en contra. Como no podían con nosotros los porteños, nos ponían los jueces en contra. Nosotros éramos buenos, señor, buenazos. Gritábamos nomás, a grito pelado, para alentar a los nuestros. Alguna piedra de vez en cuando, también, cuando ya veíamos que la injusticia era muy grande o los contrarios muy superiores. Esa es la verdad, señor. A nadie le gusta verse humillado en su propio campo. Pero nada más que eso. Y empezaron a perseguirnos, señor. Siempre los jueces en contra, nos penalizaban, señor. Nos echaban jugadores por pavadas, señor. Y los linieres, señor, cierro los ojos y veo todavía esas banderas amarillas o solferinas levantadas, señor, porque alguno de los nuestros había invadido terreno prohibido. ¡Terreno prohibido, señor, si la cancha era nuestra! La habíamos ido levantando nosotros mismos, con esfuerzo señor. Con sacrificio. Era nuestro orgullo. Siempre los porteños persiguiéndonos. Es cierto que degollamos a Candelo, señor. ¡Pero ellos habían quebrado a Solibarrieta! Candelo, el juez Candelo. Permítame que escupa señor. Y al domingo siguiente tuvimos que ir a jugar a otra cancha porque nos habían suspendido la nuestra. Por ahí cerca, pero en otra cancha. Y también hubo lío porque los salileros ya estábamos enojados, señor, muy enojados. Nosotros somos buenos, pero la injusticia era mucha. Los porteños nos perseguían, señor, como a animales. Nos provocaban para que nosotros más nos enojáramos señor y más nos castigaran. Al Junín tuvimos que ir a jugar después señor. Daba pena, le juro, ver esa caravana de hombres, ancianos, mujeres y niños, en carros y camiones, yendo hacia el Junín para seguir los colores de nuestro equipo señor, los mismos que usted ve en esa vincha, señor. Con un frío terrible y la lluvia. Con los abuelos, con enfermos, con los perros. Le pegamos a un linier en Junín, señor, un infame, y de ahí también nos echaron, también de ahí. ¿Adónde íbamos a ir a jugar, señor, adónde íbamos a ir?

Cada vez éramos menos, castigados por la policía, por las cárceles, los salileros cada vez éramos menos. Los más viejos se fueron quedando en el camino, por esos caminos, cansados de seguir la divisa. Y perdimos la divisional, señor, la perdimos, nos fuimos a la "B", que no es deshonra, señor, pero no es lo mismo. Los tiempos de gloria se habían alejado de nosotros señor, nos habían dejado de lado.

Y siempre la justicia en contra señor. Siempre en contra. Nos castigaban por cualquier cosa, por pavadas señor, por tonterías. De la "B" también bajamos, señor.

Ya ni cancha teníamos para jugar, nada era nuestro. Algunos de los muchachos jugaban descalzos, señor, tan pobres éramos. Y casi nadie para alentar, sólo un grupito, chico. Las otras hinchadas se aprovechaban, señor, y nos pegaban, nos corrían, nos humillaban. A nosotros a los salileros, que habíamos sido fuertes y poderosos y que cuando gritábamos todos juntos no dejábamos que se escuchara ningún otro canto, señor. No nos perdonaban el haber sido fuertes, señor. A la "C" nos fuimos señor, pero ya no teníamos más ganas de pelear, ni jugadores, ni cancha, y éramos un puñadito los que alentaban, señor. Cada vez más lejos de nuestras tierras, cada vez menos parecidos a nosotros mismos. Si hasta el color de las camisetas se había borrado con el tiempo, señor, con las lavadas, con el tierral de los potreros inmundos donde teníamos que ir a jugar, señor, nosotros, que habíamos sabido del césped verde y el olor del césped verde recién cortado, señor.

Y aquí estamos, señor, para que cada tanto venga alguien como usted para investigarnos como a animales raros. Los últimos que quedamos, señor. Los últimos salileros. Los porteños nos persiguieron mucho, señor. Muy mucho nos persiguieron. Si hasta los domingos nos quitaron, señor. Hasta los domingos.

UN HOMBRE PELIGROSO

Mort Kulpitown asintió con un movimiento casi imperceptible de su cabeza. Se lo veía módico, austero. Todo en él era ahorro. De palabras, de gestos, de energía. Era notorio que se reservaba. Que en algún lugar de su físico almacenaba potencias.

La señora Spooner revisó la lista de audiencias. En efecto, para las 17.24 estaba citado el señor Kulpitown. Oprimió entonces un pequeño botón amarillo y con voz muy baja informó al general Uppmann la presencia en la antesala del asesino.

Cuando Mort Kulpitown se depositó en el sillón que enfrentaba el vasto escritorio del general Uppmann, no había quitado las manos de los bolsillos de su piloto y tampoco podía afirmarse a ciencia cierta si había cometido la impudicia de parpadear vez alguna.

El general Uppmann estudió al asesino.

—Muy bien, muy bien, muy bien —acordó para sí, tras haber hecho resbalar su mirada por los rasgos uniformes del recién llegado. Se quedó así, frunciendo los labios gruesos bajo el espeso bigote blanco, aprobando levemente con la cabeza y se hubiese dicho que estaba por dormirse.

— ¡Muy bien! —afirmó, por última vez, y con energía. Rompió su inercia y con un manotazo abrió uno de los cajones de su escritorio, sacando de allí una carpeta azul no muy voluminosa. La puso enfrente suyo y pegó una palmada sobre la tapa.

—Le explico, Kulpitown —anunció—. Tenemos asegurada esta administración y tenemos asegurada la próxima. Vamos por partes. Esta administración no ofrece demasiadas dificultades, marcha con bastante éxito y suponemos que llegará a su término con felicidad. Podrá surgir algún pequeño inconveniente, algún imprevisto menor, pero todo está calculado y previsto para que llegue a buen término. En cuanto al próximo período... —Uppman golpeteó sobre su escritorio con la punta de su dedo índice derecho— ...en cuanto al próximo período... —repitió— ...la cosa no es tan clara, pero también se encuentra dominada. La oposición presentará sus candidatos, sus fórmulas, sus plataformas, y es muy posible que nos ganen, máxime si no logramos prontos acuerdos en este asunto de los misiles. Ahora, muy bien, si el triunfo es nuestro no existirán problemas de ninguna clase. Si el triunfo es de ellos, ya hemos concertado un arreglo más que ventajoso para ambas partes que les permitirá gobernar sin molestias y nos asegura a nosotros la continuidad de nuestros proyectos y no nos obliga a desarticular nuestros grupos de decisión. Habrá que aceptar —pareció disculparse Uppmann— la sustitución de un par de nuestros hombres por hombres de ellos, pero le adelanto que no están en puntos de excesiva importancia. O sea, mantendremos una oposición aparente, y continuaremos con lo nuestro.

El general Uppmann se tironeó una de las puntas de su bigote, juntó sus manos un par de veces como un clérigo y tomó aire para continuar.

—Ahora bien... ¿Qué pasa? —prosiguió—. Hasta acá todo bien, todo bajo control, todo planificado. Pero... pero... hoy me llega un informe de la Oficina de Datos —Uppmann dio unas palmaditas sobre la carpeta azul.

—Usted sabe que esta oficina se ocupa, exclusivamente, de acumular información de cualquier tipo para luego procesarla, estudiarla, e ir conformando un panorama bastante exacto, bastante aproximado, de nuestro futuro inmediato y mediato. Es así, Kulpitown, que aparece un hombre peligroso. Un hombre peligroso, Kulpitown.

Uppmann permaneció así un minuto mirando fijamente al asesino, para dar tiempo a que éste registrase en toda su magnitud la importancia de las últimas palabras.

—El nombre de este hombre... —Uppmann rebuscó dentro de la carpeta— ... no le dirá a usted nada, Kulpitown. No le dirá a usted nada, como no me lo dijo a mí, en su momento —detuvo la búsqueda en una hoja—. "Víctor ... —leyó— "Víctor Marvel Gena". Ese es el nombre.

El general cerró la carpeta, volvió a depositarla sobre el escritorio, la apartó luego y, apoyándose sobre los codos, descansó el mentón en las manos entrelazadas.

— ¿Qué nos llevó a investigar a este sujeto? —continuó Uppmann—. Nada. Absolutamente nada. Sabrá usted que todos, absolutamente todos los habitantes de este país, desde el registro de su nacimiento, pasan a integrar las memorias de las computadoras de la Oficina de Datos. Automáticamente, cuanto se refiere a cada uno de ellos, se va acumulando, sin que sea necesario para ello que medie infracción, actividad extraña o detalle relevante alguno. Se acumula, como simple rutina. Ahora bien, con la inmensa mayoría nunca sucede nada. Un buen día la computadora escupe una tarjeta con una perforación triangular en uno de sus ángulos que indica que tal o cual persona se ha muerto. Se desactiva esa ficha y se la suma al circuito de archivo. Por más actividad que desarrollemos —se permitió una sonrisa triste Uppmann— por más infracciones de tránsito que hagamos, por más hijos que tengamos, por más marcas de dentífrico que cambiemos, Kulpitown, la suma de nuestras acciones nunca llega a representar un volumen mayor que la punta de una antena de mariposa, en el filamento definitivo de esa computadora archivo terminal.

Uppmann se echó de pronto hacia atrás irguiendo la cabeza y afirmando sus manos en los apoyabrazos del sillón.

—Pero no es siempre así, Kulpitown —pareció enojarse—. No es siempre así. De repente, en la consola de control de la Oficina de Datos, se enciende una luz roja. Que titila.— Abriendo y cerrando la mano, como quien procura proyectar la sombra chinesca de la cabeza de un pato sobre una pared, el general Uppmann representó la intermitencia de la luz—. Eso es lo que anuncia que la computadora ha detectado algo. Ha detectado algo sobre alguien. La máquina anticipa, en base a la información que acumula sobre una persona, lo que puede llegar a hacer èsta persona el día de mañana, o de pasado mañana. Y no se equivoca nunca. O casi nunca. Jamás nos hemos arriesgado a no hacerle caso.

Uppmann sonrió de pronto como un niño ante una prueba de magia.

—No me pregunte cómo lo logra —desalentó—, mi área no incluye la electrónica. Supongo que debe ser como la obtención de ciertos compuestos químicos, donde un laboratorista tiene la completa seguridad de que si mezcla tal ácido con tal otro, obtiene un tercero del cual ya conoce el nombre, características y propiedades. Más simple, Kulpitown, si usted junta el azul con el amarillo le da el verde. —Uppmann se encogió de hombros, satisfecho de haber urdido esa esclarecedora metáfora—. De la misma manera, imagino que si usted reúne las características físicas, emocionales, psíquicas, raciales, educacionales, de un individuo, les adiciona el medio en que se mueve, la condición económica, le aporta datos concretos sobre resultados que ha obtenido ese individuo en las empresas que ha emprendido. . . pues, muy bien, debe conseguir un pronóstico casi exacto de cómo será el futuro de ese sujeto. Como ve, Kulpitown, acá no hay nada de astrología, no hay horóscopos ni bola de cristal Hay ciencia, nada más.

Uppmann hizo una pausa, ordenando la ilación de su perorata.

—Y el informe que recibo hoy. .. —retomó el ritmo—
. . . viene con tres minúsculas. .. digamos. ... —En tanto sostenía la carpeta con su mano derecha, Uppmann acariciaba uno de los ángulos superiores de la tapa de cartulina con desplazamientos circulares de las yemas de los dedos de su mano izquierda— . . . protuberancias, pequeños granitos en relieve en este ángulo, que es lo que indica que el asunto está encuadrado en tres condiciones significantes. Primero: de Urgente Resolución. Segundo: de Máxima Seguridad. Tercero: de Total Reserva. Porque el diagnóstico es serio, Kulpitown, este sujeto, "Víctor Marvel Gena", en el curso de no muchos años más, comenzará a destacarse en el mundo de la política, aparecerá como un hombre providencial con perfiles casi mesiánicos, creará una nueva alternativa para la gente, arrastrará multitudes y procurará despojarnos de nuestro poder.

Uppmann volvió a contemplar a Kulpitown a los ojos, deseando constatar que su atento oyente hubiese registrado perfectamente la información.

—Un hombre peligroso —repitió Uppmann. Retomó la carpeta y se la alcanzó a Kulpitown—. Aquí tiene. Dirección. Detalles. Horarios. En fin, lo necesario. —sacó un sobre de un cajón ubicado a la izquierda en su escritorio—. Aquí tiene su cheque. Ya sabe lo suyo.

Mort Kulpitown se había puesto de pie, guardó el sobre en un bolsillo interno de su saco, esgrimió un gesto ligero de despedida y abandonó el despacho. Caminó hasta su coche aparcado en la playa de estacionamiento y una hora después llegaba al aeropuerto.

Tuvo un buen vuelo y, prácticamente, le insumió más tiempo el trámite de alquilar un coche a la llegada que el viaje en sí.

Otra hora después, ya de noche, estacionó una cuadra antes de la dirección buscada. Era un barrio residencial y, salvo un niño en patineta que pasó cantando desinhibido, no se veía a nadie.

Caminó hasta reconocer la fachada de la casa que había visto en las fotografías. Por una de las ventanas abiertas se oía el diálogo monocorde de una serie de televisión. Kulpitown se internó por el jardín, bordeó la casa hasta encontrar la puerta batiente cubierta por un mosquitero que accedía a la cocina. Allí no había nadie aunque la luz estaba encendida. Entró; la habitacion de Víctor Marvel Gena se hallaba sobre su derecha. Cruzó un pasillo y encontró la puerta entornada.

Cuando la abrió, silenciosamente, sostenía el revólver en la mano derecha. Cuando Gena volvió la cabeza hacia el extraño, ya la mano izquierda de éste se había unido a la derecha en derredor de la empuñadura del arma para precisar el disparo.

Un segundo antes de gatillar, Kulpitown pensó que, en las fotografías, Gena aparentaba un poco más de los cinco años de edad que, en realidad, tenía. Centró la mira sobre el flequillo y disparó.

EL "PICHON DE CRISTO"

Te cuento, Macho, que la cagada la hicimos nosotros. Nos largamos a hablar, ¿viste? a farolear. Nos agrandamos, ¿viste? Y... ¿querés que te diga?, al pedo, al reverendo pedo. Porque, después de todo, nosotros no le habíamos ganado nunca, empatamos los dos partidos y fueron partidos parejos, ¿viste? que estaban para cualquiera. Pero, yo no sé, hubo gente que empezó a decir que nosotros éramos mejores, que ellos iban primeros de ojete, que nosotros la hacíamos de trapo. Y nosotros nos entusiasmamos, agarramos el bochín y, ¿sabés qué? el agrande, viejo, el agrande. Entonces ellos se engranaron e hicieron la justa, porque la verdad que estuvieron bien, un día llaman por teléfono al club, hablan con el Tordo y le dicen que querían jugar con nosotros, ya fuera del campeonato, que querían jugar con nosotros. Que al domingo siguiente que terminara el campeonato hiciéramos un partido en cancha nuestra, en cancha de ellos, en cancha neutral, donde se nos cantaran las pelotas, mirá vos, nos relajaron.

Me acuerdo que el Tordo vino todo cagado adonde estábamos entrenando, a decirnos.

Y... ¿qué íbamos a hacer? Teníamos que agarrar viaje, no nos íbamos a ir al mazo después de todo el quilombo que habíamos armado, te imaginás. Pero la verdad que nos pegamos un sorete bárbaro, porque decíamos: "Estos,

189

¿sabés qué? nos deben querer pasar por arriba". ¿Sabés el hambre con que nos debían estar esperando? Además, ellos estaban agrandados porque salían campeones, la gente los seguía por todos lados, nos querían romper bien roto el orto.

Así que te imaginás cuando viene Lopecito, el preparador físico a decirnos que el Pacú se había lesionado, nos queríamos morir. El Pacú será medio loco pero es un arquerazo, es el mejor arquero de la liga, de eso no te quepa ninguna duda, y se nos viene a lesionar un día antes del partido con estos hijos de puta. Porque cuando nos avisaron lo del Pacú ya habíamos aceptado el desafío, porque eso ya era un desafío, ¿viste? un desafío de esos de los pibes y al día siguiente teníamos que viajar a Bombal porque, de última, se había decidido hacer el partido en cancha neutral. ¡Qué lo parió! Te imaginás el quilombo. A un día del partido y sin arquero. Porque al boludón de Medina no lo contábamos; primero, que es un bagre de no creer; después, que ni siquiera había ido a entrenar las últimas semanas y además no sé quién lo había visto con un pedo tísico, por ahí, por Chovet, de pura joda. No le íbamos a ir a hablar del partido porque no nos iba ni a entender el desgraciado.

¡La mierda! Bueno... ¿qué hacemos? Incluso pensamos en llamar a estos tipos y decirles que postergáramos el partido, que esperáramos hasta que el Pacú se mejorase la gamba, se había jodido la gamba, un tirón. Pero... ¿sabés qué?, lo primero que iban a pensar era que nos habíamos recagado en las patas. Que arrugábamos. Que eran todos versos para no jugar. En eso cae Manolito, cuando estábamos discutiendo el fato y dice que por qué no lo llevábamos al "Pichón de Cristo". El "Pichón de Cristo" es un flaco que había jugado una vez en contra nuestro un amistoso, creo que en Máximo Paz. Un flaco, viste, esquelético, las piernitas, mirá, como las patas de esta mesa, te parecía mentira que pudiera atajar.

Yo, personalmente, ni me acordaba cómo atajaba. Me acordaba de la pinta porque, la verdad, era un pichón de Cristo, no le decían al pedo así. Mirá, sería más o menos como el Luis, ¿viste? no sé si no era más flaco. Pero más alto, y más ancho de arriba, bien de arriba, para colmo con el pelo largón y barbita, cagate de risa, el "Pichón de Cristo".

Te digo que, cuando el Manolito vino con ésa, la mayoría de los muchachos estaba tan en bola como yo. Uno dijo que ese día había atajado un vagón, pero me parece que lo dijo por decir, pero lo cierto era que la gente de los otros pueblos, esos tipos que vienen y te cuentan lo de la liga en otros pueblos, decían que el flaco se pasaba. Y eso que ni siquiera había firmado para "San Martín" de Chovet. Sabíamos que estaba ahí, pero no sabíamos si había firmado o no.

Como ya era el día del partido y veíamos que se nos hacía la noche, el Pato y el hijo del Pato cazaron la picá y se mandaron para Chovet a traerlo al ñato. Medio que había ¿cómo decirte? un acuerdo con los de "Independiente" de Bigand, de presentar los mismos equipos que habían estado jugando el campeonato. Digamos, no se había hablado de eso pero se daba por sentado que vos no ibas a caerte a jugar ese partido con cuatro o cinco monos de primera, ¿viste?, cuando los muchachos cazan las licencias del verano y se van al campo a hacer algo de mosca. Vos sabés que lo llamo al "Sopita" Martínez, le digo de ir a jugar y el "Sopita" viene como por un tubo. O el "Conejo". Pero.. pero... la joda era jugar con los mismos equipos que se había jugado en la liga. Ahora, en el caso del "Pichón de Cristo", qué sé yo, podíamos decirles que lo teníamos a prueba para el próximo año, que ya había firmado, no sé. Además, ellos, con tal de no verlo al Pacú atajando para nosotros, cualquier cosa, mirá, que lo lleváramos a Fillol, a cualquiera, iban a aceptar cualquier cosa.

Mirá, no te la voy a hacer muy larga. Fuimos a jugar y

191

era un quilombo de gente. Mirabas detrás del alambrado y te daba miedo. Y ellos estaban con todo, ¿eh? Se habían aguantado una semana sin chupar, entrenando como siempre, sin salir de joda después de haber ganado el campeonato para agarrarnos a nosotros y rompernos el culo.

Y bueno, te la hago corta. ¿Sabés quién nos salvó de que nos cagaran, pero que nos cagaran a goles? El "Pichón de Cristo". ¡Dios mío lo que sacó ese animal! ¡Hijo de puta! Ellos no lo podían creer y, nosotros, ¿sabés qué? menos. Si vos le veías la pinta al flaco en el arco y pensabas: "acá le pegan un pelotazo en el pecho y lo destrozan al flaco".

Mirá, le sacó al "Tachuela" un cabezazo de pique al suelo que todavía no lo puedo creer. Un balazo, ¿eh? En un corner apareció el "Tachuela", ¡qué bien cabecea ese hijo de puta!, entre mil, entre mil que habían saltado y se la pone de pique, abajo. Este se tira y la saca. Dos mano a mano con el wing, el negrito, ese que le dicen "Pacha". Un voleo... ¡Uy Dios lo que fue ese voleo, me había olvidado! Un voleo que agarró el "Gallego" en el punto del penal, seco, abajo, que éste, yo no sé cómo hizo, se tiró y la rechazó con esto, con el antebrazo, yo no sé cómo no se lo quebró, y rebotó como hasta media cancha. Y después, qué se yo, mil, mil porque nosotros no parábamos ni el colectivo, nos pasaban por al lado, nos pegaron un zaino que ni te cuento. Y no fue un ratito.

¿Viste que hay partidos en que por ahí te agarran mal parado y los primeros diez, quince minutos, te cagan a pelotazos?... Acá no. No. Fue así todo el partido, querido, nos dieron un zaino que no te lo quieras creer. Y nada de toquecito o de ole. No. ¿Qué toquecito? Los negros se venían a sacarnos los ojos, metían centros y entraban quince, qué sé yo, mil. Los hijos de puta la tenían adentro y nos querían basurear, nos querían pasar por arriba. Decí que estaba el flaco. Increíble. En el último minuto le tapó un bombazo al cinco que yo me di vuelta para no mirar porque dije: "Aquí lo mata". ¡Y en tiempo de descuento, otra, esa fue la máxima! Ya el área nuestra era un quilombo, estábamos todos ahí adentro. Se arma una de rebotes después de un corner y el ocho de ellos, el "Pantufla", desde el borde del área, le da fuerte al palo derecho del "Pichón de Cristo". El flaco se tira... ¡y no va Huguito y se la toca en el aire! Le pega ¿viste? le pega la cadera al Huguito que había cerrado y le cambia el palo al "Pichón". Yo la vi adentro, ¿viste? La vi adentro. Porque el flaco ya se había tirado, estaba en el aire cuando Hugo le cambia el palo. Yo no sé, no sé cómo hizo. Giró en el aire... ¿viste como los nadadores cuando llegan al final de la pileta y giran para volver para el otro lado? Este hizo algo así, en el aire, le pegó un manotazo apenitas con la punta de los dedos y la dejó ahí, picando a diez centímetros de la línea. Llegué yo y, ¿sabés qué? le puse tamaña quema que creo que la perdí. La saqué del pueblo. No la quería ver más a esa hija de puta. Y terminó el partido. Los de "Independiente" no lo podían creer. No lo podían creer. Se agarraban el bocho. Se la comieron doblada los hijos de puta, con un nudo en la tapún.

Y bueno, te cuento. En el vestuario, te imaginás, los abrazos con el flaco, con el arquero. Una barbaridad, una barbaridad. Y el flaco, calladito, ¿viste? no decía nada, o se sonreía, tenía tierra hasta en el ojete pobre flaco, si se la había pasado revolcándose. Los muchachos se bañaron y yo me retrasé un poco. Medio porque antes de bañarme estuve como media hora tirado arriba de un banco de la palmera que tenía. Además, me habían pegado un puntín acá, detrás del muslo, que cuando se me enfrió el músculo me dolía como la puta madre.

Después me bañé y me empecé a cambiar. Fue en eso qu lo veo al flaco que salía de la ducha. Y fue raro... porque venía con la toalla atada a la cintura, en ojotas, y en eso pasó por debajo de una ventanita donde entraba sol y el sol le dio en la cabeza, ¿viste? y se le formó como una aureola, ¿sabés de qué?, pienso... de ese vapor que te sale del cuerpo cuando terminás de bañarte. Lo estaba mirando cuando veo que tenía las palmas de las manos lastimadas, las dos. "¿Qué te pasó?" le pregunto. "¿Dónde?" me dice. "En las manos". "Ah, me pisó el nueve", me dice. Me pareció raro, ¿viste? porque me acordaba que el flaco había atajado con guantes. Después también le viché un raspón bastante fulero por acá, en las costillas. Pero parecía un raspón viejo, de algún otro partido. Después el flaco se cambió rápido, como si estuviese apurado, pero me dio la impresión de que no quería que yo le hiciera más preguntas. Y... ¿sabés lo que se me ocurrió pensar? Eso es lo que te quería contar. ¿Sabés lo que se me ocurrió pensar? Mirá que uno a veces es boludo, porque por ahí el tipo es un tipo tímido y nada más. Pero pensé... "¿Este flaco no andará en alguna fulería, en algo fulero, y no quiere parlarla demasiado?". Boludeces que a uno se le ocurren. Mirá cómo es uno de jodido, después de todo. Después el flaco se fue y no lo vi más. Lo buscamos, me acuerdo, durante toda la semana, para ver si no quería firmar para nosotros. Y no lo encontramos. Después volvió el Pacú y ya nos olvidamos del asunto.

EXPERIENCIA EN "EL CAIRO"

Eran dos diferentes estilos dentro de una misma vocación. Silvio era el clásico tipo de plomo cordial, afable, con un afán de servicio que, de haberse puesto en beneficio del bien, lo hubiese llevado, sin duda alguna, a las consagratorias instancias de la canonización.

Favio era distinto, tenía un manejo más como ausente, de acercamientos medulosos, o quizás sería que, como se presentó después en el teatro de los acontecimientos, se tardó más en conocerlo, estudiarlo, y por ende lograr su neutralización aunque fuera en parte.

De cualquier forma ambos reunían una característica fundamental en la subsistencia y ascenso de todo plomo: eran buenos tipos. Bajo la densa, pesada e insoportable personalidad de los dos se adivinaba que no había una intención explícita de molestar o ponerse cargoso. Y eso los salvaba. De haber sido tanto Silvio como Favio, malos bichos, nada los hubiese librado de que muchas de sus víctimas los mandasen, sin eufemismo alguno, a la "reputa madre que los parió" como bien lo sintetizara el Lunfa en uno de los tantos comentarios sobre el tema.

Lo que nadie supuso, en la mesa cotidiana de "El Cairo", es que la confluencia de Favio y Silvio sobre ese mismo sitio, derivaría en una experiencia sin antecedentes conocidos. Porque, al principio, ninguno de los muchachos tenía conocimiento de la ruin existencia de Favio. Sólo Silvio y sus deleznables costumbres eran materia de discusión, justificada furia o pánico.

—El boliche tendría que haber hecho algo contra esto —había dicho Quique ya hacía mucho—. De la misma forma que echan a los pibes que manguean, tendrían que prohibirle la entrada al Silvio.

—¿Por qué? —reprochó Manuel, que hacía poco que alternaba en la mesa.

—¿Por qué? ¿Todavía preguntás por qué? —se sulfuró Quique—. ¡Ese plomo insoportable! ¡Es imbancable ese hijo de puta!

—¡Eh, viejo! Me parece que estás exagerando... no sé...

—Vos porque no lo conocés. Vos no sabés lo que es cuando se te prende...

—No. Yo no lo conozco —admitió Manuel— pero estuve con él un par de veces y no me parece tan terrible. Me pareció un buen tipo, bah, un tipo normal. Como cualquiera de nosotros.

—No. Vos porque lo viste en un grupo. Pero dejá que te agarre solo. Ahí es donde él se ensaña. Cuando te ve solo...

Manuel hizo un gesto de escepticismo.

—Por eso te digo que el boliche lo tendría que espantar —argumentó Quique—, porque te juro que te asusta venir a sentarte solo en una mesa. Porque él anda merodeando y adonde te ve solo viene y se te sienta.

Y era verdad. Como los lobos solitarios, Silvio rondaba la esquina de Santa Fe y Sarmiento a eso de las siete de la tarde. Pasaba por la vereda de enfrente, con andar cansino, sin mirar decididamente hacia adentro, unos libros en la mano, pero sus ojos avizores hacían un repaso completo de los sufridos militantes de las mesas de El Cairo. Cuando venía por Sarmiento, desde Córdoba, ya cuando empezaba a bordear el Banco de Galicia, levantaba su nariz pronunciada, entrecerraba los ojos y comenzaba a ventear la posible presa. En muchas ocasiones sus pasos lo llevaban hasta la puerta misma de la ochava sin haber logrado dar con ningún conocido que se hallase solo en una mesa. Entonces fingía comprar cigarrillos en el kiosco de al lado, por Santa Fe, o directamente entraba a El Cairo, iba al baño y en el recorrido de ida y vuelta proseguía la pesquisa ocular.

—Yo, directamente no le doy pelota —fue drástico el Lunfa—. Ni bola. Ni lo miro.

—No podés. No podés —contemporizó el Negro.

—¿Cómo "no podés", boludo? No lo mirás y chau. No lo mirás.

—Lo que pasa es que es como los perros, ¿viste? esos cachorros —explicó Chonchón—. Apenas vos los mirás se te vienen. Es como dice el Lunfa, no lo tenés que mirar.

—Un diario —opinó Carlitos—. Un diario es lo mejor.

—¿Cómo "un diario"?

—Claro. Si llegás y ves que no hay nadie, te comprás un diario y te sentás a leer. Si el tipo te ve leyendo no te va a venir a romper las pelotas. Además vos te hacés que mirás el diario y te hacés el que no lo junaste.

—Ah, sí. ¡Tomá! —se mofó el Lunfa.

—A ése no lo parás con un diario —dijo Chonchón—, se te sienta lo mismo.

—Y bueno —defendió su teoría Carlitos—. Si se te sienta vos te hacés el sota y seguís leyendo. No le das bola.

—No podés. No podés —repitió el Negro.

—Ustedes son muy buenos. Yo lo mando a la puta que lo parió —El Lunfa se mantenía. en su tesitura—: Yo me inclino por la violencia.

—Es que ahí consiste la habilidad de estos tipos —dijo Manuel—, nunca llegan a un punto en que se justifique el mandarlos a la mierda.

—Pero sin llegar a eso, sin llegar a eso. . . —arrancó el Negro.

—No te dan motivo.

—Sin llegar a eso, los podés ahuyentar. Mirá, yo el otro día le dije. Yo estaba sentado ahí, con el Flaco Nico y viene el plomazo este, no saluda y se queda parado al lado...

—Como para ver si lo invitabas a sentarse...

—Claro. Y nosotros ni bola, seguimos charlando. Y medio en voz baja —esto lo puntualizó el Negro—, como si estuviésemos discutiendo algo personal, muy privado, alguna fulería...

—No hay caso, él se queda —desestimó el Lunfa.

—Efectivamente, él se queda —acordó el Negro—. Pero entonces yo le dije: "Silvio, perdoná pero con el Flaco tenemos que discutir un asunto de laburo, eh... ¿Nos perdonás?" Y se fue. Chau. Se piró. Y no tuve que comprarme un diario, ni mandarlo al carajo, nada.

—Ah, qué piola que sos vos —dijo Chonchón—, de a dos es más fácil. Así yo también. Lo jodido es en la situación mía, que generalmente llego más temprano de lo que llegan ustedes y ahí, cuando estás solari es cuando cae este coso.

—Es cierto lo que decía Quique —recordó Carlitos—. Acá tendrían, no digo que prohibirle la entrada...

—¿Por qué no? ¿Acaso la casa no se reserva el derecho de admisión?

—No. No. Pero podrían empezar a cobrarle el café una barbaridad. Indexarle los cortados, no sé... Algo tendrían que hacer.

—Porque, te digo... —advirtió el Negro— ...mañana logra que Chonchón no venga más, o no venga más temprano y ya les hacés cagar un cliente. Y después, seguro se va a ocupar de otro, y así...

—A Silvio lo mandan del Odeón...

—Además, lo que vos decías, Negro... —retomó la anécdota el Turco, que había permanecido callado hasta entonces— ...lo que vos contabas. Yo he estado estudiando que el poder maléfico de este tipo se diluye en forma proporcional al número de personas que integran la mesa.

La sesuda observación del Turco, algo habitual en él, fue recibida con muestras de aprobación general.

—Por ejemplo, si vos... —prosiguió, animado, el Turco— ...en vez de decirle que estabas hablando de cosas muy importantes con este amigo tuyo...

—Nico.

—Con Nico... Le decías "sentate, vení sentate", hubieses visto que ahí no es tan plomo como cuando estás solo con él. Porque se diluye. Ahí se diluye la densidad plúmbica del sujeto. Y mientras más sean, menos es el... como decirte...

—Es cierto —acordó Chonchón—, eso es cierto. Se ve que es algo químico.

—Porque no es boludo ¿eh? No es boludo —estableció el Turco—. Y cuando hay mucha gente se queda callado, mete poco la cuchara. Escucha. Entonces pasa desapercibido.

—¿Que no es boludo? —desafió el Lunfa—. Es insoportable. Preguntale al Puma.

—Entonces está visto que hay que agruparse, viejo —resumió el Negro—. No vengamos de a uno. A tal hora nos juntamos todos en la esquina de Mitre y venimos juntos. Hay que unirse ante esta amenaza.

Lo cierto es que había una pequeña dosis de culpa en todos. Quique, por ejemplo, contaba que en cierta ocasión había admitido de buena gana que Silvio se sentase a su mesa. Por disculparse, Quique remarcaba que en aquella ocasión se hallaba solo, no conocía demasiado a Silvio y que le pareció un interlocutor potable. Es más, reconocía con pesar Quique, Silvio le pareció un tipo lúcido, bastante entretenido, al punto de admitir de buen grado, al día siguiente, repetir la experiencia. Sólo después Silvio fue sacando de su interior el verdadero monstruo que ocultaba. Silvio tenía un puñado de actitudes que lo hacían francamente imposible. Era de una suave cordialidad que ofuscaba. En su boca jugueteaba siempre una sonrisa comprensiva, los párpados entrecerrados y soñadores, la voz baja y un tono de "perdoname lo que te digo" que exasperaba. Y no sabía dejar de lado cuando estaba con hombres, actitudes que quizás alguna vez le diesen resultado con las mujeres; es decir, galanterías, gestos. Atenciones, en una palabra.

— ¿Qué tal, cómo estás, estás bien? —era su preocupación primaria al encontrarse con alguien—. ¿No querés un poco más de azúcar? Te puedo dar mi vaso de agua — eran sus fórmulas si compartía un café con alguien—. ¿No te molesta el viento del ventilador ahí? ¿No querés cambiar el lugar conmigo?

—Te hace sentir una embarazada —había definido una vez el Lunfa. Además, Silvio miraba fijamente a los ojos con su expresión tierna y adelantaba la nariz hasta ubicarla a escasos centímetros de su interlocutor. Bebía la charla de éste e inclinaba ligeramente la cabeza hacia uno de los lados, como los perros que perciben un sonido extraño. Y asentía siempre, difícilmente oponía argumentos encontrados. Pero lo más denso era cuando charlaba con uno de pie. Repetía el mismo acercamiento que sentado o sea que acercaba su rostro a extremos casi de concupiscencia y no había forma de escape. Si uno retrocedía dos pasos, él los adelantaba. Si uno ensayaba un sidestep boxístico hacia un costado, él de inmediato ocupaba la posición abandonada manteniendo la distancia "nariz-nariz" que era sin duda, el secreto de la imantación.

—Y no se ofende —meneó la cabeza el Negro.

— ¡No! Es tenaz —agregó Carlitos.

—Es que, justamente. . . —esgrimió el Turco a manera de prólogo de su nuevo estudio— . . .la falta de orgullo es una de las características que hacen a la supervivencia de esta especie. Si los tipos se sintieran heridos ante el más mínimo desaire, ante el primero que lo mandase a la mierda, se termina su condición de plomo. El hombre es plomo precisamente porque insiste. El ve la dificultad, percibe la oposición, registra el fastidio en su presa y eso lo hace más terco, más empecinado. Con lo que quiero decirte, Negro, que la falta de orgullo es, justamente, la condición esencial que debe atesorar todo plomo. La falta de orgullo es inherente al plomo.

Así, poco a poco, se iba asentando una jurisprudencia en El Cairo con respecto al caso. Y de la misma forma en que se dice del cáncer que mucha más gente vive de él que la que muere por su causa, el "tema Silvio" insumía mucho más tiempo de estudio lejos de su presencia que el tiempo real en que se debía sufrirlo. Se había llegado a conclusiones en verdad profundas con respecto a la naturaleza humana y el arcano misterio de la vida.

—Yo no me quiero poner en defensor de Silvio —Manuel se puso la punta de los dedos de la mano derecha sobre el pecho—. Lo único que te digo es que no es un mal tipo. Eso es lo único.

—Nadie dice que es un mal tipo.

—Por eso pienso que a veces uno se pasa de rosca y es medio injusto con él. Por ahí se lo trata para el culo y no se lo merece.

En aquella ocasión estaba también en la mesa Omar. Omar era psicólogo y quizás por su condición profesional se había convertido en una suerte de compilador de las conclusiones que se iban produciendo, casi siempre provenientes del Turco. Pero ese día Omar aportó sus propias conclusiones.

—Lo que pasa, Manuel... —dijo— ...es que hay una frase bíblica que dice: "Los boludos no son malos". Está en la Biblia, se repite en el Corán, aparece, explicada con diferentes palabras, en distintas religiones. Es inevitable, no son malos, porque no les da el cuero para ser malos. Para ser malo hay que tener malicia, que es una especie de picardía. Y si tenés picardía, tan tan boludo no sos.

—No son buenos por convicción. Son buenos por limitación —concretó el Turco. Lo había leído en alguna parte.

—No sé, no estoy convencido —dudó Manuel—. Yo creo que es una nueva especie. Una malformación genética o algo así. Algo que producen las explosiones atómicas o el olor al plástico. No sé.

—Oíme —dijo el Lunfa—. Plomos ha habido en todas las épocas.

—Es más viejo que orinar en los portones —agregó Quique.

—Yo creo que no es tan boludo, ni tan bueno —tiró el Lunfa— y si no preguntale al Puma.

Entonces, el Puma fue llamado a declarar.

—Yo andaba —empezó sin rodeos— tratando de enganchar a una pendeja que es una barbaridad. Una cosa de locos. Bueno, la mina no me daba bola. Me daba un poco, sí, pero... Bueno, no les voy a contar la historia de la mina porque no viene al caso. La cuestión es que un día quedo en encontrarme con esta piba, acá, en El Cairo. Digamos, encontrarnos los dos solos a tomar un café, porque hasta ese momento habíamos estado un par de veces pero siempre con otra gente. La pendeja estudia y andaba siempre en patota con otras amigas. No había forma de cazarla sola, siempre acompañada. De cualquier manera yo, con tal de engancharla, me mezclaba por ahí, hablaba al pedo, en fin. Pero ese día había estado hablando con esta mina y con el fato de que a ella le interesa la música y yo que le dije que era representante de cantantes, bueno, quedamos en que yo le iba a alcanzar un artículo que había salido en "Clarín", sobre el rock nacional y esas cosas. Resumiendo: aun considerando que lo más probable era que no pasara nada con esa pendeja, era la primera vez que íbamos a poder estar los dos solos en una mesa, charlando y tomando un café. Incluso la mina me había dicho que nos encontráramos un poco más temprano de la hora a la que llegaban sus amigas habitualmente para así poder charlar sin las otras. Y yo, pelotudo de mí, le había dicho a Silvio que pasara por el boliche a dejarme un long-play, que él decía que había conseguido expresamente para mí. Yo, pensando que éste pasaba, me dejaba el long-play y se piraba...

—Cagaste —profetizó Carlitos.

—Para colmo, éste llega un poco antes que la mina y, como yo tenía un poco la duda de si la mina iba a venir o no, no me tenía mucha fe, lo hago sentar. ¿Para qué? ¡Hijo de puta! A los dos minutos llegó la mina y se sentó conmigo. Entonces yo pienso: "Bueno, ahora éste se pira". Estaba como pegado el hijo de puta. ¡Y eso que me había dicho que se quedaba un minuto nomás! Cuando llegó la mina entró a acomodarse en el asiento, decía "Bueno..." y yo pensaba "Ahora saluda y se va". Nada. Agarraba las cosas, tenía unas carpetas, amagaba levantarse y seguía charlando. Yo me lo quería morfar. Hasta empecé a tratarlo para la mierda. No lo miraba. No le contestaba. Hablaba con la mina y a él no le daba bola. O le contestaba mal. A cada momento le decía "Bueno Silvio, cualquier cosa te llamo", para darle a entender que mi fato con él se había terminado...

— ¿No ves? Hay que matarlo —resopló el Lunfa.

— ¡Hijo de puta! —siguió el Puma a quien el solo recuerdo lo ofuscaba segundo a segundo—. Se pidió un café, él que había dicho que no iba a tomar nada porque ya se iba antes de que viniera la mina. Tomó el café y de nuevo agarraba las carpetas como para irse y las volvía a dejar sobre la mesa. Un infierno.

— ¡Qué pedazo de pelotudo!

—Un infierno —sacudió la cabeza el Puma, conmovido ante el solo recuerdo de lo espantoso de la situación.

— ¡No te digo yo! —insistió el Lunfa—. Que se vaya a la concha de su madre.

Aquella anécdota llenó de odio a todos los muchachos

y aumentó la repulsa hacia Silvio. Pero no era esa la característica habitual de las emociones que generaban las charlas. Se inclinaban más hacia las reflexiones profundas, el buceo de las costumbres.

—Qué notable, qué notable —puntualizó el Turco un día— el poder de esta gente. Esa capacidad de polarizar el rechazo general. No es joda lograr que en tan poco tiempo todo el mundo te raje. Que todo el mundo te haga el vacío. Es una condición muy particular que no creo sea muy fácil de lograr.

—Es un don —dijo el Negro.

—Macana. Debe ser jodido —se apesadumbró Carlitos— ¿vos sabés qué jodido que te raje todo el mundo? Dejame.

—¿Y las minas, che? ¿Las minas le darán bola? —se preguntó Chonchón.

—¿Estás en pedo vos? —se interesó el Lunfa.

—No. Yo digo porque como es un tipo tan cordial, tan servicial. A veces a las minas eso les gusta. Qué sé yo.

—No, loco —aportó el Negro—. La otra vez me dijo Liliana que no lo soportan. Es un sobador insoportable. Un baboso.

—Debe ser jodido —reiteró Carlitos. Y se hizo un silencio que rompió Chonchón al preguntarse:

—¿Uno no será así y no se da cuenta? —La requisitoria levantó una tormenta en la mesa. Hubo protestas y algunos gestos de duda—. Porque por ahí. . . —arremetió Chonchón— uno no se da cuenta y hay gente que cuando vos te acercás dice "Rajemos que viene el plomazo aquel" . . . ¿Eh?. . .

—No. No. —Hubo varios que negaron, tal vez sin querer admitir, tan siquiera, la posibilidad de invertir la teoría filosófica y verse del mismo lado que sujetos tan vituperables.

—Habría que pensarlo. . . habría que pensarlo. . . —accedió el Turco, y un estremecimiento de espanto pobló al grupo frente a la alternativa de que ellos mismos albergaran en sus propios cuerpos el engendro de ese mal extraño e irreversible.

—El saturnismo —arriesgó Carlitos.

—No. No —invalidó Omar—. El saturnismo es la intoxicación de plomo. Eso sería lo que nos ataca a nosotros. Los que nos vemos amenazados por los plomos.

Por todo lo relatado, es notorio cuál era el clima que imperaba en la mesa del boliche el siniestro día en que el Negro llegó con la noticia que los llenó de pavor: había aparecido otro plomo, quizás más letal y temible que el propio Silvio.

—No puede ser —dijeron varios.

—Estás jodiendo.

El único que dio crédito a la versión fue Carlitos quien, demudado, musitó:

—Es un azote.

—De veras, loco —aseveró el Negro.

—Pero. . . ¿De veras? ¿Dónde? —preguntó Quique.

—En el Odeón. El Puma estuvo con él. Parece que se llama Favio. Se lo presentaron al Puma y alguien le batió que es un plomo inigualable. Parece que en el Odeón es rejunado y le rajan que no lo podés creer.

—No puede ser. Dios no puede permitir tanta maldad —dijo Chonchón.

—Debe darse este año alguna conjunción astral, algo que. . . —empezó el Turco.

—No debe ser cierto, viejo —arguyó Quique—. En esto tiene que haber una ley química, o física. Dos cuerpos de tales características no pueden estar juntos, no pueden darse tan cerca. . .

—Dice el Puma que lo va a traer —informó el Negro.

—¿Para qué? —se alarmó el Lunfa.

—Para estudiarlo.

—¿Pero por qué no se van a cagar? —se enojó el Lunfa—. ¿No tenés bastante con el Silvio y ahora van a traer a otro? ¿Pero por qué no se van a cagar?

—Loco. . . —lo reprendió Carlitos—, es una oportunidad única para ampliar nuestro informe. Ahí podemos constatar, hacer comparaciones, profundizar. . .

—Oíme —advirtió el Lunfa— si el Puma trae ese tipo por acá, te juro que me voy y no aparezco más—. Se había enojado.

—Lunfa. . . oíme —le habló el Turco—. Nosotros ya estamos jugados. Somos como conejitos de India. Le debemos este aporte a la civilización.

— ¿Te imaginás todo lo que podemos adelantar en este tema? —agregó Chonchón.

—Yo advierto --dijo el Lunfa—. Si traen a otro coso de esos, se van a la concha de su madre.

—Es un interés científico, Lunfa —trató de convencerlo Quique.

— ¿Por qué no traen alguna mina de vez en cuando? —preguntó, agresivo, el Lunfa.

—No mezclemos las prioridades —trataba de frenar el Turco.

—Yo te juro que me alzo a la mierda —dejó constancia el Lunfa.

Pese a eso, privó la decisión mayoritaria y al día siguiente el Puma cayó junto a un petisito, flaquito, cara de nada. Lo integró a la mesa y los primeros días no hubo síntomas que confirmaran la fama de la que venía precedido el recién llegado. Se comenzó a comentar que se trataba de una falsa alarma, lo que reafirmó la preeminencia de Silvio en la materia. Incluso hubo una especie de revalorización de Silvio como plomo genuino e incontaminado. De cualquier modo el grupo, especialista, sabía que un plomo no revela su condición a los primeros contactos, sino que se va manifestando muy lentamente. Tuvieron paciencia y esta paciencia tuvo su premio. Un día Quique llegó a la mesa, llamó la atención con una palmada que hizo tambalear las botellas de gaseosas y dijo:

—Es uno de ellos. —Y pasó al relato de los hechos.

—Hoy venía por calle Córdoba —contó— cuando lo veo venir al Favio Parecía que no me había visto, venía medio del otro costado. Pero por ahí veo que empieza a cerrar la línea hacia por donde venía yo. ¿Viste? —Quique trazó, sobre la mesa, una diagonal con el dorso de la mano—: Así. Y era una cosa muy rara, porque él venía caminando mirando para adelante y con la punta de los pies bien para adelante pero derivaba hacia el centro de la calle. Escoraba el loco, para donde venía yo. Y los ojos perdidos más allá. En el infinito. Tanto que yo no sabía si me había visto o me estaba por chocar de pedo, nomás. Pero se paró un metro delante mío. "Hola" me dijo, mirando para otro lado. "Hola Favio. ¿Qué tal?" le digo. Y se quedaba callado. No decía nada. Yo no sabía si iba a seguir hablando, si quería conversar, si iba a seguir caminando, qué carajo iba a hacer. "¿Todo bien?" le pregunto. "Sí" me dice y como se vuelve a quedar callado yo le digo "Bueno, chau. Nos vemos". Entonces me dice "Vos no sabés... donde puedo conseguir..." lento, ¿viste? Una lenteja impresionante. Y yo andaba medio apurado. Estaba laburando. "...Dónde puedo conseguir... una revista... de donde sacar...". No sé qué carajo quería, que tenía que copiar para un trabajo de publicidad. ¿Trabaja en publicidad?

—Sí —asesoró el Puma.

—Bueno, un laburo en publicidad, qué se yo qué carajo. Le digo "No, Favio. Mirá, no sé. Estoy apurado". ¡Y arranca a caminar al lado mío!

—Para el otro lado.

—¡Para el otro lado de donde venía! Y me empezó a contar de ese trabajo que tenía que hacer y si yo no conocía a nadie que trabajara el telgopor... qué se yo la historia... Pero todo lento ¿viste? Lento, lento...

—Terrible. Terrible —comprendió Chonchón.

—Cuando llegamos a la esquina de Entre Ríos . . . —siguió Quique— ...se para adelante mío mientras esperábamos que pasaran los autos. Se para como dispuesto a volverse y retomar su camino. Y se queda callado. Entonces yo de nuevo le digo "Bueno Favio...". ¡Para despedirme! Y arranca de nuevo: "Porque ahora queremos hacer una campaña...". ¡Hasta España me acompañó el hijo de puta!

—¿¡Hasta España!?

—No me lo podía despegar. Un abrojo el guacho.

El Negro se agarraba la cabeza. Era notorio que había algunos que sufrían. Aquel sacerdocio de inocularse con el flagelo plúmbico no era fácil de sobrellevar.

—Es peor que Silvio. Te juro —culminó Quique.

Esta conclusión no fue creída. O al menos quedó la duda y se consideró que una aseveración tan terminante no podía brindarse con ligereza, más que nada en un caso de la importancia como el tratado.

Se decidió que Favio no debía ser rechazado cuando se acercase a la mesa y estudiar su comportamiento en el grupo. "El síndrome de la manada" llamó a esa fase el Turco, sin que nadie entendiese demasiado.

Pronto hubo comprobaciones interesantes. A diferencia de Silvio, Favio no diluía su densidad en la cantidad. Usaba el anonimato de la multitud para mezclarse en ella y luego persistía en la caza solitaria. Casi siempre llegaba un poco más tarde y se ubicaba, digamos, en una segunda fila, con alguna silla sobrante que pedía de otra mesa. Ya habían observado la premura con que en las mesas circundantes le facilitaban la silla, tras el primer momento de terror que atenaceaba a cualquiera cuando Favio se acercaba en actitud interrogante. Su fama se había expandido como veneno en el agua. Conseguido un pequeño espacio entre los integrantes de la mesa, un poco más atrás su silla que las demás, Favio adelantaba su cabeza y hombros como cuña, sentado en el borde del asiento, para no perderse la conversación que a la sazón se desarrollase. Pero fuese cual fuere la conversación general, él elegía la víctima más cercana, casi siempre el que tenía sentado al lado o alguno que, desaprensivamente, cometía la torpeza de contestar alguna frase suya. A él se abocaba Favio, entonces. Si la charla era sobre fútbol, por ejemplo, Favio mechaba el recuerdo de un tío suyo que había sido partidario de Tiro Federal. Si alguien picaba y, cordial, le concedía un modesto "¿Sí?" de fingida curiosidad, sobre él caía la tozuda anécdota de Favio. No importaba que la víctima intentara volver a integrarse a la liviana y refrescante charla grupal, no. El continuaba con la historia del tío, que vivía en Chabás, que un día fue a ver a River a Teodelina, que eran inmigrantes. La víctima asentía con la cabeza, procuraba retomar el hilo general de la conversación, pero no podía abandonar la mirada hipnótica que sobre él, como una cobra, mantenía Favio.

"Es que el problema de los inmigrantes. . ." seguía Fabio ". . .el desarraigo de esa gente" y si el otro se distraía, reclamaba "Eh, Negro". O Quique, o Carlos, o quien fuese el atrapado. "Eh, Negro. Che, oí. El desarraigo de esa gente. . . Negro. El desarraigo. . .". Era inútil que interrumpiese el mozo trayendo el pedido, que el Negro inventase un viaje al baño para cortar la anécdota, todo era inútil. Superada la interrupción Favio retomaba con la misma tenacidad: "Porque en los inmigrantes, como el caso de mi tío . . .".

Ya a la luz, ya clasificado, se arribó a un paso que, según el Turco era impostergable.

—Hay que llevar esta experiencia hasta su punto máximo —lanzó—. Hay que enfrentarlos.

Lo que más sedujo al resto de los muchachos para acometer la empresa no fue sólo la seguridad de que podrían lograrse de tal enfrentamiento enseñanzas de notable interés científico para el Mundo Libre, sino el carácter de desafío, de encontronazo casi pugilístico que tenía la cosa.

—Porque también allí hay otra cosa que dilucidar —argumentó Omar, el psicólogo—, la supremacía de El Cairo o el Odeón. Puede decirse que dos culturas se verán frente a frente.

—Acá se va a repetir lo de los guapos y los cuchilleros —acotó Chonchón—, el taura de Santa Fe y Mitre contra el taura de Sarmiento y Mitre.

—No es posible —dijo el Turco—, no es ni geográfica ni astronómicamente posible que dos ejemplares de semejante calibre se den en un radio tan pequeño. Y no sólo no es posible sino que no es justo. No es justo que nosotros, por ejemplo, tengamos que soportar a dos de estos hinchapelotas. Uno tiene que desaparecer.

Allí, en esas palabras, también quedó claro que el "Informe Manucci" (apellido de Silvio) llegaba a su fin. Que, agotado ya el martirologio a que se había sometido la mesa, la paciencia llegaba a su fin y no podía estirarse más el experimento. Se abocaron, entonces, a concertar la cita. Hasta el Lunfa, permanente partidario de la violencia, se unió a la programación.

—Tenemos que comprender —avisó el Turco— que seremos nosotros unos de los pocos privilegiados que asistiremos a esta prueba. Será un día histórico.

Acordaron apostar un señuelo y se llegó a la certeza que Chonchón sería quien despertaría menos sospechas. Se lo colocaría solo en una mesa y nadie debía acercársele hasta que no picara la primera presa. Los demás simularían charlas individuales en mesas alejadas, provistos algunos de mujeres como para justificar el alejamiento y atentos a impedir que cualquier despistado ajeno al tema fuera a quebrar la espera de Chonchón.

Alguno de los dos plomos caería, con seguridad, en la trampa. Y luego el otro. Era válido incluso que Chonchón los llamase, en caso de duda de los merodeadores. Sentados ya ambos plomos con Chonchón, éste abandonaría de improviso la mesa con una excusa cualquiera. Los dejaría así solos, tras haberlos presentado.

—Una noche y dando muestras de coraje, los dos plomos se enfrentaron en el Bajo —parafraseó el Lunfa, en una sentencia que, no por poco original, dejaba de ser rigurosamente gráfica.

Se cruzaron apuestas sobre cuál de los dos plomos se levantaría primero tras quedar enfrentados. Quique fue el más arriesgado y aventuró que Favio no le aguantaba ni media hora a Silvito. El Puma, totalmente confiado en su pollo, estimó que en menos de una hora Silvio escapaba con el rabo entre las piernas.

Y todos se equivocaron. Porque Silvio y Favio congeniaron desde el primer instante. A las 11.45, hora en que el Turco abandonó el recinto para irse a cenar dejando, por lo tanto, de cronometrar, todavía ambos se hallaban trenzados en una charla fragorosa e intensa. El Turco fue el último que abandonó el barco y al día siguiente compartió su sorpresa con todos los demás. Porque al día siguiente, al llegar, ya estaban Silvio y Favio compartiendo una mesa junto a la ventana, charlando animadamente. Llegaron a pensar que no habían abandonado el boliche desde la noche anterior.

Desde aquel histórico día de la experiencia, ninguno de los dos plomos se acercó de nuevo a la mesa. Se autoabastecían. Y un mes después se los dejó de ver por el lugar. Desde el Odeón informaron que tampoco hacían acto de presencia por allí.

Un año después Carlitos se encontró con Favio y éste le confesó que ahora él y Silvio paraban en otro boliche, en Pico Fino, porque en El Cairo había gente que les caía medio pesada y no los dejaban charlar con tranquilidad.

NO SE SI HE SIDO CLARO

Antes que nada quisiera pedir, señor juez, señores del jurado, que sepan disculpar si, tal vez, en mi relato, ofendo sin querer el oído de la dama o el caballero, con palabras que puedan parecer "non sanctas". Pero es que el tema señor juez, en sí mismo, se hace un poco dificultoso de contar sin recurrir a esas palabras a las que hago mención.

Yo creo que ha sido el destino, el azar, el que me ha puesto en esta situación, la casualidad, y, lamentablemente, señores, no tengo, ni mucho menos, dotes de orador. Procuraré, a lo sumo, ser concreto y lo más breve posible. Pero quería dejar hecha la salvedad para que nadie, después, diga que no lo he advertido y se me pueda acusar de maleducado o boca sucia. Por otra parte, estamos entre gente madura que sabrá comprender lo que yo diga.

Ya sé, ya sé, señor juez, perdóneme. Iré al grano. Pero ocurre que no es fácil para un hombre humilde, como yo, desenvolverme en esta situación, frente a tan honorables mandatarios. Es el destino, como le decía, el que ha querido que yo fuese testigo de los hechos, y procuraré ser lo más claro posible, sin ofender a nadie. Voy a comenzar la historia por el principio, o al menos, voy a tratar, señor juez, señores del jurado, de darles una idea de quién era Miguel Panizo, Miguelito, como le decía-

212

mos en el barrio, el Burro Panizo. Y Miguel Panizo, allá, en Saladillo, era famoso por una cosa, señor juez, por su virilidad, su hombría. Y cuando digo su virilidad, su hombría, no me refiero con esto a que era un guapo, un hombre de coraje, o un tipo valiente. Eso no lo sé. Nunca lo demostró, o no tuvo oportunidad de demostrarlo. Tampoco era un tipo provocador como para tener oportunidad de demostrarlo. Todo lo contrario, Miguelito era un pan de Dios, un muchachote buenazo, señores. Por eso, cuando yo digo que Miguel Panizo era famoso por su virilidad me refiero a otra cosa. Y ustedes saben bien a qué me refiero. Me refiero, procuraré ser más explícito, me refiero. . . porque veo entre los presentes rostros algo dubitativos. . . algunos ya veo que me han compendido. . . sí, sí. . . eso mismo. . . eso mismo. . . Pero seré claro, me refiero a que Miguel Panizo era famoso por el. . . digamos. . . por lo que calzaba. . . ¿Cómo explicarlo? . . .El aparato que calzaba, el sexo, digamos, el miembro viril, exactamente. Puedo asegurarle, señor juez, y perdone si soy muy crudo en mis términos, que era inhumano lo que tenía ese muchacho entre las piernas. Una cosa bárbara. Así, observe. Mi antebrazo, casi. Soy un hombre grande, he visto muchas cosas, pero puedo asegurarles que nunca en mi vida había visto algo así. ¡Una cosa tremenda! Por algo le decían "El Burro", a Miguelito. El "Burro" Miguel, porque como ustedes saben. . . noto que han comprendido por las miradas de todos ustedes. . . los burros son notorios por. . . Está bien, sí señor juez, perdóneme. . . intento ser claro para ilustrar al jurado, y a la vez, no aparecer demasiado grosero para las damas que lo componen, también. . . Ellas sabrán perdonarme.

Sí, sí, continúo, señor juez. Puedo asegurarles, señores del jurado, que el atributo de Miguel Panizo era para ser expuesto en circos, en ferias públicas, de la misma forma que a veces se muestran terneros de dos cabezas, o jorobados, u otras deformidades físicas. Pero él, Miguelito, siempre se había negado a eso porque decía, y tenía razón, señores del jurado, que él no era un payaso, o un animal, para ser exhibido en una kermesse, o en algún circo. Y yo les aseguro, señores del jurado, que ese muchacho podía haberse ganado la vida muy fácilmente trabajando en el Tihany, o en el Ringlin Brothers, por dar un ejemplo.

Pero no, Miguel siempre trabajó en el Almacen de don Isidro, a la vuelta del club Calzada, como cualquier hijo de vecino. Pero eso sí, tiempo atrás solía aceptar desafíos, apuestas, de gente que venía de otras partes. Eso sí. Un poco porque no dejaba de ser una diversión para los muchachos del barrio, que lo seguíamos como quien sigue a un equipo de fútbol. Nosotros éramos su hinchada. Y otro poco porque así, de cuando en cuando, se ganaba los buenos pesos. Pero hacía mucho que eso ya no pasaba en Saladillo. El último que recuerdo, hace como ocho años, fue un... un bobalicón de Santa Fe... un grandote que jugaba al básquet y vino a desafiarlo a Miguel. Me acuerdo que la competencia fue a puertas cerradas, por supuesto, en la sala de los trofeos del club Unión y Gloria, frente a un escribano público, y estábamos todos. Se había acondicionado una mesa, quisiera explicarles el procedimiento a los señores del jurado, una mesa a la que se le había pintado, muy prolijo, en la madera, un sistema métrico, que llegaba al metro y medio, más o menos, y sobre esa mesa se hacía la exhibición... bueno... de las piezas. Disculpen las damas si me extralimito, porque veo... bueno... rostros un tanto ruborizados, pero entiendo que es mi deber de testigo aportar, en lo posible...

Está bien, está bien, señor juez, perdóneme. Pido disculpas. Quizás mi intención de colaborar hace que me extralimite... Sí, sí, continúo. Bueno, aquella vez del santafecino fue un fiasco porque Miguel le ganó, casi, por veinte centímetros. Sí, señores, advierto ciertas miradas suspicaces entre los honorables presentes, pero puedo jurarles por lo que más quiero, por el cariño de mi madre, que no les miento. Es que lo de Miguelito era pavoroso. Y estoy hablando del aparato... ¿cómo podría explicarlo?... del aparato en posición de descanso. No les hablo, no quiero contarles lo que era eso cuando entraba en actividad, porque en esos... Bien, perdón señor juez. Lo que ocurre es que la gente suele no creer cuando uno les cuenta, piensan que uno está fantaseando, pero quiero recordarles que yo he jurado decir solamente la verdad y no voy a defraudar ni la confianza que ha depositado en mí el jurado al llamarme a declarar, ni mucho menos la mirada de mi padre, quien, tal vez, desde el Cielo...

Ya sé, señor juez, perdón. Mil perdones. Continúo. Esa vez con el santafecino, fue la última vez que Miguel participó en un desafío de ese tipo. Estoy hablando de casi ocho, si no nueve años atrás. Pero, por lo demás, Miguel Panizo, llevaba una vida normal, tranquila, común. No era un hombre de farolear, digamos, de engrupirse con sus condiciones fuera de lo común. ¡Y mire que cualquiera pudiera haberlo hecho, en su misma situación! Más considerando, ustedes bien saben cómo son los barrios, ese culto que existe por el machismo, por la cosa viril. ¡Cómo se habla de eso en la barra del café, en el club, los chistes de los amigos, las cargadas, las bromas! Pero no, Miguelito ya dije que era un pan de Dios, no le daba mucha bolilla a esas cosas. Tampoco las desmentía porque no era tonto. No las desmentía. El sabía que, en la medida en que esa fama se difundiera, él sacaba sus buenas ventajas. ¿De qué modo? Permítame explicarlo, señor juez, dado que aprecio miradas algo confundidas entre los presentes. Todos sabemos que las mujeres son bastante curiosas, señor juez... No sé si me explico... No sé si ha sido clara mi intención. No sé si han logrado captar lo que quiero decir con esto... Un momento, un momento... quisiera acla-

215

rar, porque veo rostros un tanto enojados entre las damas del jurado... Es solamente lo que he dicho... En ese aspecto, en el aspecto de la relación, digamos, por así decirlo, hombre-mujer, la relación íntima, o bien, sexual, la mujer se dice que es más inquieta que el hombre. Más curiosa, la subyuga lo desconocido, o lo misterioso. Se siente atraída por aquello que no conoce. Al menos leí algo así en alguna revista especializada. ¡No quiero que se piense que yo, señor juez, soy el inventor de esta teoría! Creo haberlo visto en el "Maribel". O al menos algunas mujeres son así, si no todas. Por lo menos, y eso doy fe, lo juro por la salud de mis hijos, en el barrio yo he visto varias mujeres, incluso digo más, muchas de ellas "señoras", "señoras respetables", venir al club a la hora en que ellas sabían que nos reuníamos los muchachos, para verlo al Miguel. Y le buscaban la conversación, le "daban calce", como dicen los muchachos. Y el Miguelito aprovechaba, porque era un grandote algo quedado en algunas cosas, pero de tonto no tenía nada. Y al día siguiente se las veía a esas mujeres con el rostro cambiado, con una sonrisa, así, como perdidas y uno entonces sabía que el Miguel les había hecho saber lo que es la buena eh... ustedes ya me comprenden, la buena... creo ser claro, la buena herramienta, disculpen si soy crudo en mis palabras. Y voy llegando al núcleo de lo que tengo que contar, según todos sabemos, y pido disculpas si me he excedido en detalles irrelevantes, vuelvo a repetir que no soy orador y...

Bien, señor juez, tiene razón. Perdone usted. La cuestión es que una semana atrás, el lunes pasado, sí, el lunes pasado, llega al barrio un enano. Un enano de Resistencia, Chaco. Se imagina, señor juez, que la noticia corrió enseguida porque un enano es muy notorio, siempre, por la misma razón de su baja estatura. Pero este enano, señores del jurado, Sosa se llamaba, o se hacía llamar, desafía al Miguelito. Así como lo oyen. Podría sonar como una petulancia, o una falta de humildad de parte del enano, desafiar a un coloso como Miguel, pero ustedes bien saben lo que se dice, lo que se comenta en torno a los enanos... No sé si soy claro... No sé si ustedes entienden el sentido de lo que quiero transmitirles, porque veo algunos rostros como... como que no comprenden. Se dice, no sé si es cierto, que los enanos, a pesar de su escasa talla, de su tamaño reducido, están, podríamos decir... están muy bien provistos.

Bien, señor juez, sí, sí, comprendo, continúo. No... Además veo que me han comprendido perfectamente, veo por sus miradas que ellos también conocen la fama de estos enanos, o al menos han oído de ella. Incluso a este Sosa, Marcial Sosa, el enano que se presentó en el buffet del club el lunes pasado, le decían el "Bracero". Por supuesto que es un apodo, que no configuraba un dechado de imaginación porque es un apodo muy remanido, digamos, porque... claro... no le decían el "Bracero" porque hubiese trabajado en la zafra... y perdonen la ironía. No sé si me llegan a entender. No sé si comprenden, en especial las damas, porque noto ciertas caritas como que no entienden. El brasero, por el brasero brasero, el aparatito para calentar cosas, la pava, digamos. El brasero que como todos sabemos tiene tres patas y suele llamarse así a ciertas personas, lógicamente, hombres, cuando se comenta que, justamente...

Muy bien, muy bien, señor juez, es que intento ser lo más gráfico posible. Perdone usted. Disculpe. Continúo y sepan disculparme las damas si soy un tanto crudo en mis explicaciones. En el club de inmediato se creó una efervescencia ante el desafío del recién llegado del Chaco e, incluso, comenzaron a tejerse historias disparatadas. Usted sabe cómo son las barras de los clubes. Cómo se habla ahí al divino botón. Porque este enano era del Chaco y el Miguelito Panizo también es chaqueño. No de Resistencia pero sí del Chaco. De Roque Sáenz Peña, creo. Se vino acá hace como quince años, pero es del Chaco.

Y se empezó a decir en la mesa del club que en Chaco todos los hombres son así, que era así por la alimentación, o por el clima seco, qué sé yo. Hasta que Fermín, el Toto Fermín, que es el macaneador mayor del club... Usted sabe, señor juez, que en todo club, en todo barrio hay un macaneador, un loco, un tontito, bueno... Fermín, que es el macaneador del club, inventó que el enano era en realidad hijo de Miguel, un hijo natural, que por eso estaba también digamos... que por eso cargaba también su buen, su buen aparato, que Miguel había huido del Chaco justamente por eso, para no hacerse cargo del enano y todas esas cosas. ¡La que se armó! De cualquier manera el desafío ya se había concertado, Miguel había dicho que sí, y el enano había apostado cualquier guita a su... a su pingo. No me pregunten cuánto porque mentiría si les digo, pero sí que era una cantidad más que considerable, se hablaba de dólares, incluso. Bueno, el miércoles a la noche, fue la cosa. Se cerró el club con la excusa de que había desinfección, nos fuimos todos para el salón de los trofeos, éramos como treinta, y allí estaba la mesa ésa que yo ya les expliqué, se había acondicionado como para este tipo de... confrontaciones. Quiero aclarar que en este tipo de cosas no se aceptan mujeres ni niños, que quede bien claro que es nada más que una competencia con un público exclusivamente de hombres. No hay ninguna corrupción ni porquería. Estaba también el escribano, pero no se permitían fotógrafos.

El enano llegó medio tarde, cuando ya pensábamos que se había borrado, temeroso de pasar papelones. Pero llegó, agitado, con un envoltorio alargado de papel de diario bajo el brazo, donde decía que traía una regla para constatar las medidas. Ahí se armó medio una discusión porque hubo que decirle que él obraba en condición de desafiante, y que acá las cosas se regían por las reglamentaciones de la provincia de Santa Fe, y esas cosas. Yo no

218

sé qué había de cierto en todo eso, pero supongo que los muchachos medio lo apuraron para no dejarse prepotear por un desconocido de afuera que venía a desconfiar de nosotros, y para colmo, enano. De cualquier manera, después de la parada de carro, hubo que hacer las cosas bien por derecha, no fuera a ser que el enano, o el mismo escribano, pensaran que los queríamos llevar por delante y robarles el dinero. El escribano sorteó quién debía... digamos, desenfundar primero. Y salió elegido Miguelito, pobre. Miguel peló el termo y lo puso sobre la mesa. Una cosa monumental, vea. El enano se puso pálido, yo lo estaba mirando de reojo, blanco se puso. El escribano midió, no sé bien cuánto acusó Miguel —si lo supiese no me lo creerían—, y le tocó el turno al enano. Yo vi que el enano agarraba la regla envuelta en papel de diario y pensé: "Este no está convencido. No lo puede creer". Y por ahí el enano saca del envoltorio alargado, no una regla, saca un machete de este porte, de esos de abrir picadas en el monte y...

Cuando revivo esa escena le juro, señor juez, que me recorre la comuna vertebral un estremecimiento de arriba abajo. Fue un solo tajo, señor juez, un machetazo seco sobre la mesa... Mire... El aparato de Miguelito era una víbora, un brazo mutilado retorciéndose sobre la mesa. No quiero abundar en detalles porque veo en los rostros transfigurados de todos ustedes... el mismo espanto que sentí yo... Pobre Miguel... Después nos contaron que este enano, Sosa, había resultado el marido de una mujer que un día probó con Miguel, allá en el Chaco. No sé. Una historia así. Y que se la había jurado al Miguel. El enano era obrajero. ¡Cómo son las cosas! ¿De qué vale, a veces, tener tanto, señor juez? Me pregunto yo... ¿de qué vale tener tanto?

EL TESORO DE LOS "CANCAS"

El espeleólogo uruguayo Filisberto Nelson Amatista realizó un descubrimiento asombroso en una de sus, obviamente, profundas investigaciones por tierras peruanas.

Amatista se dio, literalmente, de narices, contra un libro de tapas ferruginosas, enmohecido hasta lo irreconocible, pero milagrosamente conservado, cuando recorría una interminable caverna en la incaica provincia de Huamanga.

A la escasa luz de la linterna que llevaba adosada a su casco de seguridad, el estudioso oriental pudo comprobar, con asombro, que dicho libro no era otra cosa que un diario de conquista, llevado cientos de años atrás por la mano severa de un adelantado español. No era tal material periodístico, por supuesto, lo que ambicionaba encontrar Filisberto Nelson Amatista en aquella gruta. El montevideano tenía un propósito muy distinto en principio, que consistía en hallar de una buena vez un especial tipo de gallina que, según le habían informado, pululaba en aquellos recovecos subterráneos ubicados nada menos que a 86 metros bajo la superficie de la tierra. El dato se lo había acercado un caciquejo de la tribu Potó, tributaria de los milenarios "cancas", parientes pobres de los incas. El caciquejo en cuestión fue encontrado casualmente por Amatista en Berna, en un Simposio de Productores de Lí-

220

quidos de Frenos para Automotores, adonde el indígena había concurrido pensando que se trataba de una mesa redonda sobre temas aborígenes. Lo cierto es que el inquieto uruguayo, solo, según su costumbre, cargó su mochila y se lanzó en busca de aquella colonia avícola que moraba en las profundidades de la tierra. Las aventuras y desventuras que le acaecieran durante su azaroso periplo tras las gallináceas subterráneas serían motivo, por sí solas, de constituir un libro. (X) Pero el hallazgo de aquel documento invalorable es lo que ahora nos ocupa y lo que pasamos a transcribir procurando disimular, de ser posible, las omisiones, ausencias y obligadas confusiones propias de un escrito devastado por el tiempo y un ámbito húmedo y soterrado. De cualquier forma, la narración del capitán Diego de Mula Merced Uranga y Alvarado, condestable de La Pollina, es una pequeña joya que encarna un ejemplo del drama encerrado entre la codicia y el reuma.

(X) Por supuesto, dicho libro está a punto de aparecer. Lleva la firma de Filisberto Nelson Amatista y su título es " ¡Gallinas!".

13 de enero de 1528
Hemos atrapado a un nativo. Se acercó mucho a Francisco Urquijo de Samaniego, quizás deslumbrado por el brillo de la armadura y Pancho lo atrapó. El nativo se empeñaba en no hablar la lengua de Castilla. Son indios austeros en el lenguaje y empecinados. Debimos recurrir a un lenguaraz ya que los gestos en nada colaboraron. Es más, sospecho que muchos de los gestos que nos hacía el salvaje con las manos no eran otra cosa que una serie de procacidades. Se tomaba mucho los testículos, por ejemplo. Entre los aztecas eso significa: "Deben caminar dos

221

lunas hacia la derecha", pero entre estas criaturas no arriesgaría una traducción. Finalmente pudimos hacerle entender que nuestro deseo era saber dónde se hallaba el tesoro de los "cancas", del cual tanto nos han hablado. El salvaje meneaba la cabeza, en señal de no comprender. No sé cómo pude conservar la paciencia. Siempre he sido partidario del suplicio. El padre Aparicio me convenció de que debemos persistir en la persuasión. Cercanas ya las sombras de la noche abandonamos el intento.

14 de enero de 1528

Espero que la decisión haya sido la más acertada. Hoy por la mañana el nativo prisionero insistía en decir que desconocía el sitio donde se halla oculto el tesoro de los "cancas". No sólo eso: reclamaba a voces el desayuno. Yo perdí la calma. El padre Aparicio pudo contenerme cuando ya estaba por pasar de lado a lado al insolente con mi espada, pero debió suministrarme un par de hostias para calmarme. Comprendo que mis nervios empeoran. Antes mi organismo no necesitaba nada para mantener la templanza. Hoy por hoy sólo duermo si ingiero una hostia antes de reposar. Es la única forma en que logro retener el cristianismo en el cuerpo, me ha dicho el padre Aparicio.

Enrique Pinzón me sugirió otra cosa para convencer al cautivo: comprar su voluntad con lo que nos quedaba de baratijas y chafalonías. Ante la vista de las fantasías multicolores la expresión del salvaje cambió. Su rostro cetrino se iluminó cuando arrojamos delante de él el contenido de dos alforjas de minucias. Estuvo probándose collares, pulseras y dijes durante más de tres horas, abusando de nuestra cristiana paciencia. Juro que debí contenerme para no degollarlo de un solo tajo. Pero lo que más me ofuscó fue que, agotado ese tiempo, arrojó todas las chafalonías a un lado haciendo gestos claros de que no le gustaban. Luego él nos ofreció algunos de sus inmundos collares hechos con vértebras de cochinillo y semillas de mandioca enhebradas en una tripa. Allí me tuvieron que contener entre cuatro en tanto el padre Aparicio me hacía tomar una hostia de las más fuertes. Cristóbal de Zarzaparrilla puso a mi consideración otra alternativa entonces: ofrecerle los espejos. Así fue que pusimos ante los ojos del salvaje varios trozos de espejo que sacamos del morral de Pinzón. Nunca he visto a ser humano alguno, si se puede llamar seres humanos a estas criaturas selváticas, poner expresión tal. Sólo recuerdo esa expresión en los ojos del adelantado Florián Hernández de Argensola, la jornada aquella en que nos caímos en la carabela por las cataratas del Diablo. El pobre Florián murió creyendo que la tierra era cuadrada. Lo cierto es que el indio modificó su tesitura negativa ante la visión de los espejos. Dijo que nos traería toda la información necesaria para llegar hasta el tesoro, solamente si le dábamos el morral completo conteniendo todos los espejos. Tuve que morderme para no destriparlo con mi daga. Sucio analfabeto. Hemos comprado cosechas enteras con un solo anillo de plomo. Obtuvimos cientos de onzas del mejor oro de Iquique, a cambio de un orinal de latón. Pero este insensato pedía todos los espejos que eran como quince trozos de buen porte. Decidimos discutirlo entre todos. Nos llevó más de una hora ponernos de acuerdo, especialmente convencer a Cristóbal de Zarzaparrilla, quien no puede peinarse sin que algo lo refleje. Finalmente, decidimos aceptar el canje. Si logramos dar con ese tesoro podremos ya volver a España e iniciar el armado de una nueva nave con más comodidades, con baños, por ejemplo. Fue ahí que el nativo salió con un desplante: debíamos dejarlo ir con los espejos y mañana él volvería con los datos. Tuvieron que tomarme de los brazos para que no castrase al impío. El padre Aparicio pidió mi asentimiento para dejarlo ir bajo su responsabilidad. Me dijo ser él un conocedor del espíritu humano y que había visto en los ojos de ese anacoreta el brillo inequívoco de la lealtad. Lo dejamos marchar.

15 de enero de 1528

No vino el indio.

16 de enero de 1528

Hoy tampoco.

17 de enero de 1528

Hoy hice crisis. Venía soportando bastante bien la ansiedad pero mis nervios me traicionaron. Para colmo me picó un bicho y me puse morado negro. Eugenio de Castellondo y Alcántara hubo de sajarme la pierna con su daga en torno a la picadura del maldito insecto para que fluyese la sangre adulterada. El imbécil del padre Aparicio, consciente de que su torpe actitud de liberar al indígena había sido un error histórico, no se aproximó a mi camastro. No sé que hubiese pasado de haber yo necesitado los últimos sacramentos. Recién se hizo presente a la noche cuando ya la fiebre se había retirado de mi cuerpo maltrecho. Me hizo tomar tres hostias y así, solamente, pude dormir. Al despertarme de unas horas de sueño, comimos con Eugenio un poco de lagarto. La cola de lagarto sabe muy bien. ¡Pensar que en mi lejana Castilla, veía pasar estos animalejos por entre las almenas del castillo y ni tan siquiera sentía hambre! Este último lagarto no me ha gustado. Quizás sea producto de la fiebre. La temperatura me sube cuando pienso en el salvaje que desapareció con nuestros espejos. Por otra parte, no puedo comer sin vino. Conservamos nuestros copones de oro, pero la única bebida que podemos poner en ellos es agua o una melaza fermentada que consumen los indios. Durante semanas la estuvimos bebiendo, hasta que nos enteramos de que los "cancas" sólo la usan para preservar el pelaje de los puercos.

18 de enero de 1528

¡Apareció el indio! Por supuesto, sin la información y sin los espejos. El muy ladino surgió desde la espesura acompañado de un lenguaraz que nos explicó que el tesoro de los "cancas" había sido robado por un cacique joven quien huyó con la fortuna a Europa. Según el intérprete, dicho cacique conoció a la hija de un Adelantado y ésta lo convenció de hacerse de las riquezas y escapar a vivir en una cabaña en los Alpes. Lógicamente todo esto me sonó a cuento. De un estoque pasé de parte a parte al traductor. Luego hice atar al salvaje que se llevara nuestros espejos y lo sometí a suplicio. En esta ocasión el padre Aparicio optó por callar. ¡Bueno hubiese sido que hablase! Lo suyo fue un error mayúsculo. Aunque vaya a saber luego qué escriben sobre él los historiadores. Así como dijeron que Hernán Cortés había quemado sus naves para afirmar su determinación de quedarse en estas tierras. Lo cierto es que se le había ocurrido festejar San Pedro y San Pablo y se le prendió una vela. Incluso había grumetes vestidos de cabezudos. Los historiadores arreglan todo a su gusto.

Lo importante es que pude demostrar palmariamente lo eficaz de mi sistema. Tan sólo había pasado una hora de tormento cuando el salvaje hizo señas de que nos indicaría el camino a seguir para llegar hasta el tesoro de los "cancas". Lo pusimos de pie y, orinando sobre el piso, dibujó en el suelo terroso el camino a la riqueza. El lugar queda a dos días de marcha si no nos detenemos a merendar y luego hay que descender a una serie de pasadizos subterráneos. No han sido tontos los "cancas" para ocultar sus valores. Yo ya había oído hablar sobre las cavernas subterráneas de la región, un laberinto de túneles naturales, poblados de demonios, monstruos y dioses del Mal, según los nativos. De un hachazo terminé con el salvaje, ya obtenido el informe. No me agrada verlos sufrir.

22 de enero de 1528

Hemos hallado la boca de la cueva. Se inicia en ella un túnel descendente que parece llevarnos a las mismas entrañas de la tierra. Mis articulaciones crujen por la humedad. Encendemos antorchas. Iniciamos el descenso.

23 de enero de 1528

El maldito tesoro no aparece por ningún lado. No sé cuánto tiempo llevamos recorriendo pasadizos, hostigados por los murciélagos a los que ya nos hemos acostumbrados a ver como acompañantes de ruta. Pero nos distraen en nuestro cometido ya que sus metálicos chistidos nos hacen pensar que alguien nos chista a nosotros y permanentemente volteamos nuestras cabezas mirando a todas partes. No quiero pensar que hemos sido objeto de un nuevo engaño de parte de ese salvaje. No debe resquebrajarse nuestro temple.

Enero de 1528

Dimos con el tesoro. Paso a explicar el porqué de mi falta de alegría. El tesoro se hallaba en el centro de una amplia caverna donde incluso se apreciaba una laguna subterránea. Se trataba de unas cincuenta canastas de paja trenzada por los "cancas" y en ellas una enormidad de cuentas multicolores, pulseras de fantasía y aretes de latón pintado, producto del trueque, sin duda, con otros españoles. No dimos con nuestros espejos. Se ve que no tuvieron tiempo para depositarlos allí. Desalentados abandonamos toda aquella chafalonía barata y emprendemos el regreso.

Febrero de 1528

No hallamos la salida.

1528

Han muerto Esteban Cuquejo de Arancibia y Torres, Ezequiel Villaplana de Montepío "Baturro", y Armando Argüello de Aragón y Mosquera. El padre Aparicio propuso darles cristiana sepultura pero privó el lógico razonamiento de que es una redundancia enterrar a alguien que ya se halla unos cuarenta metros bajo la superficie. Temo que se termine la resina de nuestras teas. La oscuridad sería el fin de todos nosotros.

1528

Hay una tenue esperanza. Hoy, al límite de nuestras fuerzas, llegamos a la confluencia de dos pasadizos. Allí, debíamos decidir por cuál optar. Nuestra debilidad no permitía que nos equivocásemos de rumbo. Envié dos expedicionarios a que investigasen unos cien metros de cada túnel. ¡Y Federico "El Pollo" trajo la buena nueva! Al fondo de uno de los pasadizos podía advertirse una débil luz. Sin duda, la salida de este infierno. Optamos por descansar unas horas y, luego, lanzarnos al tramo final.

Ya la última tea se apaga. Quiero dejar constancia de que caminamos a buen paso en dirección a la luz que advirtiese Federico al fondo de una de las catacumbas. A medida que avanzábamos la luz se agrandaba, lo que redobló nuestro ánimo. De pronto, nos dimos de bruces contra una pared de roca que sellaba el fondo del pasadizo. Prolijamente pegados a esa pared pudimos comprobar que se hallaban los trozos de espejo que ese maldito salvaje tomara en canje de su información. Habían logrado así, esos perversos, una superfiecie espejada. Y la luz que advirtiésemos, confundiendo con la luz del día al final del pasadizo, no era otra cosa que el reflejo de nuestras propias antorchas. Le he pedido una hostia al padre Aparicio, pero ya no le quedan.

SARDINA

De reojo, y ya a punto de taquear, Dardo Dardánelo observó la entrada del Sardina, por la puerta del bar, pool y cafetería "Prólogo's".

En verdad, sólo entrevió la silueta del muchacho recortada contra la luz de la calle, pero eso le bastó para reconocer la figura más bien pequeña, delgada y el pelo con rulos.

Dardo Dardánelo midió el golpe sobre la bola rayada, calculó el impacto contra la banda, el posterior desplazamiento hacia la tronera y taqueó. La bola rayada recibió el empujón de la blanca, rebotó contra la banda y se perdió más lejos de lo previsto. La blanca, en cambio, derivó caprichosamente tras el impacto, rozó una lisa y cayó por la tronera.

Dardánelo quitó el cigarrillo de su boca y chasqueó los labios.

— ¿De qué sirve el cientificismo, amigo Rosales? —preguntó. A lo que Rosales no contestó nada, preocupado por su próximo juego.

El Sardina se había acercado a Dardánelo y miraba el paño verde, con una sonrisa de compromiso, apoyado en la mesa contigua.

— ¿Cómo le va. don Dardo? —dijo.

— ¿Qué dice, Sardina? —contestó, sin mirarlo, Dardánelo, poniéndole tiza a su taco—. ¿Cómo le va a usted?

Sardina se quedó en silencio, siempre con la sonrisa algo forzada. No se acostumbraba a ese trato de "usted" que le dispensaba Dardánelo, a pesar de la diferencia de edad. Tal vez hubiese preferido una fórmula más familiar, más campechana, pero era conocido ese acento formal, cordial pero austero que campeaba en las costumbres del viejo maestro.

Incluso en la vestimenta de Dardánelo, aun en verano y con un pretendido tinte de sport, se advertían los vestigios de una elegancia no del todo perdida. La camisa blanca abierta en el botón de arriba que dejaba ver el cuello de la camiseta, el saco marrón oscuro, brilloso por el uso, el pantalón también marrón pero ostensiblemente de otro marrón y otro traje, los zapatos negros de cuero trenzado sobre el empeine. Y además, el gesto delicado para sostener el cigarrillo, permanente entre los dedos finos manchados de nicotina. El toque deportivo podía detectarse, tal vez, en la sombra de barba que oscurecía las mejillas y amenazaba con unirse al bigotito fino y renegrido bajo la nariz afilada, casi larga.

—Aquí me ve —decidió proseguir la conversación Dardánelo, consciente de que la timidez del muchacho podía abrir un insondable pozo de silencio tras los saludos de rigor— procurando acercarme a los secretos de esta nueva disciplina lúdica, Sardina.

Rosales le había hecho una seña con la cabeza, anunciándole su turno y Dardánelo comenzó a girar en torno de la mesa calculando su próximo golpe.

—Yo. . . —continuó diciendo en tanto sus ojitos pequeños y negros reconocían la ubicación anárquica de las bolas— . . .debo reconocerle que prefiero el billar. Es un juego más. . . digno. Algo más acorde con un caballero. Pero tampoco uno puede dejarse avasallar por la mocosada. ¿No es así, Rosales? —Rosales aprobó con la cabeza. Si bien nunca era demasiado locuaz, a esa hora de la siesta, lo era menos que nunca.

—Si uno se deja ir acorralando en sus pequeños hábitos... —prosiguió Dardánelo, que ya había decidido su próximo golpe— ...llega un momento en que se encuentra encerrado en el pasado. Si uno no acepta la televisión, la licuadora, los satélites artificiales y todo eso, termina atrincherado en la radio galena, el Glostora Tango Club, esas cosas y ya no puede salir a la calle. —Se inclinó para taquear y la atención en la maniobra le hizo bajar el tono de voz—. Y yo empiezo por el pool. Para que no se diga... —esta vez la rayada boqueó en torno a la tronera y volvió al ruedo.

—Eso sí... —enarcó las cejas Dardánelo, irguiéndose— ...me va para el culo. Pero no es cosa tampoco de aceptar, sin ofrecer resistencia, la prepotencia de la muchachada. Juega usted Rosales.

—Me imagino que el rock nacional también le tira —aventuró con una sonrisa el Sardina.

—No, no, no —descartó, fingidamente enojado, Dardánelo—. Hay límites. Hay límites para un criollo.

Sardina se rió. Se hizo un silencio y por unos minutos sólo se escuchó el golpear de las bolas sobre el paño verde.

Dardánelo, sin mirarlo, adivinó la intención del Sardina.

—¿Qué lo trae por acá, Sardina? —le facilitó las cosas. Sardina se puso serio, como sorprendido en falta—. Porque esta no es la hora a la que viene su barra.

—No, no —dijo el Sardina rascándose la frente—. Quiero hablar un momentito con usted. Pero no sé... —se apresuró a aclarar— ...en otro momento, cuando no esté ocupado.

Dardánelo aprobó con la cabeza.

—Cómo no. Cómo no. —dijo, estudiando su próximo tacazo—. Pero déjeme antes que meta aquella bola en su agujero... es un momentito nomás.

—No, don Dardo —pareció ofenderse el Sardina—. Terminen el partido. —Dardánelo taqueó, hizo un gesto de contrariedad y depositó el taco sobre una mesa vecina—.

Juegue usted por mí, Rosales —ordenó. Rosales aceptó con un gesto, sin dejar de mirar las bolas, en tanto sacaba del bolsillo de su saco pijama un dado de tiza.

Dardánelo caminó lentamente hacia una de las mesas cercanas a la entrada, en un sector alejado de la luz que bañaba la mesa de pool donde había estado jugando. Se sentaron los dos. Dardánelo con la espalda apoyada contra la pared de madera aglomerada que separaba el salón del kiosco que daba a la calle. Sardina con los brazos apoyados en el nerolite de la mesa, algo envarado. Dardánelo primero se alisó, como distraído, el negro cabello bien pegado al cráneo por la brillantina. Luego buscó en el bolsillo interno del saco un nuevo cigarrillo.

—Lo bueno de jugar con Rosales —dijo— es que uno se distrae.

Sardina se sonrió.

—Un hombre de una conversación brillante —prosiguió Dardánelo, serio—. Hubiese sido un orador de fuste si no lo ganaba su vocación de justicia. —Encendió un cigarrillo—. Se guarda las tizas en los bolsillos ¿vio? —siguió mirando Dardánelo hacia la mesa de pool—. Se las debe llevar a la casa. Vaya a saber qué hace con eso. ¿Hará caldo?. Por ahí piensa que es caldo en cubo.

No había ni una sonrisa en el soliloquio de Dardánelo, pero se lo adivinaba de buen humor. Sardina comprendió que con él hacía un distingo, permitiéndole compartir sus chistes.

—Don Dardo. . . — se animó, de pronto, el Sardina— quería contarle algo.

—Usted dirá.

Sardina realizó unos golpeteos sobre la mesa con sus manos, buscando el comienzo.

—Bueno. . . —se decidió— anteayer me hice un grabador.

—Ahá.

—Un lindo grabador. Extranjero. Se ve que es bueno. Yo no sé mucho de esas cosas pero se ve que es bueno.

—Ahá. . .

—Fue una cosa. . . este. . . fácil —se animó Sardina— . . .un auto importado que se habían dejado la puerta abierta. Bah, abierta, sin seguro.

Dardánelo seguía mirando la mesa de pool, donde Rosales continuaba su solitario, asintiendo con la cabeza.

—Estaba estacionado en una calle con árboles, y no había nadie —explicó Sardina—, era como esta hora. Yo manotié el grabador, había unas bolsas, de esas bolsas de plástico con zapatos de mujer, y me llevé hasta una carpeta que había ahí adentro, en el asiento de atrás. Y estaba todo ahí, a la vista, ni siquiera habían puesto las cosas en el piso. Porque vio que hay gente que, por ahí, pone las cosas debajo de los asientos para que no queden a la vista. Especialmente el grabador. . .

—Ahá. . .

— . . .Porque esos grabadores son caros. Uno de ésos. . .

— ¿Y lo vieron? —cortó Dardánelo.

—No, no, no, fue una cosa fácil. Rápida —Sardina detectó la impaciencia en Dardánelo—. No. No es eso lo que quiero contarle. Bah. . . o no es eso lo más importante. Se imagina que no lo iba a molestar a usted para contarle que me afané un grabador de un auto estacionado.

Dardánelo se encogió de hombros, como descartándolo.

—Pero. . . escuche lo que pasó —Sardina se acomodó en el asiento, entusiasmado—. Es increíble. Esa noche, anteanoche, llego a casa, llego a casa con el paquete con las cosas, el grabador y esas cosas, las escondo todas en mi pieza, mis viejos ni aportan por ahí, es un altillo. Bajo, y me pongo a ver televisión. Un noticioso. Y por ahí veo que le hacían una entrevista a Zulema Carina, la artista. ¿La conoce?

—Por supuesto —Dardánelo lo había mirado, de pronto, más interesado.

—Que ha trabajado en varias películas. . . —informó Sardina— ha hecho cosas en teatro. Que es muy linda.

—Una hermosa mujer —acordó Dardánelo—. Y no sólo una hermosa mujer, sino que es una mujer muy inteligente. Yo he leído reportajes que le han hecho y me ha parecido una persona muy lúcida. Muy ubicada. No es sólo un rostro bonito. Nada de eso.

Sardina pareció exultante ante el reconocimiento del viejo maestro.

— ¡Claro! ¡Claro! —exclamó—. Es bárbara. Es una barbaridad. A mí me gusta. . . una locura.

—Y además, pibe. . . —Dardánelo lo miró profundamente a los ojos al Sardina— está rebuena. Es un camión. Usted la ve, esa mujer de carnes firmes, duras. De rasgos bien marcados. Muy meridional. Tipo itálico. Muy bien. Muy bien.

—Sí, es así. Es así —le había causado gracia al Sardina la inclusión de algunos adjetivos francamente nuevos en el vocabulario por lo general, clásico, de Dardánelo—. Y bueno, con lo que a mí me gusta esa mina, me quedé mirando a ver qué decía, en el noticiero. Y entonces la Carina dice que estaba muy apenada, "desolada" dijo, ésa era la palabra que yo no me acordaba, "desolada" porque le habían robado del auto un grabador, unos pares de zapatos que había traído para su próxima obra, los había traído de Nueva York, de por ahí. . . y que también le habían robado un guión. . . Un guión ¿vio? Un argumento de una película, que lo estaba estudiando, no sé. . .

Dardánelo se había echado un poco hacia atrás en su silla, como tomando distancia para mirar mejor a Sardina, su mano derecha apoyada en el borde de la mesa, las cejas enarcadas, la boca una "U" invertida, la otra mano sosteniendo en lo alto el cigarrillo. Por un momento no dijo nada. Luego volvió a su postura reposada, volvió a mirar hacia la iluminada mesa de pool.

—Mire usted. . . —musitó.

— ¡Pero mirá qué casualidad! —se tomó la cabeza el Sardina—. Mire lo que son las casualidades.

—El Destino —sentenció Dardánelo.

—Porque mire. . . no sé. . . —Sardina bamboleó la cabeza, como dudando— . . .a usted le parecerá tonto . . . Pero yo soy fanático-fanático de esa mina. Soy un admirador. En mi pieza, ahí, en el altillo, tengo un montón de fotos de ella. Que las fui recortando de las revistas. Me acuerdo de que una vez me fui a la puerta de un teatro donde trabajaba ella, en una obra de teatro, para pedirle un autógrafo a la salida. Y. . . qué se yo, me dio no se qué. . . la verdad que me cagué. Al final ella salió, pero medio a los apurones, rodeada de gente, y me dio vergüenza acercarme. Está bien que yo era más chico. Tendría 16, 17 años. . . Pero me dio verguenza. Y no le pedí nada. Y eso que me había cagado mojando porque. . . ¡llovía!. . . Era un diluvio eso.

Dardánelo se había quedado pensando, abstraído en el humo del cigarrillo.

—¿Qué edad tiene usted ahora, Sardina? —se interesó.

—20. Cumplí 20.

—Y bueno. . . —pareció decir, a título de resumen, Dardánelo— . . .ya tiene su anécdota, Sardina. No muchos podemos decir que le hemos robado un par de zapatos a Zulema Carina.

—No. . . —se rió, incómodo, Sardina.

—Es más, dentro de algunos años podrá contar que ella se los regaló.

—No —insistió Sardina—. Pero lo que yo le quería consultar es otra cosa.

Dardánelo lo miró, de reojo.

—Le quiero devolver las cosas a Zulema —soltó el Sardina.

Dardánelo no le quitaba la vista de encima, ahora.

—Le quiere devolver las cosas... —repitió lo dicho por Sardina, pensando en el significado de la frase.

—Se las quiero devolver.

Dardánelo tornó a mirar hacia adelante, entrecerrando los ojos por el humo del cigarrillo, que hacía girar entre sus dedos, como acomodando el tabaco.

—Sí, porque... —empezó morosamente Sardina.

—¿Ya lo decidió, o lo está pensando? —preguntó Dardánelo.

—Bueno... No... —vaciló el muchacho— ...lo tengo casi decidido. Bah...

Sabía que su determinación implicaba un menosprecio al hecho de buscar consejo en el viejo maestro. Dardánelo se había quedado en silencio.

—¿Sabe lo que pasa? —retomó Sardina—. Yo hablé con Zulema.

Dardánelo volvió a mirarlo, deteniendo el movimiento del cigarrillo hacia su boca.

—Ayer, le hablé por teléfono —siguió, como avergonzado, Sardina. Dardánelo hizo un visaje de asombro.

—La puta —dijo.

—Sí. ¿Vio? —apuró la explicación Sardina— ya le dije que yo soy, fui siempre muy fana de esta... mina. Y una vez, en un Radiolandia, o en un TV Guía, no sé dónde, había salido el teléfono de ella. ¿Vio en esas cartas que escriben los lectores? Se ve que un tipo pedía el teléfono de ella para pedirle no sé qué cosa, un autógrafo, o guita, qué sé yo. Y ahí en la revista ponían el número de teléfono de ella. Y yo me acuerdo que agarré y lo recorté. Lo recorté y lo guardé. ¿Vio? Qué sé yo. Yo pensaba que algún día me iba a atrever y la iba a llamar, para hablarle, qué sé yo. Por supuesto que después nunca me dio el cuero para llamarla. De pensar que me podía atender ella, me cagaba todo. Pero ayer me acordé que tenía el número y lo busqué. Llamé y me dio con una oficina, qué sé yo, la oficina de un representante, no sé qué era eso. Yo despúes pensaba, ¡qué boludo!, más bien que no van a dar el número de la casa de ella porque hincharían todo el día las bolas llamándola.

Dardánelo había permanecido mirándolo, fijamente, el cigarrillo suspendido casi a la altura de su mentón.

—Entonces... —continuó Sardina— ...me atendió un tipo, le dije, no sé, que era de una revista nueva y que le quería hacer una nota a Zulema —Sardina ya decía "Zulema" con una familiaridad llamativa— ...que era una cosa urgente, qué sé yo, la cosa que el tipo me dio el teléfono de ella. El teléfono de la casa. Y la llamé.

Dardánelo nuevamente enarcó las cejas, asombrado.

—La llamé y le conté todo. Lo del auto, que yo le había afanado, que... en fin que no sabía que era de ella... que le quería devolver las cosas...

El relato del Sardina fue apagándose. El muchacho mantenía los ojos bajos, en tanto golpeteaba con las puntas de los dedos de su mano derecha sobre el nerolite. Dardánelo lo contemplaba, serio. Estuvieron unos segundos así.

—Me atendió ella... —siguió el Sardina, sin levantar la cabeza— ...medio me asusté porque yo pensaba que iba a atenderme alguna secretaria o qué sé yo. Porque uno nunca piensa que esas... este... estrellas, uno las va a llamar y ellas van a atender el teléfono. ¿Vio? Pero me atendió ella.

Sardina volvió a golpetear con los dedos sobre el nerolite. Luego persiguió un residuo de ceniza, tal vez desprendido del cigarrillo de Dardánelo, procurando que se le pegase en la yema del índice. Después se atrevió a mirar al viejo maestro a los ojos.

—¿Y qué quiere que le diga, Sardina? —dijo éste, tras un instante—. Usted me trae ya el hecho consumado.

Sardina resopló, se echó hacia atrás hasta encontrar el respaldo de la silla y se encogió de hombros.

—No. . . pero. . . —amagó defenderse.

—¿Usted no necesita ese grabador? —Dardánelo optó por no persistir en un tono demasiado severo.

—¿El grabador?. . . —pensó Sardina, mirando al techo—. No. No. Pensaba dárselo a mi hermanita, por si lo necesita para estudiar. Pero ya tiene uno, uno que me afané de un negocio hace bastante.

—Lo podría vender.

—Sí. . . pero. . . No —se encogió de hombros Sardina, nuevamente.

—¿Su madre no necesita la plata?

—No. . . —pareció vacilar el Sardina—. Bah. . . plata siempre se necesita. Pero por ahora andamos bien. Yo laburé bastante bien estos últimos tiempos.

—Mire que su madre ha hecho mucho por usted —recordó Dardánelo. Sardina aprobó con la cabeza. Otra vez hicieron silencio.

—¿Y cómo le va a devolver las cosas, Sardina? —preguntó el viejo maestro—. ¿Se las va a mandar por correo, las va a dejar en alguna parte. . .? ¿Cómo piensa hacer?

Sardina se animó visiblemente. Retomó su posición erguida en la silla.

—No. Se las voy a llevar a la casa.

Dardánelo lo contempló largamente, el ceño fruncido. Paseaba la punta de la lengua bajo los labios cerrados.

—Se las va a llevar a la casa —repitió.

—Sí. Quedamos así.

—Ah. . . Quedaron así —Dardánelo osciló su cabeza, recorriendo con su mirada el salón—. Sardina. . . —advirtió— va a meter usted la cabeza en la boca del león. ¿Se da cuenta?

—Bueno. . . no. . . —defendió su posición, Sardina.

—En este trabajo . . . —reclamó silencio Dardánelo apenas con un gesto de su mano derecha— . . .y creo que lo hemos hablado alguna vez, Sardina, hay un elemento vital, primario e impostergable. . .

—La. . .

—La seguridad.

—La seguridad —Sardina casi terminó la frase a coro con el maestro.

—Eso es prioritario, Sardina. Uno no puede andar jugando con estas cosas porque no es como en otros trabajos, donde uno si se equivoca pierde guita, o le meten unos días de suspensión en el laburo, o le descuentan algo del sueldo. No. En este trabajo, Sardina, si uno se equivoca, va en cana. Va en cana cuando tiene suerte. Con un poco nomás de mala suerte si uno se equivoca es boleta, Sardina. Usted lo sabe.

Sardina aceptó, con la cabeza.

—Esta historia con esta mujer, con esta joven. . . —por primera vez, Dardánelo había girado el torso dando el frente al Sardina, asumiendo por fin su condición pedagógica— . . .es francamente romántica. . . Créame que es muy linda. Pero usted va a ir como un chorlito a meterse en la propia casa de la persona a la que usted le ha chorreado una serie de cosas, de su propio auto. Y va a ir a esa casa no solamente como el asesino que vuelve al lugar del crimen, sino que además va a ir como el asesino que antes de volver al lugar del crimen habla por teléfono y avisa que va a ir.

Dardánelo mantuvo su mirada sobre Sardina, quien, la frente gacha, se rascaba la oreja, dudando.

—Usted es hijo único de madre viuda, Sardina —recordó Dardánelo—. Tiene un compromiso frente a su familia. Es único sostén de su madre. Debe pensar en todo eso, incluso antes que en la posibilidad de conocer a la mujer de sus sueños, estar en su casa, y hasta por ahí, encamarse.

Esto último hizo sonreír a Sardina, como desestimando la alternativa.

—No se ría, Sardina. La gente que anda en lo nuestro ejerce una atracción muy especial en las mujeres. Se lo digo yo.

Sardina hizo un gesto escéptico.

—Recuerde, además. . . —prosiguió Dardánelo— . . .que la mayoría de los grandes malandras internacionales, ladrones de guante blanco, señores lo que se dice señores en esta actividad tan discutida, Sardina, han terminado cagados por alguna mujer. Siempre alguna mina les ha hecho pisar el palito. La joda es la joda, Sardina. Y el laburo es el laburo.

Sardina aguantó a pie firme el chubasco. Sabía que, en parte, era el precio que debía pagar por no haber consultado antes al maestro. Ahora, éste se desquitaba.

—Es que ella me prometió total seguridad —dijo, cuando estuvo seguro que Dardánelo había finalizado su parrafada.

—¿Ella se lo prometió?. Repítame qué le dijo.

Sardina mostró regocijo al recordar nuevamente el diálogo telefónico.

—Yo le dije que estaba arrepentido. . . —empezó— . . .y que le iba a devolver todas las cosas. Que estaban intactas. Que si hubiese sabido que eran de ella no las hubiese tocado. Entonces ella me dijo que me creía, que iba a tener mucho gusto en recibirme en su casa, eso me dijo, que iba a tener mucho gusto en recibirme en su casa, que le llevara las cosas, y que me iba a invitar a tomar el té.

Otra vez la boca de Dardánelo se convirtió en una "U" invertida.

—Cagate de risa —musitó, como para así—, tomar el té.

—Le cuento más —se entusiasmó Sardina—. Me dijo que me iba a preparar una torta y me preguntó qué tipo de torta me gustaba a mí. Yo, por decir algo, porque tenía unos nervios bárbaros, le dije que. . . no sé qué es. . . esas tortas que tienen azúcar quemada arriba, que a veces hace mi vieja. Y ella me dijo que ésa no la sabía hacer y que me iba a hacer una de chocolate.

—¿De chocolate? —se interesó Dardánelo—. ¿Por qué no la llama y le pregunta si no puede ir con un amigo?

Sardina se rió. El clima se había aflojado. Dardánelo advirtió eso y retomó su tono académico.

—Dígame, Sardina... —dijo—. ¿Se puede saber a qué carajo vino a verme?

—Este... —se replegó el muchacho.

—Todas las cagadas que tenía que hacer, ya las hizo. Ya afanó de un auto equivocado, ya llamó a la persona a la que usted le afanó, ya quedó con esa persona en que iba a ir a su casa... ¿Qué me quiere consultar, entonces?

Sardina aspiró hondo, sin dejar de mirar la cubierta de la mesa.

—Es que no sé si ir... —exclamó— ...tengo un poco de cagazo.

Dardánelo lo miró, comprensivo. Hizo girar el cigarrillo entre los dedos, como procurando afinarlo.

—Mire Sardina... —dijo después— ...yo no puedo tomar la responsabilidad de decirle que vaya o que deje de ir. Pero, para serle sincero, como profesional el asunto no me gusta. Como profesional le diría que no. Ahora bien, como hombre, como ser humano, le confieso que la historia me parece hermosa. Sinceramente, es una oportunidad que se da una vez en la vida, y nada más. Esa es la verdad. Y yo siempre sostengo que lo nuestro no puede tomarse nada más que como un laburo frío y matemático. Esto requiere también sensibilidad y hasta sentido del humor. Como alguien con experiencia que le puede dar un consejo yo le diría: "no vaya". Ahora, yo, en su lugar, iría. Pienso que la mujer es confiable, parece una mujer seria, no una tarambana cualquiera... es una oportunidad de que usted se relacione con otros niveles, otros ámbitos, más intelectuales, eso siempre ayuda, enseña... No sé. Es un riesgo. Está en usted asumirlo, o no.

Sardina aprobó con la cabeza, enérgicamente.

—Eso sí, —epilogó Dardánelo—, no vaya armado.

Sardina hizo un gesto como descartando de raíz esa posibilidad. Dardánelo se puso de pie, dando por terminada la charla, levantándose el pantalón que, ya habitualmente, usaba con el cinto muy cercano al esternón.

—Después me cuenta —agregó, caminando hacia la mesa de pool, donde Rosales continuaba el juego—. ¿Cómo va eso, Rosales? —preguntó, en voz alta, Dardánelo—. ¿Me ganó?

Al día siguiente, a eso de las siete de la tarde, Dardo Dardánelo llegó al café de Quico, recién bañado y afeitado. Había tenido una larga noche de naipes, y por lo tanto, había salteado su siestero aprendizaje de pool en "Prólogo's". Se sentó en una de las mesas junto a la ventana y pidió un fernet. A esa hora del atardecer, el café de Quico era el lugar indicado, ya que el pool pasaba a manos de los jóvenes, exclusivamente. Por eso Dardánelo se sorprendió cuando el "Panadero", uno de los muchachos de la barra juvenil, entró a lo de Quico con un diario bajo el brazo y se acercó a su mesa.

—¿Puedo, don Dardo? —preguntó el "Panadero", señalando la silla vacía.

—Sentate —aceptó Dardánelo, frunciendo el entrecejo. El Panadero se sentó casi enroscado en el asiento. El pecho inclinado sobre la mesa, las piernas apuntando hacia el mostrador.

—¿Vio lo del Sardina? —preguntó el Panadero, en voz baja. Dardánelo acentuó su gesto de preocupación.

—No. ¿Qué pasó? —dijo. El Panadero meneó la cabeza.

—Se la dieron.

—¿Cómo...? —atinó a preguntar Dardánelo—. ¿No me digás? Pero... ¿Lo agarraron...?

—No... —el Panadero volvió a negar con la cabeza. Hizo un ademán corto, deslizando la palma de su mano derecha paralela a la mesa—. Un balazo.

Dardánelo se quedó callado, visiblemente perturbado. Miraba algo más atrás, más allá del Panadero.

—La puta madre —silabeó, al fin.

—Acá está —dijo el Panadero, alcanzando al viejo

maestro el diario de la tarde. Dardánelo lo tomó y lo desplegó sobre la mesa.

—"En confuso suceso..." —comenzó a leer en voz alta. Luego prosiguió la lectura en voz inaudible, marcando los renglones con sus dedos índice y mayor de la mano derecha, adonde sostenía el cigarrillo— ..."Adalberto Giarditti, de 20 años..."

—Ese es el Sardina —acotó el Panadero.

Dardánelo prosiguió la lectura, en un murmullo.

—"Notoriamente conmocionada, la estrella... —elevó la voz Dardánelo— ...no quiso extenderse en declaraciones al respecto. Yo le había prometido que iba a estar sola en mi departamento —informó solamente—. Pero comenté el caso con una amiga y ésta me dijo que eso era una locura. Que al menos contratase un custodia para que permaneciese oculto en una habitación contigua, por si el ladrón intentaba algo. Así lo hice y ése fue mi error."

Dardánelo continuó leyendo la noticia de policía. Luego elevó su mirada hacia el Panadero, quien prestaba atención, las manos cruzadas junto al pecho.

—Parece que contrató un detective privado, o algo así —le dijo—. No quiso llamar a la Policía.

—Un pata de plomo —silabeó el Panadero, con desprecio—. Después dice.

—Ah sí. Acá está —señaló Dardánelo—. "Gabriel Rosalba, hombre avezado en tareas de vigilancia en fincas privadas".

—La concha de la lora —reflexionó el Panadero.

—"Requerido por la prensa, Rosalba expresó:" —retomó el relato del diario Dardánelo— ..."La Carina me había pedido que yo sólo interviniese si el delincuente intentaba hacerle algo a ella. Pero yo soy de la idea que esa clase de gente debe estar entre rejas. Se hizo un silencio prolongado y pensé que algo raro ocurría. Entré al living, donde estaban la Carina y el delincuente y le ordené a éste que se entregara. Pero se asustó, trató de huir y tuve que dispararle. Son gente peligrosa y dispuesta a cualquier cosa. Este, además, era un fanático de la Carina, por lo que no hubiera sido de extrañar que intentara cualquier aberración con ella. Es increíble lo que el fanatismo puede llevar a hacer a ciertas personas."

Dardánelo repasó someramente el artículo y recién volvió a ponerse el cigarrillo entre los labios. Luego, empujó el diario, aún abierto, hacia el Panadero. Este lo tomó y, lentamente, lo dobló, para meterlo después bajo su brazo izquierdo. Se quedaron un momento en silencio.

—Es increíble lo que el fanatismo puede llevar a hacer a ciertas personas —repitió Dardánelo, mirando hacia afuera. Levantó el vaso de fernet y lo dejó unos segundos junto a su boca, sin beberlo.

INDICE

FONTANARROSA EN EDICIONES DE LA FLOR

Novelas
Best Seller
El área 18
La Gansada

Cuentos
El mayor de mis defectos
El mundo ha vivido equivocado
El Rey de la milonga
La Mesa de los Galanes
Los trenes matan a los autos
Nada del otro mundo
Puro fútbol
Te digo más...
Una lección de vida
Uno nunca sabe
Usted no me lo va a creer

Humor gráfico
Boogie el Aceitoso N° 1 al 12
Inodoro Pereyra N° 1 al 31
20 años con Inodoro Pereyra
El segundo sexo de Fontanarrosa
El fútbol es sagrado
Fontanarrosa contra la cultura
Fontanarrosa de penal
Fontanarrosa es mundial
Fontanarrosa y la inseguridad
Fontanarrosa y la pareja
Fontanarrosa y los médicos
Fontanarrosa y el fútbol
Los clásicos según Fontanarrosa
Todo Boogie

Impreso y encuadernado en **GRÁFICA GUADALUPE,**
Av. San Martín 3773 (B1847EZI) Provincia de Buenos Aires,
Argentina, en septiembre de 2007.